本书是国家社科基金重大项目"美国的亚太布局与我国的亚太方略研究"（项目编号：12&ZD083）的最终成果。

吴心伯 等／著

亚太大棋局
急剧变化的亚太与我国的亚太方略

China and
the Asia-Pacific
Chess Game

复旦大学出版社

作者名录

吴心伯　复旦大学国际问题研究院院长、美国研究中心主任、教授。
陈东晓　上海国际问题研究院院长、研究员。
袁　鹏　中国现代国际关系研究院副院长、研究员。
宋国友　复旦大学美国研究中心副主任、教授。
吴莼思　上海国际问题研究院国际战略研究所所长、副研究员。
杨文静　中国现代国际关系研究院美国所外交室主任、研究员。
王鸿刚　中国现代国际关系研究院世界政治所所长、研究员。
周士新　上海国际问题研究院外交政策研究所大国外交室主任、副研究员。
李　岩　中国现代国际关系研究院美国所所长助理、副研究员。

序　言

　　本书是国家社科基金重大项目"美国的亚太布局与我国的亚太方略研究"的最终成果。

　　2012年，笔者作为首席专家领衔申请的国家社科基金重大项目"美国的亚太布局与我国的亚太方略研究"获得立项，研究工作随即展开，经过课题组成员的共同努力，于2016年年底完成本书的初稿。2017年上半年，鉴于国际形势的变化尤其是特朗普在美国执政，我们对书稿的相关内容作了补充和修改，部分章节有较大调整。2017年8月，项目顺利结项，我们随即将书稿交付复旦大学出版社编辑、出版。

　　本项目进行的这几年，是亚太地区局势风云激荡、地区格局经历重大和深刻变化的时期。一方面，美国奥巴马政府推行"亚太再平衡"战略，旨在牵制和削弱中国的地区影响力，中美地缘政治竞争态势加剧；强力介入南海争端，一时间南海风高浪急；推进跨太平洋伙伴关系谈判，地缘经济格局为之大变。另一方面，中国的大国外交赫然登场，坚定地维护海洋权益和领土主权，在东海和南海采取重大举措；"一带一路"倡议横空出世，成为重塑欧亚地缘经济版图的大手笔。在中美激烈博弈于亚太的背景下，一些地区国家也作出不同的应对，有的借美国之势抗衡甚至挑战中国，有的坚定支持中国，还有的则在中美之间左右逢源，亚太地区国际政治呈现出纷繁复杂、变幻莫测的景象。

　　在此背景下，我们对本书的写作思路作了调整，即不仅仅从美国亚太战略变化的角度来考虑中国的亚太布局，而是从亚太地区格局转换的角度来思考中国的亚太战略和政策。换言之，美国亚太政策变化固然重要，但中国力量和影响力的上升、亚太其他重要行为者的政策选择也不可忽视，它们一起构成了推动亚太格局变化的重要因素，是中国构建其亚太方略时必须重视的重要背景。基于这一认识，本书首先在总体上探讨亚太格局的变化，继而深入分析奥巴马政府亚太战略及其影响，接下来分别论述中国的亚太外交方略和安全方略，最后聚焦美国的亚太经济战略与中国的应对。最后一章之所以着重从应对美国亚太经济战略的角度展开，是考虑到特朗普执政后突出经贸议题且将中国作为其特别关注的目标这一现实。

现将本书各章主要内容简要介绍如下。

第一章梳理与总结近年来亚太地区格局的最新变化。作者指出，当前亚太地区正在经历自二战结束以来最深刻的地缘政治和经济大变局，这一变局主要由环境、力量、趋势和秩序四方面的根本变化构成。首先，环境变化指的是亚太地区地理范围扩大、行为体数量增加及行为体之间联系和互动方式的变化，使得一种多元复合结构已经形成。"多元"表明亚太力量结构既不是美国独霸下的单极，也不是中美两家主导下的两极，而是多个重要力量单元并存、多个重要行为体发挥作用；"复合"意味着行为体之间联系和互动的多样性，即在不同领域之间甚至同一领域内具有合作与竞争并存的特点。其次，力量变化指的是地区主要行为体之间力量对比的变化以及力量运用方式的变化。当前，亚太地区最引人注目的力量变化当属中美两国实力差距的迅速缩小以及权力转移趋势的日益显现；中日力量对比出现的本质变化也将对地区格局产生深远影响。与此同时，中、美、日力量运用方式的变化，特别是中日由倚重经济力量到更为重视安全力量、美国则从打安全牌到谋求发挥更大经济作用这一相互转换，也将在很大程度上改变亚太地区格局。再次，趋势变化指的是亚太地缘政治、地缘经济因素的演化及其互动正在重塑地区秩序。就地缘政治而言，以中国崛起、美国实施"亚太再平衡"战略及与此相关的地区部分国家奉行对华制衡为背景，亚太多重地缘政治博弈的图景已变为现实，而中美战略互动是其中的关键。作者认为，两国走向战略妥协的可能性大于战略冲突。就地缘经济而言，虽然中美在亚太地区同样面临竞争，但地区国家并未选边站，亚太地缘经济走向部分整合的可能性较大。因此总的来看，未来亚太地缘政治、经济格局变动的趋势有利于中国。最后，秩序变化指的是地区主要行为体对未来亚太秩序有着不同的主张和设想，因而存在制度和规则竞争。例如，中国的亚太秩序观包括发展、伙伴关系、平等、协商一致；美国则偏向于安全、美国主导、结盟和有限的多边主义；而东盟则强调合作、平等、协商一致、平衡、开放包容。上述分歧将可能使地区秩序的演进充满复杂性和不确定性。

第二章聚焦奥巴马政府的亚太战略及其影响。从认知上讲，奥巴马高度重视亚太地区的战略意义，将其视为经济上存在机会、安全上则面临挑战的地缘战略要冲。因此，奥巴马政府意识到美国需要加大对亚太的投入，在地区事务中发挥积极的参与和领导作用。由上述认知出发，奥巴马政府在实践中逐步形成了亚太战略框架。就战略目标而言，美国新亚太战略致力于建立一个更富有活力和更持久的跨太平洋体系，塑造一个更加成熟的安全和经济架构，充分体现美国地区安全和经济政策所蕴含的基本原则。就战略内容而言，奥巴马政府的亚太战略包含七个方面：深化和更新同盟关系；拓展与地区伙伴如印度、印尼、越南、新加坡等国的接触；与中国发展可预测的、稳定的、全面的关系；参与和培育地区多边架构；奉行自信而积极的贸易和经济政策；打造更广范围的军事存在；打民主与人权牌。与克林顿和小布什政府相比，奥巴马政府的亚太战略在构想和实践上具有以下特点：一是大亚太的视野；二是强烈的"布局"意识；三是将"轮毂-轮辐"形状的地区政策架构转变成网络状的地区政策架构；四是外交、经济、安全多管齐下，相互配合；五是以东南亚为重点，以南海问题为切入点；六是对华突出战略制衡；七是重视规则制定。这一战略实施以来对地区局势产生了五方面影响：第一，美国在亚太的存在感和对地区事务的参与度上升，与本地区一些国家的关系得到改善和加强；第二，强化了地区议程中的安全因素和美国对地区事务的影响力；第三，通过构建"美国＋盟友＋伙伴"的地区关系网络，塑造了对美国有利的地缘政治格局；第四，重构了亚太地区经济秩序；第五，加剧了地区秩序两极化的张力。当然，尽管奥巴马政府的亚太战略体现了强烈的时代性，但这一战略的实施也受到一系列重要因素的制约，包括美国国内政治、美国实力衰退以及安全牌存在限度等。因此，特朗普时期美国的亚太战略将面临再次调整。

第三章重点论述中国的亚太外交方略。作者指出,当前中国面临的亚太外交环境正经历深刻变化,包括时空变化、主要力量对华外交非友善化及外交重心由经济发展转向安全竞争。上述变化使中国的亚太外交必须确立新目标、完成新任务。就目标而言,中国应以制度建设为抓手,推动亚太实现可持续和平发展合作、深化亚洲国家间互联互通的利益网络、推动地区热点问题和有争议问题和平解决,同时不断提升中国的话语权和影响力。就任务而言,中国应确立周边外交为优先选择,以周边外交带动亚太外交全局;以先进理念维护国际正义,积极寻求合作以超越冷战秩序;以经济外交实现良性竞争,实现开放与包容的制度性崛起;提高外交危机管控效能,以建设性态度处理摩擦和争端;建立坚定有力的外交支撑,打造和深化与重点国家的关系;以公共外交夯实民意基础,广交朋友推进本地区的社会建构。为了实现上述目标和任务,中国要进一步深化能够反映"新型国际关系"的理念和原则,肯定亚太地区多元共生意识,支持亚洲主体意识发展,推动亚太国家形成同享共担意识。同时,在亚太外交实践中,中国要进一步强化相互尊重、互利共赢、协商一致和开放包容的原则,积极打造"命运共同体"。中国未来的亚太合作路径应着眼于三点:首先,要在现有基础上强化本地区的利益融合和共享机制;其次,促使亚洲地区重新以发展、合作、共进来界定地区议程;最后,要更坚定地融入地区一体化建设,成为亚洲命运共同体的引领者和保障者。在此基础上,作者提出了两大实践对策:全景式布局亚太外交和在共生共赢中推进亚太合作。

第四章重点论述中国的亚太安全方略。作者指出,随着特朗普上台后美国外交政策的调整,亚太地区安全局势正在面临新的变数:首先,中美关系逐步回稳,但结构性矛盾依然存在,两国关系的脆弱性更趋凸显;其次,特朗普终结了"亚太再平衡"战略,但并未改变重视亚太的趋势;再次,亚太地区分裂态势与融合趋势均有所强化,地区格局演化进入更为敏感的关键时期;最后,地区热点不断发酵甚有联动之势,但总体可控,求和平、谋发展成为各国共识。基于上述亚太地区形势,中国需要应对的安全挑战有三方面:一是美国亚太战略的消极影响;二是中邻矛盾依然存在并有爆发风险，地区国家靠美倾向突出；三是朝核、南海、东海等地区热点仍有失控风险。面对上述挑战，中国需更为清晰地界定自身的亚太安全利益与目标，并在此基础上制定相应对策。由此，作者将当前中国亚太安全利益与目标概括为"三要三不要"。所谓"三要"，一是要重塑地区安全格局、机制与架构，建立开放、包容、不排他的亚太安全架构；二是要树立新的亚太安全理念，倡导"包容、平等、合作、共进"的共同体安全观；三是要维护中国在亚太的核心与重要利益。所谓"三不要"，一是防止任何大国与国家集团主导亚太事务，避免出现美国单极主导亚太的局面；二是防止出现中美两极对抗格局，防止亚太形成对华统一战线或陷中国于孤立；三是防止地区热点失控，对中国发展大局造成干扰，或使中国核心利益受到侵蚀。为此，中国可以从以下五个方面着手进行应对：第一，寻找中美亚太共处之道；第二，积极寻求中美两套安全体系的对接与融合；第三，妥善应对三大风险：半岛、东海与南海；第四，拉俄稳印、抑日扬东（盟），运筹好四大力量；第五，综合运用六方会谈、上海合作组织、澜湄合作、南海对话及亚信合作五大机制。

第五章聚焦美国的亚太经济战略与中国的应对。作者指出，随着亚太地区经济的迅速崛起，自奥巴马时期起，美国开始越来越重视其亚太经济战略。近年来，以跨太平洋伙伴关系协定（Trans-Pacific Partnership Agreement，TPP）为代表的地区经济合作与一体化框架成为奥巴马政府亚太经济战略的抓手。然而，随着特朗普上台执政和美国国内孤立主义及经济民族主义思潮日益显著，其经济战略面临新的调整，这一点从特朗普刚一上台就退出TPP的行为中业已显露。特朗普就任以来，力推所谓"公平贸易"和"互惠贸易"，在多边、双边和单边层面提出了带有其自身特色的亚太经济战略，其主要内容包括弱化多边贸易机制、注重双边贸易机制、诉诸单边主义手段。作者认为，特朗普政府调整美国亚太经济战略的动因有国内和国际多个层面，并且这一调整将会对中国和中美关系产生双重影响：在经济层面上，未来中美经贸关系发展不确定性增强；在地缘层面上，中国在亚太经济体系中的影响力会相对上升。从经济学的角度看，特朗普政府的上述战略取向将受制于五点因素：一是该战略可能导致本国生产成本上涨，从而进一步降低出口竞争优势；二是可能导致他国报复，有陷入不同程度贸易战的风险，恶化国际贸易环境，不利于全球资源的最优配置，不利于包括美国在内的世界经济的复苏；三是税改带来的联邦收入损失将可能使特朗普的经济改革陷入困境；四是重贸易、轻对外投资的战略，很难改善美国的国际收支平衡；五是传统工业部门失业率上升更多是技术变革导致，而非调整贸易战略可以解决。基于此，中国可以从六个方面予以应对：第一，要推进中美经贸关系稳定发展，强化合作，合理解决争端并建立有效协调机制；第二，持续扩展"一带一路"倡议的地域空间；第三，扩大和升级亚太双边自贸协定网络；第四，加速推进人民币区域化进程；第五，继续大力推动全球化发展；第六，大力推动国内经济结构的调整。

亚太地区向来是大国利益密切交汇之地，也是中国重大国家利益所在。在中国崛起背景下因势而起的大国外交，就是要在亚太地区维护和拓展中国的重要利益，重塑地缘政治与地缘经济格局。我国的亚太方略就是中国特色大国外交在亚太地区的战略与政策谋划。作为国内第一部系统阐述我国亚太方略的著作，本书呈现的研究成果反映了我们对这一重大课题认真但仍然是初步的思考。相信随着亚太地区格局的进一步演变和我国亚太方略的实施和完善，新的研究成果会不断涌现。如果本书在这方面起到探路和铺垫的作用，我们将倍感欣慰。

本书是课题组集体劳动的成果，具体分工如下：第一章（吴心伯）；第二章（吴心伯）；第三章（吴莼思执笔，周士新参与初稿撰写，陈东晓统稿）；第四章（杨文静执笔，李岩、王鸿刚参与初稿第一部分撰写，袁鹏统稿）；第五章（宋国友）；总体设计和定稿（吴心伯）。作为项目首席专家，我对课题组成员的大力支持和贡献深表感谢。同时，我也要感谢复旦大学出版社的孙程姣编辑，作为本书的责任编辑，她细致而专业的工作给我留下了深刻印象。

是为序。

吴心伯
2017 年 9 月于复旦

目 录

第一章　亚太大变局　1
　第一节　多元复合结构特征　2
　第二节　力量变化与力量转化　6
　第三节　地缘政治与地缘经济　15
　第四节　秩序与规则　26

第二章　奥巴马政府的亚太战略　34
　第一节　从克林顿到小布什：冷战结束后美国亚太战略的演变　34
　第二节　奥巴马政府对亚太的认知　37
　第三节　奥巴马政府亚太战略框架的形成　40
　第四节　奥巴马政府亚太战略的实施　43
　第五节　奥巴马政府亚太战略的特点　64
　第六节　奥巴马政府亚太战略的影响及其限度　70

第三章　中国的亚太外交方略　75
　第一节　亚太地区的外交环境　76
　第二节　中国亚太外交的目标与任务　86
　第三节　中国亚太外交的理念与原则　97
　第四节　中国亚太外交的布局与举措　112

第五节　中国亚太外交的前景分析　125

第四章　中国的亚太安全方略　136
　　第一节　中国面临的亚太局势变化与主要挑战　136
　　第二节　中国的亚太安全利益与目标　141
　　第三节　实现中国亚太安全利益与目标之路径　144

第五章　美国亚太经济战略与中国的应对　186
　　第一节　奥巴马政府的亚太经济战略　186
　　第二节　特朗普政府对亚太地区贸易战略的调整及其对中国的影响　193
　　第三节　中国的应对　202

参考文献　220

第一章
亚太大变局

冷战结束以来，亚太格局的变化经历了三个阶段：先是20世纪90年代美国推动的面向后冷战时期的格局重组；继而是21世纪第一个十年东亚合作带来的格局重构；近年来则进入了以相关国家力量对比变化和地区战略调整为主要特征的格局大变革时期，这一变革乃是第二次世界大战以后亚太地区最深刻、影响最深远的地缘政治与经济变动。以宏观视野观之，这一大变革是多种因素相互作用的结果：亚太在经济和政治上的崛起，全球政治经济中心向亚太的转移，相关国家的战略与政策演变，亚太区域合作的深化，以及国家间互动方式的变迁等。鉴于亚太在全球政治经济中重要性的上升，对亚太格局变化研究的重要性不言而喻。冷战结束后，特别是21世纪以来，学术界对这一课题给予了高度关注，产生了不少有价值的成果①。然而，近年来亚太格局变化步伐的加快和新特征的

---

① 例如，近年来的研究成果（著作类）包括：中国现代国际关系研究院编著，《太平洋足够宽广：亚太格局与跨太秩序》（时事出版社2016年版）；吴心伯等著，《转型中的亚太地区秩序》（时事出版社2013年版）；莫金莲著，《亚太区域合作研究》（湖南人民出版社2007年版）；耿协峰著，《新地区主义与亚太地区结构变动》（北京大学出版社2003年版）；苏浩著，《从哑铃到橄榄：亚太合作安全模式》（世界知识出版社2003年版）；曹云华著，《探究亚太新秩序》（世界知识出版社2002年版）等。Patrick Mendis, *Peaceful War: How the Chinese Dream and the American Destiny Create a New Pacific World Order* (Lanham, Maryland: University Press of America, 2013); Robert Haddick, *Fire on the Water: China, America, and the Future of the Pacific* (Annapolis, Maryland: Naval Institute Press, 2014); Hugh White, *The China Choice: Why We Should Share Power* (Oxford: Oxford University Press, 2013); Michael Yahuda, *The International Politics of the Asia-Pacific* (3rd and revised edition, London and New York: Routledge, 2011); David Shambaugh, ed., *Power Shift: China and Asia's New Dynamics* (Berkeley and Los Angeles, California: University of California Press, 2005); G. John Ikenberry and Michael Mastanduno, eds., *International Relations Theory and the Asia-Pacific* （转下页）

出现，使得对这一课题的研究成为常说常新的话题。这就需要研究者在密切跟踪形势变化的基础上，通过系统而深入的研究，提出有价值的学理分析和有预见性的研判。

对国际格局的研究，应该关注行为体的数量和类型、它们的实力分配状况，以及彼此之间的联系和互动方式等①。就亚太地区而言，当下格局的变化主要体现在四个方面：一是地区环境变化，即亚太地理范围的扩大和行为体的增加，以及行为体之间联系和互动方式的变化；二是力量变化，即主要行为体之间力量对比的变化以及力量运用方式的变化；三是趋势变化，即地缘经济和地缘政治发展的新动向；四是秩序变化，即规则与制度之争。从格局研究的角度看，环境要素涉及地区格局的基本架构，力量对比变化提供了地区格局变化的基本动力，趋势要素反映了变化的性质，秩序则体现了变化的最终形态，这四个方面相互联系、共同塑造了亚太地区格局变化的路径和结果。然而现有研究成果中，往往关注其中之一二，却缺乏对这四者的综合研究，本章拟对上述四个方面作系统和深入的探讨，以期更好地揭示亚太格局变化的全貌。

第一节 多元复合结构特征

国际政治中地区的概念并不仅仅是地理上的，也是经济和政治上的。亚太作为一个地区出现在国际政治中是相当晚近的事（二战以后）。事实上，它作为一个地区的身份主要来自地缘政治和地缘经济考虑，而非来自基于同质性和共同目标的本土意识，并且这一身份仍处在演变和进一步界定的过程中②。亚太地区最早是指"太平洋沿岸的亚洲"或

（接上页）(New York: Columbia University Press, 2003). 限于篇幅，相关的中英文论文不一一列举。

① 新现实主义理论在分析国际体系结构时主要关注"行为体的数量和类型，以及它们的实力分配状况"。（参见[美]詹姆斯·多尔蒂、小罗伯·特普法尔次格拉夫：《争论中的国际关系理论（第五版）》，阎学通、陈寒溪等译，世界知识出版社2003年版，第111页。）但是笔者认为，仅仅关注行为体的数量和类型以及它们的实力分配状况只是一种静态层面的观察，还必须在动态层面上把握行为体彼此之间的联系和互动方式，静态与动态结合，才能更好地把握国际格局的状态。

② Michael Yahuda, *The International Politics of the Asia-Pacific*, 3rd and revised edition, London and New York: Routledge, 2011, p.5.

"西太平洋地区"①。随着亚太经济合作组织(Asia-Pacific Economic Cooperation,APEC)的成立和亚太经贸合作的推进,亚太地区成为一个环太平洋的概念,从西太平洋扩展到南太平洋(包括澳大利亚、新西兰)和东太平洋(包括南北美洲的太平洋沿岸国家,如秘鲁、智利、墨西哥、美国、加拿大等)。至21世纪初,中国的崛起和东亚合作的开展使亚太更加充满活力和吸引力,亚太地位和重要性的提升使得南亚和中亚国家希望更多地参与到亚太事务中。例如,印度提出了"向东看"的政策,越来越积极地谋求在亚太的地缘经济与政治利益。中亚国家通过开展与中国、日本等东亚国家的经济合作,越来越成为亚太经济板块的一部分。亚太地理范围的扩大反映了本地区重要性和辐射力的上升,也意味着更多的行为体参与到地区事务中来,地区的动力结构发生变化。

就国际政治的影响力而言,重要的不是行为体的数量,而是类型,即行为体在体系中的地位和作用。由于国际格局是指"在一定时期内,由起战略支点作用的大国和国家集团所构成的一种相对稳定的国际关系结构和状态"②,因此我们在考察亚太格局变化时,主要应关注那些能够影响地区力量结构和秩序结构的行为体,当前这样的行为体包括中国、美国、东盟和日本。中国的崛起、美国的战略调整、东盟的规范性效应、日本加紧迈向政治大国的步伐等,对亚太格局产生了重要但程度不一的影响。

中国的快速崛起及其更加积极有所作为的对外战略取向使之成为亚太格局变化的核心驱动力。中国既通过力量的增长改变地区权力结构,又通过其理念和政策行为塑造地区规范和机制,推动地区秩序的调整。总体而言,中国是地区格局中的关键行为者,具有在力量、制度和规范上塑造地区秩序的能力。这得益于其所拥有的巨大发展潜力和不断提升的战略能动性,中国在亚太格局中的作用将会进一步增长。

美国是地区格局中的首要行为者和现行秩序的主要塑造者,但其力量和影响力优势呈相对下降趋势,为维护其主导地位和霸权利益,美国通过

---

① 林利民:《未来5—10年亚太地缘政治变局与中国》,《现代国际关系》2012年第4期,第9页。
② 李义虎:《国际格局论》,北京出版社2004年版,第39页。

战略与政策调整来削弱和制衡中国的地区影响力,塑造对美有利的地缘政治与地缘经济格局①。在可预见的将来,美国仍将是本地区最主要的行为者和秩序塑造者,但除非其力量优势的下降趋势得到扭转,否则其在地区格局中的作用将不可避免地持续下行。

东盟是地区格局中的重要行为者,并具有一定的塑造地区秩序的能力,这种塑造主要不是表现在改变地区权力结构上,而在于影响制度和规范的构建。东盟一方面通过自身的发展(如经济发展和共同体建设)以提升其整体实力,另一方面积极推动地区合作机制和规范建设,以发挥其在地区事务中的作用。东盟之所以能够在地区合作中发挥重要作用,除了其能动性外,还因为相关大国(如中日、中美)间的相互制衡以及部分地由于这种制衡而造成的大国对地区合作的引领作用的缺失。然而这种情况正在改变。从"一带一路"倡议到亚洲基础设施投资银行(以下简称"亚投行"),中国正在活跃地推动各种形式的地区合作;美国在奥巴马执政时期也在亚太再平衡的大旗下积极推进"跨太平洋伙伴关系协定(Trans-Pacific Partnership Agreement,TPP)"等地区合作构想。这无疑会挤压东盟在地区合作中发挥领导作用的空间。因此,虽然未来东盟仍旧是地区格局中的重要行为者,但其能否发挥更大的作用要取决于中国和美国的政策走向,也取决于东盟如何处理与它们的关系②。

日本在地区力量结构中占有重要位置,其战略走向也会影响到地区秩序的变化。当前日本正试图提升其军事能力,突破宪法对其拥有"集体自卫权"的限制,在地区事务中发挥更大的政治与安全作用。但是由于日本的经济实力呈现长期下降趋势,兼之其作为美国霸权体系的一员,受美国战略的制约。因此日本在亚太地区一方面突破不了以中美两国为主导的力量结构的限制,另一方面也无法借助新的制度和规范来实质性改变

---

① 吴心伯:《奥巴马政府与亚太地区秩序》,《世界经济与政治》2013 年第 8 期,第 54~67 页。
② 王森:《冷战后东盟推动下的东亚区域合作:进程、动因及限度》,《战略决策研究》2016 年第 1 期,第 18~41 页;魏玲:《小行为体与国际制度》,《世界经济与政治》2014 年第 5 期,第 85~100 页;任远喆:《亚太地区安全结构转型与东盟的角色》,《国际安全研究》2016 年第 2 期,第 33~49 页。

现有秩序①,因此日本在地区格局中只是一个次要的行为者,其实质性作用乃在东盟之下。

在亚太这一不断扩展的大棋局中,除了关键行为者中国、首要行为者美国、重要行为者东盟以及次要行为者日本外,俄罗斯、印度、韩国也值得关注。虽然它们或因力量重心不在亚太(如俄、印),或因力量有限(如韩国),难以改变亚太的总体力量结构或地区秩序,但却能在一定程度上影响地区或次地区的力量对比和国际关系态势。例如,俄罗斯、韩国都能对东北亚的局势产生重要影响。因此,在亚太格局中,它们是中美等主要行为者竞相争取的对象,是地区格局演变的干预变量。

国际政治的变化既反映在力量对比和行为者的数量与质量上,亦反映在行为者之间联系和互动方式的变化上。在亚太地区,各行为体之间的经济与安全联系显著增强。经济上,由于中国经济的快速发展和亚太及东亚经济合作的蓬勃开展,已经形成了围绕美、中、日三大经济体的密切的经济联系。安全上,美国主导的同盟体系正在朝"同盟+伙伴"的网络状结构发展,从而扩展了地区安全联系的纽带。东盟发起的地区安全对话与合作,从东盟地区论坛到东盟防长扩大会,增进了地区国家间的新型安全互动。中国倡导和推动的地区安全合作,从上海合作组织到湄公河流域执法安全合作机制,丰富了地区国家在传统和非传统安全领域的建设性合作。

当前亚太不断增强的经济与安全联系呈现出三个显著特征。首先是二元格局的出现,即越来越多的地区国家在经济上加强与中国的联系的同时,在安全上保持和加强与美国的联系,这种"经济上靠中国、安全上靠美国"的政策取向导致本地区出现经济关系与安全关系明显分离的局面②。其次是双重互动,即行为体之间在加强合作的同时,其竞争关系也在加剧。这不仅表现在新常态下的中美关系中,也体现在中国与日本、中国与东盟的关系中③。最后是双向度博弈,即行为体之间的博弈同时在

---

① 实际上,日本近年来的战略动向是谋求固化美国主导的地区秩序。
② 周方银:《中国崛起、东亚格局变迁与东亚秩序的发展方向》,《当代亚太》2012 年第 5 期,第 4~32 页。虽然周方银在这里关注的是东亚,但这一现象也适用于亚太。
③ 吴心伯:《新常态下中美关系发展的特征与趋势》,《国际问题研究》2016 年第 2 期,第 14~28 页。中日竞争主要表现在东海、东南亚甚至南亚、中亚,而中国-东盟之间主要表现在南海问题上。

地缘政治与地缘经济两个维度展开。这种双向博弈最早体现在"10＋3"的合作过程中，日本担心中国与东南亚关系的密切而急起直追，积极加强与东盟在政治安全与经贸领域的合作。随着美国亚太再平衡战略的实施，中美在亚太地缘政治与地缘经济的竞争显现。前者主要体现在西太平洋、东南亚，后者主要表现为美国推动的TPP和中国推动的区域全面经济伙伴关系（Regional Comprehensive Economic Partnership，RCEP）、亚投行等合作倡议。

基于以上分析，我们可以将亚太格局的基本特征概括为"多元复合结构"。多元是指力量结构和重要行为者的数量。虽然亚太地区力量在各单元的分布并不均衡，美国总体优势明显，中国力量快速上升，但亚太力量结构既不是美国独霸下的单极，也不是中美两家主导下的两极，而是多个重要力量单元并存，多个重要行为体发挥作用。这里用"多元"而不是"多极"，主要是考虑亚太各行为体并未以"诸侯割据"的方式分割地区体系，各占一方，而是大体上共处在同一个地区体系中，相互之间建立了密切的联系①。尽管由于历史的原因，美国主导的同盟体系仍然在本地区造成了成员间的某种区隔，但这种区隔并未导致亚太地区体系出现冷战式的分裂，也没有阻止同盟体系内外的国家间发展越来越密切的政治、经济和安全联系。"复合"主要是指行为体之间联系和互动的多样性——既有竞争，也有合作；在某些领域竞争，又在另外一些领域合作；甚至在同一领域中既有竞争，又有合作。

亚太地区环境的上述变化赋予地区格局以流动性、复杂性和不确定性，这需要我们对力量、趋势和秩序的变化进行深入而细致的研究。

第二节　力量变化与力量转化

当下亚太地区最引人瞩目的力量变化是中美两国之间力量对比的变化。从经济总量看，2000年，中国的经济总量是美国的11.7%，2015年

---

① 阿米塔夫·阿查亚（Amitav Acharya）在讨论新的世界秩序时使用了"多元（multiplex）"的概念，他认为，相对"多极"，"多元"更关注主要行为者之间的相互依存。参见 Amitav Acharya, *The End of American World Order*, Cambridge and Malden: Polity Press, 2014, p.9。

则升至60.5%①，而按照购买力平价计算，中国经济总量已在2014年超过美国②；从军事力量看，2000年中国的国防支出为230亿美元，美国为3 020亿美元，中国是美国的7.6%，到2015年，中国的国防支出已升至美国的36%③。经过十余年的军事现代化建设，中国的军事能力有了显著提高，与美国的总体差距缩小。而在西太平洋地区，特别是在第一岛链之内，中美军事力量对比正在朝着对中国有利的方向发展④。

宏观地分析中美经济和军事力量对比揭示了中美实力差距的缩小，而更细致地观察中美力量对比的变化则能展示中国在某些重要方面对美国的超越。2010年，中国超越美国成为世界制造业第一大国。2013年，中国取代美国成为全球货物贸易第一大国。2008年金融危机以来，中国超越美国成为全球增长的第一大引擎。更早之前，中国国际总储备（外汇储备、黄金储备、特别提款权等）也已超过美国。2006年，美国是全球127个国家最大贸易伙伴，中国则是70个国家的最大贸易伙伴；到2011年，中国跃升为124个国家的最大贸易伙伴，而以美国为最大贸易伙伴的国家数量下降为76个⑤。在周边和亚太地区，中国已是23个国家的第一大贸易伙伴国，这些国家包括：东北亚4国（日本、韩国、朝鲜、蒙古），东南亚8国（柬埔寨、印度尼西亚、马来西亚、菲律宾、新加坡、泰国、越南、缅甸），中亚2国（哈萨克斯坦、土库曼斯坦），大洋洲2国（澳大利亚、新西

---

① 据世界银行统计，2000年，中国GDP为1.339万亿美元，美国GDP为10.285万亿美元；2015年，中国GDP为11.065万亿美元，美国GDP为18.037万亿美元。数据来源：世界银行数据库，http://data.worldbank.org.cn，最后浏览日期：2017年9月18日。
② 据国际货币基金组织（IMF）统计，按照购买力平价计算，2014年中国GDP为18万亿美元，美国GDP为17.3万亿美元，http://www.imf.org/external/datamapper/PPPGDP@WEO/WEOWORLD/ADVEC/OEMDC，最后浏览日期：2017年9月11日。
③ 根据斯德哥尔摩和平研究所的统计，2015年，中国的国防支出为2 141亿美元，美国的国防支出为5 960亿美元。数据来源：https://www.sipri.org/sites/default/files/Milex-constant-2015-USD.pdf，最后浏览日期：2017年9月11日。
④ 胡波.《中美在西太平洋的军事竞争与战略平衡》，《世界经济与政治》2014年第5期，第64～84页；David C. Gompert, Astrid Stuth Cevallos, and Cristina L. Garafola, *War with China: Think through the Unthinkable*, California: RAND Corporation, 2016.
⑤ 甄炳禧:《21世纪：美国世纪还是中国世纪——全球视野下的中美实力对比变化分析》，《学术前沿》2015年第11期，第59～60页；楚墨:《中国超过美国成为多数国家最大贸易伙伴》（2012年12月3日），新浪网，http://finance.sina.com.cn/world/20121203/155413878413.shtml，最后浏览日期：2016年9月10日。

兰)、南亚3国(印度、巴基斯坦、孟加拉国),其他APEC成员国4国(智利、秘鲁、俄罗斯、美国)。在同样的地理范围内,将美国作为第一大贸易伙伴的国家仅有加拿大、墨西哥2国①。在投资方面,中国已是缅甸、老挝、柬埔寨、蒙古等国第一大外来投资国,与美国尚有明显差距(美国是澳大利亚、加拿大、日本、新加坡、墨西哥等国的最大外来投资国)②。但总体而言,中国作为地区经济中心的地位更加突出。

中美力量对比的变化还体现在发展态势上。美国当前处在相对衰落态势。2008年金融危机以来,美国经济的内生性活力在下降,如美国经济迄今尚未实现强劲复苏,非农生产率年均增长率一直低于1%,远低于1998—2007年的2.8%③。由于经济结构性失衡、高赤字、高债务的压力,科技进步的放慢,以及国际经济环境的变化等因素,美国经济长期增长的前景并不看好,其潜在经济增长率趋于下降,在世界经济中的比重会进一步走低④。此外,美国越来越严重的政治极化与社会分化等也掣肘了其发展。相比之下,中国仍处于崛起态势。虽然近年来中国经济增长放缓,但产业转型升级步伐加快,经济增长方式调整的力度增大,对科技进步和创新的支持力度上升,这些都为中国经济保持中高速增长提供了保

---

① 数据来源:朝鲜的排名来自中国国际贸易促进委员会网站(http://www.ccpit.org/Contents/Channel_3590/2015/0605/465668/content_465668.htm);缅甸的排名来自新华网(http://news.xinhuanet.com/2016-04/14/c_1118621364.htm);哈萨克斯坦的排名来自新华网(http://news.xinhuanet.com/world/2017-04/13/c_1120803605.htm);老挝的排名来自中国驻老挝大使馆官网(http://la.mofcom.gov.cn/article/zxhz/201612/20161202078768.shtml);其他国家的数据排名来自联合国商品贸易数据库(https://comtrade.un.org/data/)的基础数据并经笔者整理而得;东帝汶、土库曼斯坦、乌兹别克斯坦、塔吉克斯坦、不丹、巴布亚新几内亚因无数据来源不在相应统计范畴内。如上数据的最后浏览日期均为2017年5月9日。

② 数据来源:http://www.chinadevelopmentbrief.org.cn/news-19095.html,http://news.qq.com/a/20140822/006201.htm,http://www.ce.cn/xwzx/gnsz/gdxw/201609/12/t20160912_15795548.shtml,https://en.portal.santandertrade.com/establish-overseas,http://dfat.gov.au/trade/topics/investment/Pages/which-countries-invest-in-australia.aspx,最后浏览日期:2017年5月10日。

③ 甄炳禧:《21世纪:美国世纪还是中国世纪——全球视野下的中美实力对比变化分析》,《学术前沿》2015年第11期,第58页。

④ 参见甄炳禧:《从大衰退到新增长——金融危机后美国经济发展轨迹》,首都经济贸易大学出版社2015年版,第83~86页;宋国友:《美国霸权衰退的经济逻辑》,《美国研究》2015年第1期,第54~65页;徐海燕、何建宇:《美国经济霸主地位的衰退趋势研究——基于GDP比重分析的视角》,《复旦学报》(社会科学版)2013年第5期,第108~115、135页。

障。与美国相比,中国体制的执行力更强、运作的效率更高、释放的发展动能更大。从内政外交看,中国正在积聚越来越多的全球性大国的要素。

中美力量对比的变化具有重大意义。首先,与曾经追赶美国的苏联(政治军事大国)和日本(经济大国)不同,中国在政治、军事和经济等方面的实力地位都很可观,是一个与美国类似的全面型的大国,这样一个大国的崛起会对美国的地位以及国际政治经济格局产生重大影响。其次,中国是美国霸权体系外的国家。二战以后,日本和联邦德国都实现了经济上的复兴,成为追赶美国的经济大国,但由于二者都是美国的盟友,战略上追随美国,尽管它们在经济上的崛起对美国构成了竞争,但在战略上却加强了美国主导的西方体系。中国作为美国霸权体系外的国家的崛起给该体系带来了压力,美国在思考如何应对中国崛起带来的挑战时,不得不考虑其对美国在亚太的同盟关系的影响[1]。最后,中国是一个亚洲国家。二战以后亚洲国际关系的特征之一就是依附性,即亚洲的国际格局由全球冷战格局界定,亚洲国家很大程度上依赖与域外国家(美国和苏联)的结盟[2]。20世纪70年代以后,日本通过贸易与投资促进了东亚国家间的联系,但在战略上继续依附美国。20世纪90年代以来,东盟大力促进东亚地区合作,加强了东亚国家间的联系纽带,但美国与东亚关系的不平衡、不对称状态依旧。中国的崛起正在改变这一状况。2015年,东亚"10+3"(中、日、韩和东盟)的经济总量为18.81万亿美元,美国为17.95万亿美元[3],至少在经济力量对比上,东亚与美国的不平衡得到了改善。在关系格局上,作为奉行独立自主战略的大国以及地区经济中心,中国的崛起有助于提升亚洲的主体性,降低域外力量对地区事务的主导力。

---

[1] James Steinberg and Michael E. O'Hanlon, *Strategic Reassurance and Resolve: U.S.-China Relations in the Twenty-First Century*, Princeton, New Jersey: Princeton University Press, 2014, pp 19-21.

[2] Muthiah Alagappa, ed., *Asian Security Practice: Material and Ideational Influences*, Stanford, California: Stanford University Press, 1998, "Introduction", p.4.

[3] 根据世界银行的统计,2015年中国GDP为10.87万亿美元,日本为4.12万亿美元,韩国为1.38万亿美元,东盟为2.40万亿美元,美国为17.95万亿美元。数据来源:世界银行数据库,http://data.worldbank.org.cn/,最后浏览日期:2016年9月19日。

亚太地区另一重要的力量变化是中日力量对比的变化。从经济总量看，2010年，中国超过日本；2015年，中国的经济总量已是日本的2.6倍。2010—2015年，中国经济的年平均增长率为7.8%，日本为0.6%，中国是日本的13倍①，虽然中国经济增长速度在放缓，但未来仍能够保持远远高于日本的速度，这意味着中日之间经济实力的差距会进一步扩大。从两国在亚太地区的经济地位看，在亚太经合组织成员中，中国是16个经济体的最大贸易伙伴，日本只是1个经济体（文莱）的最大贸易伙伴；投资方面，中国（内地）是中国香港地区最大的外来投资方，日本则是韩国、泰国的最大外来投资国②。总体上看，中国的地区经济中心地位比日本更加突出，而且这一优势还会随着中国比日本更强劲的经济增长而扩大。在军事上，中国拥有日本所没有的战略打击能力，而日本本来的优势是先进的海空力量，现在中国的军费开支已远远超过日本③，随着重点建设海空军事能力的国防现代化进程的推进，解放军海空力量有了较快提升，如国产航母下水、新型核潜艇，以及轰-6K型轰炸机、歼-20战斗机等先进武器系统投入使用，在西太平洋的活动范围也不断扩大④，中日海空力量对比正在发生对中国有利的变化。

---

① 根据世界银行的统计，2010年中国GDP为6.04万亿美元，日本为5.50万亿美元；2015年，中国GDP为10.87万亿美元，日本为4.12万亿美元。数据来源：世界银行数据库，http://data.worldbank.org.cn/，最后浏览日期：2016年9月19日。

② 甄炳禧：《21世纪：美国世纪还是中国世纪——全球视野下的中美实力对比变化分析》，《学术前沿》2015年第11期，第59~60页；楚墨：《中国超过美国成为多数国家最大贸易伙伴》(2012年12月3日)，新浪网，http://finance.sina.com.cn/world/20121203/155413878413.shtml，最后浏览日期：2016年9月10日。数据来源：朝鲜的排名来自中国国际贸易促进委员会网站(http://www.ccpit.org/Contents/Channel_3590/2015/0605/465668/content_465668.htm)；缅甸的排名来自新华网(http://news.xinhuanet.com/2016-04/14/c_1118621364.htm)；哈萨克斯坦的排名来自新华网(http://news.xinhuanet.com/world/2017-04/13/c_1120803605.htm)；老挝的排名来自中国驻老挝大使馆官网(http://la.mofcom.gov.cn/article/zxhz/201612/20161202078768.shtml)；其他国家的数据排名来自联合国商品贸易数据库(https://comtrade.un.org/data/)的基础数据并经笔者整理而得；东帝汶、土库曼斯坦、乌兹别克斯坦、塔吉克斯坦、不丹、巴布亚新几内亚因无数据来源不在相应统计范畴内。如上数据的最后浏览日期均为2017年5月9日。

③ 根据斯德哥尔摩国际和平研究所的统计，2016年中国的国防开支为2 257亿美元，日本为416亿美元。数据来源：https://www.sipri.org/sites/default/files/Milex-constant-2015-USD.pdf，最后浏览日期：2017年9月11日。

④ 2015年3月，中国空军首次组织战机飞越巴士海峡赴西太平洋开展远海训练。在此之前，中国海军舰艇编队穿越第一岛链进入西太平洋演练已常态化。

中日力量对比的变化也是影响深远的。首先，它改变了近代以来日本作为亚洲"优等生"的地位，也凸显了中日这两个亚洲大国的不同发展态势。其次，如同前面所阐述的，中国作为非美国同盟体系成员超越美国在本地区最主要的盟友日本，这对美国的同盟体系形成了冲击。最后，作为亚欧大陆国家的中国超越岛国日本，预示着亚洲地缘政治与地缘经济重心的转移。近代以来，欧美列强在东亚的存在以及日本成为亚洲最先进的国家，使得亚洲的地缘政治与经济重心集中在东亚的滨海地带，地区政治经济格局的特点是海重陆轻。而今中国作为新的地区力量中心，借助其陆海兼备的广泛的地理联系，将重塑亚洲的地缘政治与地缘经济格局①。

在中美、中日力量对比发生重要变化的同时，这三个行为者的对外力量运用方式也在发生变化，中国、日本从长期重视经济力量的作用转为愈来愈重视发挥安全力量的作用，而美国则从长期倚重安全牌转向更加重视经济牌，由此出现了经济与安全手段相互转换的现象。导致该现象出现的因素有多种，但总体而言，丰富己方的政策手段、提高政策效用、适应变化的地区环境是导致力量转化的主要原因。

中国的崛起主要是通过经济发展实现的，因此在周边外交上长期以来也主要是依赖经济手段，而在安全问题上采取低调和克制的姿态②。但是近年来，由于周边安全形势的复杂化，中国安全利益越来越多地受到挑战和侵蚀，中国经济力量的崛起并未带来安全环境的显著改善，这使得中国开始意识到要加大对周边安全问题的投入力度、补齐周边外交中的安全短板③。2013年10月，习近平在中央周边工作会议上强调："推进同周边国家的安全合作，主动参与区域和次区域安全合作，深化有关合作机制，增

---

① 早在20世纪90年代，兹比格纽·布热津斯基（Zbigniew Brzezinski）就意识到，"中国的各种选择已经开始影响到亚洲的地缘政治力量分布，而它的经济发展势头必将使它有更强的物质实力和更大的雄心"。参见［美］兹比格纽·布热津斯基：《大棋局——美国的首要地位及其地缘战略》，中国国际问题研究所译，上海人民出版社1998年版，第59~60页。

② 刘丰：《安全预期、经济收益与东亚安全秩序》，《当代亚太》2011年第3期，第20页。

③ 周方银认为，中国在周边采取的重经济、轻安全政策的后果，是中国的经济实力发展与安全实力发展不匹配，中国没有投入战略资源去积极营造一个在安全上对自身有利的地区格局，并导致中国与周边许多国家安全关系和经济关系的分离。参见周方银：《中国崛起、东亚格局变迁与东亚秩序的发展方向》，《当代亚太》2012年第5期，第12~13页。

进战略互信。"①近年来,中国更加积极地参与处理朝核问题和阿富汗问题,积极参与和推动地区安全合作,例如中国在 2014 年担任亚信峰会主席国之际,大力推动亚信进程,倡议要将其建设成为覆盖全亚洲的安全对话合作平台,并在此基础上探讨建立地区安全合作新架构②。此外,中国近年来也大力加强军事力量和安全能力建设,更加积极地维护在东海和南海的主权和海洋权益。尽管目前中国在周边的安全影响力与经济影响力仍不匹配,但经过最近几年的努力,中国的军事实力和安全能力得到提高,在周边的安全存在感增强,在地区安全事务中的作用有所提升。由此一来,"中国在亚太地区已经不仅仅扮演着提供经济公共产品的角色,其提供安全预期的能力也在上升"③。

美国在亚太地区的主导地位是凭借安全手段获得的。冷战时期,美国通过在亚洲建立同盟体系、部署前沿军事力量以及进行军事干预(朝鲜战争、越南战争)来确保其对地区事务的主导权。冷战结束后,美国重新界定安全同盟,使之适应新的地区安全环境,同时继续保持其在本地区的军事存在,并扩大与本地区有关国家间的安全合作,在同盟之外发展安全伙伴关系,以强化美国对地区安全事务的影响力。然而,随着东亚经济的快速发展、地区合作的推进以及中国成为地区经济中心,美国认识到它面临着被东亚经济一体化进程边缘化的风险,而美国在亚太经济地位的弱化势必会影响到其政治地位和安全关系④。在此背景下,高度重视亚太地区的奥巴马政府于 2011 年秋正式出台了"亚太再平衡"战略,该战略的主旨就是通过加大美国对亚太的外交、经济和安全投入,巩固其在亚太的地位,促进其在该地区的利益,平衡、牵制中国力量和影响力的上升。TPP 是亚太再平衡战略的重要支柱。对美国来说,该协定不仅能给美国带来重要的经济利益,如扩大在亚太地区的市场准入、推动美国的经济增

---

① 《习近平:让命运共同体意识在周边国家落地生根》(2013 年 10 月 25 日),新华网,http://news.xinhuanet.com/2013-10/25/c_117878944.htm,最后浏览日期: 2016 年 9 月 21 日。
② 《习近平:积极树立亚洲安全观 共创安全合作新局面》(2014 年 5 月 21 日),中华人民共和国外交部网站,http://www.fmprc.gov.cn/web/ziliao_674904/zt_674979/ywzt_675099/2014zt_675101/yxhy_675105/zxxx_675107/t1158070.shtml,最后浏览日期: 2016 年 9 月 21 日。
③ 左希迎:《美国战略收缩与亚太秩序的未来》,《当代亚太》2014 年第 4 期,第 27 页。
④ 吴心伯:《美国与东亚一体化》,《国际问题研究》2007 年第 5 期,第 47~52 页。

长、制定对美国有利的贸易与投资规则等,还会带来可观的地缘政治利益,如巩固美国主导的地区秩序、在亚洲维持对美有利的力量对比、影响中国的国内经济政策和在本地区的外交关系等①。正因为如此,时任美国国防部长阿什顿·卡特(Ashton Carter)声称,对美国在亚洲的安全利益来说,国会批准TPP就如同在该地区增加一艘航母那般重要②。在TPP谈判过程中,美国积极运用其政治和安全资源拉拢一些国家加入该协定的谈判并推进谈判进程,而一些国家如日本、越南等决定加入TPP也有重要的战略与安全考虑③。奥巴马将TPP作为重要的地区战略抓手这一事实表明,华盛顿认识到,在变化的地区环境中,美国需要丰富其政策工具,更多地将安全资源转化为地缘经济资源,以更好地实现美国在亚太的政策目标。"对美国来说,仅仅巩固其在安全领域的优势地位,而不能把这种优势转化到经济领域,对于强化其对东亚的主导这一战略目标来说是远远不够的。"④尽管特朗普执政后宣布退出奥巴马政府竭力打造的TPP,但现在断言TPP已经寿终正寝还为时过早。更重要的是,美国亚太政策越来越重视以安全手段塑造地缘经济格局,这一趋势无疑会对地区地缘经济环境产生重要影响。

日本在二战以后长期奉行重经济、轻安全的"吉田茂路线",在成为经济大国后,日本通过贸易与投资在东亚建立了所谓的"雁行模式",确立了地区经济中心地位,也扩大了其政治影响力。然而从20世纪90年代中后期开始,日本加快谋求成为"正常国家"的步伐,对安全的关注和投入上升,但总体而言,日本的亚太政策仍以经济为重,通过发展双边经

---

① Michael J. Green and Mathew P. Goodman, "After TPP: the Geopolitics of Asia and the Pacific", *The Washington Quarterly*, Winter 2016, 38(4), pp.19-34.

② Ashton Cater, "Remarks on the Next Phase of the U.S. Rebalance to the Asia-Pacific" (April 6, 2015), speech, U.S. Department of Defense, http://www.defense.gov/News/Speeches/Speech-View/Article/606660, 最后浏览日期: 2016年9月22日。

③ 蔡亮:《挑战与动因: 日本参加TPP谈判的战略意图探析》,《日本问题研究》2012年第4期,第7~13页;贺平:《日本参加TPP谈判的战略意图与政策论争》,《日本学刊》2012年第4期,第34~49页;毕晶:《国际格局演变与越南加入TPP的外部因素分析》,《国际经济合作》2015年第2期,第57~60页;李飞:《浅析越南加入TPP的利益考量》,《东南亚南亚研究》2016年第2期,第60~65页。

④ 周方银:《中国崛起、东亚格局变迁与东亚秩序的发展方向》,《当代亚太》2012年第5期,第28页。

济关系与多边经济合作(如中日经济合作、"10+3"合作等)来谋取更多的经济利益。近年来,美国亚太战略调整、中国的快速崛起、日本国内政治保守化加剧,强化了日本走向政治和军事大国的趋势。安倍第二次执政以来,积极推进大国战略,安全成为其推进这一战略的最主要抓手,日本的亚太政策体现出明显的从重经济向重安全转化、让经济为安全服务的趋向,正如有学者所指出的,"安倍把经济政策定位于服务国家安全"①。安倍的安全牌主要包括以下方面:大幅改造并健全"安全保障正常化"与"军事大国化"所需的法律体系;基本制定并完善用于指导安全保障及防卫建设的战略及政策体系,特别是通过以解禁集体自卫权为核心内容的新安保法,使日本安全政策突破宪法限制,实现了二战后最大的一次"安全蜕变"②;建立高效、集中的安全事务决策体系以及作战指挥与情报体系;大幅提高自卫队遂行远程作战、大型作战及联合作战的能力;强化美日同盟,深化和扩展日美军事合作;加强与澳大利亚、印度、越南、菲律宾等国的安全合作;将中国作为头号威胁,强化第一岛链军事建设,协助美国阻遏中国进入西太平洋,并积极介入南海问题,牵制中国在南海的行动,等等③。日本亚太政策抓手从经济向安全的转化,既是日本国内政治演变的结果,也是日本保守势力对地区安全环境变化的反应,将是一个长期的趋势。而日本安全政策的重大变化、军事力量的提高以及在地区安全事务中作用的增大,不仅加剧了一些地区国家对日本走向的担忧,也在重新塑造日本的地区角色,使地区地缘政治环境更加复杂。

应该看到,中美日在推进各自亚太政策目标过程中,其力量手段的转换存在着一定的限度。中国对安全手段的强调更多地体现在非传统安全领域,而在传统安全领域,尽管中国的军事能力在提升,但运用军事力量

---

① 刘云、慕阳子:《大国战略:安倍的经济与安全政策》,《日本学刊》2013年第2期,第56页。

② 杨伯江:《日本"安全蜕变"与中日战略博弈——2015—2016年日本形势回顾与展望》,载杨伯江主编:《日本蓝皮书:日本研究报告(2016)》,社会科学文献出版社2016年版,第2页。

③ 吴怀中:《战后日本安全政策的演变》,《国际政治研究》2015年第1期,第39~42页。

解决争端的意愿并不高，中国在南海争端问题上坚持用外交手段解决就是最重要的例证。美国虽然越来越重视塑造地缘经济格局，但美国的总体经济实力在下降，相对于中国，其在地区经济中的分量会不断走低；美国在与亚太地区国家的经济互动中，越来越多地是"取"而非"予"；特朗普执政后表现出来的经济民族主义和贸易保护主义倾向会进一步削弱美国在塑造地区经济格局中的作用。这些因素都会限制美国安全牌的转换效应。日本越来越注重在亚太地区发挥安全上的作用，但难以摆脱相对于中国的战略劣势地位，也在很大程度上继续受制于美国的地区政策。此外，虽然当前日本国内的政治思潮总体上偏向保守，反华情绪甚浓，但二战之后日本社会长期形成的反战和平思潮并未消失，仍会制约其对外政策走向。

第三节 地缘政治与地缘经济

亚太地区力量对比的变化和相关国家的战略调整，使地区国际关系中的地缘政治与地缘经济因素更加突出，两者各自的演变和互动正在重塑地区格局与秩序的未来。

中国在力量上升的背景下，出于经济和安全利益的考虑，积极推进新的地缘政治战略目标。首先是加快建设海洋强国的步伐，积极维护和拓展海洋权益。中国共产党第十八次全国代表大会报告明确提出："提高海洋资源开发能力、发展海洋经济，保护海洋生态环境，坚决维护国家海洋权益，建设海洋强国。"[1]近年来，中国在东海方向采取了对钓鱼岛水域实施定期巡航、宣布设立东海防空识别区等措施，在南海方向采取了设立三沙市、加强海上巡逻监管和海上利益维护、加快海洋资源开发、推进岛礁建设等措施。与此同时，我海军力量也有了较快的发展，突破第一岛链的能力提升，在西太平洋的活动范围扩大。二战以后，西太平洋地区基本上处在美国的战略控制之下，是美国太平洋海权的重要组成部分，冷

---

[1] 胡锦涛：《坚定不移沿着中国特色社会主义道路前进，为全面建成小康社会而奋斗——在中国共产党第十八次全国代表大会上的报告》（2012年11月8日），中国网，http://news.china.com.cn/politics/2012-11/20/content_27165856_7.htm，最后浏览日期：2017年9月26日。

战时期美国及其盟友精心构建的第一岛链成为遏制中国的重要战略屏障。作为一个传统的陆权国家，中国海上力量的增强和向西太平洋的积极拓展正在重塑这里的地缘政治格局①。 其次是重视周边。 2013年10月中央周边外交工作会议提出，要"努力使周边同我国政治关系更加友好、经济纽带更加牢固、安全合作更加深化、人文联系更加紧密"②。 近年来，中国加大了对周边的投入，通过"一带一路"倡议大大推进了与东南亚、中亚、南亚国家的经济合作，通过上海合作组织、亚信峰会、湄公河流域执法安全合作机制、"阿中巴塔（阿富汗、中国、巴基斯坦、塔吉克斯坦）"四国军队反恐合作协调机制等加强了与周边国家的安全合作，中国与周边国家的经济与安全合作水平显著提升。 此外，中国还注意在周边打造一批战略支点国家，如韩国、印度尼西亚、巴基斯坦、哈萨克斯坦等，使其成为中国地区战略的重要依托③。 长期以来，中国周边的地缘政治形势极为复杂。 一些大国如美国、俄罗斯、印度都对我周边国家拥有重要的影响力，有些周边国家是美国的盟友和安全伙伴，周边国家在地缘政治取向上各不相同，甚至相互冲突，地缘政治结构呈现出碎片化特征。 同时，由于一些国家之间存在着复杂的矛盾和分歧，兼之受其他大国政策的影响，周边的地缘政治形势极不稳定，呈现出脆弱性特点。 在此情况下，中国将更多的注意力和资源投向周边，努力打造可靠的地缘政治依托，将有助于整合周边地缘政治板块，稳定周边地缘政治形势，有效抵制一些大国利用周边对我进行防范、牵制的企图。 最后是加强与俄罗斯在亚太地区的战略协作。 近年来，中国面临来自美国亚太再平衡战略的压力，而俄罗斯在克里米亚事件后受到来自西方的制裁，战略重心整体上向亚太转移，这为中俄两国加强战略协作伙伴关系提供了新的动力。 2014年5月，普

---

① 陆伯彬（Robert Ross）认为，二战以后中国作为陆权国家、美国作为海权国家，这是东亚地缘政治的基本特征，这种地缘战略的错位有利于整个地区的稳定。 参见 Robert Ross, "The Geography of the Peace: East Asia in the Twenty-First Century", *International Security*, 1999, Vol.23, No.4, pp.81-118。

② 《习近平在周边外交工作座谈会上发表重要讲话》（2013年10月25日），新华网，http://news.xinhuanet.com/politics/2013-10/25/c_117878897.htm，最后浏览日期： 2017年5月20日。

③ 学术界关于周边支点国家的讨论，参见徐进、高程、李巍等：《打造中国周边安全的"战略支点"国家》，《世界知识》2014年第15期，第15~23页。

京总统访华期间，双方发表了《中俄关于全面战略协作伙伴关系新阶段的联合声明》，表示要"将中俄全面、平等、互信的战略协作伙伴关系提升至更高水平"①。中俄两国在亚太事务中的协调与合作显著增强——中俄海军每年在西太平洋举行联合军事演习；中俄支持对方举办二战欧洲和亚洲战场战胜德国法西斯主义和日本军国主义 70 周年庆祝活动，共同反对歪曲历史和破坏战后国际秩序的图谋；中俄在朝鲜半岛问题上保持良好的合作；俄罗斯支持中国不承认海牙临时法庭关于南海仲裁案的立场。中俄在亚太问题上加强合作与协调对本地区的地缘政治形势有重要影响。中国学者认为，"中俄战略协作是亚太地区安全与稳定的基石"。俄罗斯学者认为，"美日和俄中越来越成为东亚和亚太地区安全的两个'轴心'"②。面对美国通过提升在亚太的军事存在、加强与扩展"同盟加伙伴"网络以牵制中国不断上升的力量和影响力，巩固其对地区事务的主导权的企图，面对日本奉行更加咄咄逼人的对华政策，中国加强与俄罗斯的战略协作无疑可以对美日起到重要的牵制作用。

美国亚太再平衡是外交、安全、经济多管齐下，政策手段中地缘政治因素突出。首先，美国加强在亚太地区的军事存在，如向新加坡派驻濒海战斗舰，在澳大利亚驻扎海军陆战队，在西太平洋更新武器系统，以及计划在 2020 年将 60% 的海空军事力量部署到亚太地区等。其次，美国提升与盟国的军事安全合作。2015 年 4 月出台的新版《美日防卫合作指针》大幅扩大了日本自卫队对美国军事行动的支援范围，并允许美日在提升导弹防御能力、空间安全、网络安全等方面进行合作。2011 年，美国与澳大利亚在安全合作方面达成两个重要协议：一是将网络战纳入美澳共同防御条约，这是美国首次与北约以外的国家开展这种合作；二是同意

---

① 《中俄关于全面战略协作伙伴关系新阶段的联合声明》（2014 年 5 月 20 日），中华人民共和国外交部网站，http://www.fmprc.gov.cn/web/ziliao_674904/1179_674909/t1157763.shtml，最后浏览日期：2016 年 10 月 20 日。

② 李冠群：《中俄战略协作是亚太地区安全与稳定的基石》，《光明日报》，2015 年 10 月 6 日，第 6 版；复旦大学国际问题研究院、俄罗斯国际事务委员会：《中俄关系研究报告 2014》（2015 年 4 月），第 4 页，复旦大学国际问题研究院网站，http://www.iis.fudan.edu.cn/_upload/article/7d/6d/cbc2cdfb495c8de490595aa2ee20/70eff2f3-2b8c-46b8-bfb5-05d037e51117.pdf，最后浏览日期：2017 年 9 月 12 日。

美海军陆战队进驻澳大利亚北部的达尔文基地,这是美军首次正式驻军澳大利亚,被认为是30年来美澳同盟关系最大的提升①。 2014年4月,美国与菲律宾达成了为期十年的《加强军事合作协议》。 根据这份协议,美军可更广泛使用菲方一些指定的军事基地和设施,包括机场和港口;美军有权在这些地方新建设施;美军可在这些地方部署装备、战机和军舰等。 这份协议为美军扩大其在东南亚的存在大开方便之门,也为提升美菲安全合作提供了便利②。 再次,美国改善与发展同本地区一些国家的关系,如加强与新加坡、越南、印度尼西亚、印度等在安全领域的合作,调整对缅甸的政策,改善美缅关系。 通过这些举措,华盛顿旨在扩展在本地区的"盟友+伙伴"网络,扩大其政治与安全影响力。 最后,美国积极介入东亚的海上争端。 美方明确表示钓鱼岛问题适用于《美日安保条约》,在南海问题上支持菲律宾和越南,美军在2015年发起了在南海的航行自由行动,挑战中国在南海的岛礁建设。 美国这一系列举措的地缘政治目标,就是要在中国力量和影响力不断增强、在西太平越来越积极地维护和拓展自身利益的形势下,巩固美国在亚太的主导地位,平衡中国不断增强的军事实力,牵制中国的安全行为,削弱中国的地缘政治影响力。

在中国崛起、美国实施亚太再平衡战略的背景下,一些地区国家在安全上奉行对华制衡政策③,从而使得亚太地区的地缘政治因素更加突出。 近年来,日本、澳大利亚、菲律宾、越南、新加坡、马来西亚、印度尼西亚、印度等国纷纷加强与美国的安全合作,与此同时,它们也在加强彼此间的安全合作(如日本与澳大利亚、印度、越南、菲律宾的合作,澳大利亚与越南、菲律宾、新加坡的合作,越南与菲律宾、新加坡的合作,新加

---

① 吴心伯:《论奥巴马政府的亚太战略》,《国际问题研究》2012年第2期,第67页。

② 吴心伯:《美国亚太再平衡战略与中美新型大国关系的构建》,《美国问题研究》2015年特辑,第3页。

③ 参见周方银:《中国崛起、东亚格局变迁与东亚秩序的发展方向》,《当代亚太》2012年第5期,第15~16页;刘丰、陈志瑞:《东亚国家应对中国崛起的战略选择: 一种新古典现实主义的解释》,《当代亚太》2015年第4期,第4~25页。 周方银认为这些国家对华采取的是战略对冲;刘丰、陈志瑞则认为是对冲和制衡;笔者认为,从应对力量对比变化的角度看,这些国家的对华防范行为还是属于制衡(balancing)的范畴。

坡与菲律宾的合作等),以提升应对中国崛起的地缘政治合力。这些国家中,一些(如日本、越南、菲律宾、马来西亚、印度尼西亚、印度)与中国有领土和海洋权益之争,它们的对华制衡行为既出于具体的利益关切,也在不同程度上考虑到力量对比变化对地区安全环境的影响,日本尤其如此;另一些(如澳大利亚、新加坡)则主要着眼于应对安全环境变化的不确定性,因为它们相信保持美国对地区安全格局的主导最符合其国家利益①。当然,这些国家对华制衡的力度是不一样的,其中以日本力度最强,越南、印度次之,其他国家又次之。这些国家在安全上的对华制衡行为在一定程度上强化了美国对地区事务的影响力,也使中国面临的地缘政治环境复杂化,并导致中国与一些国家之间的矛盾上升。

由此可见,当前亚太地区的力量对比变化和政策调整导致了多重地缘政治博弈的出现。力量上升的中国正在扩展地缘政治影响力,重塑周边的地缘政治结构,它将不可避免会改变和削弱美国对本地区地缘政治格局的主导。美国加大对亚太的资源投入,并提升了与本地区一些国家的安全联系,这有助于巩固美国的地缘政治地位,也加剧了中美地缘政治竞争态势。本地区一些国家针对中国崛起的制衡行为强化了美国对地区事务的影响力,同时使中国面临更加复杂的地缘政治挑战。总体而言,亚太地区的地缘政治竞争加剧、对抗的风险上升,格局调整的动能增大,地缘政治的消极态势突出。

展望未来,亚太地缘政治变化的关键取决于中美战略互动,而中美战略互动的走向存在两种可能性,一是中美走向冲突,二是中美走向妥协。中美走向冲突的可能性较低,其原因在于:第一,两国之间形成了紧密的经济联系,冲突会给两国的利益带来巨大损失,这无疑会影响双方领导人的决策偏好;第二,中国强大的且仍在快速增长的军事能力(包括拥有可靠的对美核威慑力量),使得美国在对华冲突中不可避免要付出巨大代价,任何一个理性的美国领导人都难以轻易做出与中国交战的决定;第三,中国在亚太地区的地缘政治目标有限,着眼于维护和巩

---

① Adam P. Liff and G. John Ikenberry, "Racing toward Tragedy? China's Rise, Military Competition in the Asia Pacific, and the Security Dilemma", *International Security*, Fall 2014, Vol.39, No.2, pp.52-91.

固在周边的安全和发展利益，不追求在整个太平洋的主导地位，也无意将东亚变成自己的势力范围，将美国排除在外①，因此中国不对美国的核心和重大利益构成威胁，中美矛盾与冷战时期的美苏矛盾和二战之前的日美矛盾是不一样的。

相比之下，中美走向战略妥协的可能性更大，因为中美在西太平洋的力量对比将越来越有利于中国。左希迎认为："随着中国实力的进一步扩大，美国的亚太再平衡战略就会达到一个临界点。在这个临界点以后，美国将无力支撑其在亚太的战略，并转入战略收缩的阶段。"②美国在亚太的战略收缩将伴随着与中国的战略妥协。这种战略妥协可以有两种形式，消极的和积极的。消极的战略妥协是美国鉴于中国力量增长的现实，接受中国在西太平洋地区的战略进取和影响力的扩大，不挑战中国在该地区的相对优势地位（如中国在第一岛链内的战略优势），并对美国的政策作出相应调整。但是由于中美没有就这个问题达成正式或明确的战略谅解，双方都对对方的战略意图怀有疑虑，在实际的战略互动中相互防范、相互制衡的因素突出，导致双边战略关系的稳定性和可预期性不强。积极的战略妥协则是双方通过战略沟通，清晰地向对方传达己方的战略意图和对对方的战略预期，并就双方具体的安全行为达成一致。中方既向美方表达自己在东亚和西太平洋地区维护和巩固其安全与发展利益的决心，并展示其能力，又向美方表明目标的限度，以有效安抚美国。美方则基于西太平洋力量变化的现实，明确承认和接受中方战略进取所带来的变化，相信中方关于其有限意图的保证。在这一战略谅解的基础上，双方都对各自的安全行为作出相应调整，以体现这一谅解的精神，证明各自意图的真实性和承诺的可信度。这样一来，中美战略互动中相互防范、相互制衡的因素就会显著减弱，双边

---

① 近年来，中国领导人一再强调"宽广的太平洋有足够空间容纳中美两个大国"，既是提醒美国要以开放的心态看待中国的崛起，也是向美国表明中国在亚太的战略意图。参见《习近平同美国总统奥巴马开始举行中美元首会晤》(2013 年 6 月 8 日)，人民网，http://politics.people.com.cn/n/2013/0608/c70731-21786842.html，最后浏览日期：2017 年 9 月 12 日。

② 左希迎：《美国战略收缩与亚太秩序的未来》，《当代亚太》2014 年第 4 期，第 16 页。

战略关系具有稳定性和可预见性①。

随着中美战略妥协的达成，亚太地区其他国家的对华制衡行为会出现分化，一些国家在其具体的国家利益没有受到中国挑战或严重威胁的情况下会放弃制衡，另外一些则会降低制衡的力度，转而通过与中国发展积极的经济、外交甚至安全合作来规避或化解来自中国的安全压力，还有个别国家（如日本）可能会加大对华制衡行为。无论如何，中美战略妥协的达成将使反映亚太地区新的力量对比的地缘政治格局呈现出来。在这个新格局中，中国在周边地区会拥有更大的影响力，美国的主导能力下降，但仍将是维持新格局的重要行为者，其他国家一方面要适应中国新的地缘政治角色，同时还会或多或少保持对华制衡行为，但不会带来严重的地缘政治紧张或不稳定。

如同地缘政治形势一样，亚太地区的地缘经济形势也在发生重大变化。事实上，在后冷战时代，亚太的地缘经济格局变化比地缘政治变化更加深刻。20世纪90年代，美国在塑造亚太地缘经济格局中发挥主导作用，其抓手就是1989年成立的APEC。克林顿政府利用该组织来达到三个目标：推动贸易与投资自由化，为美国的商品和服务拓展亚太市场；预防东亚形成以日本为中心的地区贸易集团，阻止日本在经济上与美国分庭抗礼；通过APEC的议程来影响关税和贸易总协定的全球谈判议程。在1998年的亚洲金融危机后，APEC风光不再，东亚国家转向加强东亚地区经济合作，此后十年是东亚合作的黄金时代。东盟与中、日、韩的"10+3""10+1"合作大

---

① 近年来，一些有远见的美国分析人士都提出了中美战略妥协（谅解）的问题。如，布热津斯基指出，"美国与亚洲的战略对接应该经过仔细的调整，目的是要培育与中国的合作关系"；"为了增加中国成为全球主要伙伴的可能性，美国应该默许中国在亚洲大陆拥有突出的地缘政治地位，默许中国成为主导亚洲经济的大国"。他强调，美中之间有三个敏感问题需要和平地解决，即美国在中国领海边缘进行军事侦察的问题，以及美国海军在国际水域巡航时部分进入中国专属经济区；两国的军备发展问题；台湾问题。参见［美］布热津斯基：《战略远见——美国与全球权力危机》，洪漫等译，新华出版社2012年版，第138、181、183~185页。再如，美国学者史文（Michael Swaine）认为，要在西太平洋地区从美国的海上主导转向稳定的中美均势，需要两国在一系列重大问题上达成谅解，包括朝鲜半岛，中国台湾地区，东海和南海的海上争端，第一岛链内的军事能力，两国的核战略等。参见 Michael D. Swaine, "Beyond U.S. Predominance in the Western Pacific: The Need for a Stable U.S.-China Balance of Power" (April 20, 2015), Carnegie Endowment for International Peace, http://carnegieendowment.org/2015/04/20/beyond-american-predominance-in-western-pacific-need-for-stable-u.s.-china-balance-of-power, retrieved September 12, 2017. 还可参见 James Steinberg and Michael E. O'Hanlon, *Strategic Reassurance and Resolve: U.S.-China Relations in the Twenty-First Century*, Princeton, New Jersey: Princeton University Press, 2014。

大深化了东亚国家在金融、贸易、投资等领域的合作，东亚经济格局朝着一体化的方向迈进，而东盟也在这一过程中扮演了领导者的角色。由于美国基本上没有参与这一进程，亚太地缘经济版图的东亚特征突出，太平洋特征弱化。

2010年之后，亚太地缘经济格局出现了新的发展趋势。一方面，奥巴马政府在亚太再平衡的政策框架下，积极推进TPP谈判。TPP的地缘经济目标就是要重塑美国的亚太经济中心地位，削弱中国在地区经济中的影响力，牵制东亚合作的发展。尽管TPP谈判达成协议的时间一拖再拖，特朗普执政后宣布美国退出TPP更使该协定的未来进入未定之天①，但美国主导和推进这一谈判进程本身就产生了重要的地缘经济影响，它不仅凸显了美国在亚太的经济主导地位，也弱化了东亚合作的发展势头。另一方面，中国自2013年以来提出"一带一路"倡议，推动设立亚投行，并积极参与RCEP和中日韩自贸区的谈判。中国这些举措的地缘经济目标就是要巩固与亚欧国家尤其是周边国家的经济联系，为转型中的中国经济发展拓展新的空间、打造新的平台，同时也是要保持东亚地区经济合作的势头。"一带一路"建设所取得的进展、亚投行的顺利成立，显示了中国在推动新的地区合作倡议方面的领导力和行动力。这样，在亚太地缘经济格局中，中国和美国有史以来第一次同时成为重要的引导者和塑造者。更重要的是，这两大经济体各自推进的地缘经济构想相互竞争的态势也很明显。美国主导的TPP谈判没有中国参加，奥巴马总统多次表示打造TPP就是为了不让中国制定经济规则②。中国的"一带一路"倡议是开放性的，但为"一带一路"提供融资的亚投行则遭到奥巴马政府的反对，认为它对美国

---

① 中国国际经济交流中心总经济师陈文玲认为，从长期看，TPP面临两种前景，第一种前景是，短期内将其"封冻"起来，长期则可能将其重新包装成另一个协议；第二种前景是，彻底推翻TPP，美国转向与各主要国家进行双边谈判达成贸易和投资协定(参见汪仲启：《世界经济将在颠簸和纠结中前行》，《社会科学报》，2017年3月9日，第1版)。实际上，还存在第三种可能性，就是在日本、澳大利亚等国的推动下，没有美国参加的TPP先生效，而美国则有可能在将来重新加入。

② Kai Ryssdal, "The Full Interview: President Obama Defends the TPP" (October 6, 2015), Marketplace, http: //www.marketplace.org/2015/10/06/economy/president-obama-talks-trade/full-interview-president-obama-defends-tpp, retrieved November 1, 2016; "President Obama: The TPP Would Let America, Not China, Lead the Way on Global Trade" (May 2, 2016), *the Washington Post*, https: //www.washingtonpost.com/opinions/president-obama-the-tpp-would-let-america-not-china-lead-the-way-on-global-trade/2016/05/02/680540e4 – 0fd0 – 11e6 – 93ae – 50921721165d _ story.html?utm_term = .d51e9b1438d6, retrieved November 1, 2016.

和日本主导的世界银行和亚洲开发银行构成了竞争。此外,中国积极推动的RCEP也没有美国参与,它所要加强的东亚合作正是美国所不希望看到的。

有趣的是,面对亚太中美地缘经济竞争的张力,一些东亚国家并没有像在安全上那样选边站,通过靠拢美国来制衡中国,而是选择同时加入中美两国的相关倡议①。例如,在2016年2月签署TPP协定的12个成员中,除了美国、加拿大、墨西哥、智利、秘鲁这5个美洲国家外,其他7个国家(澳大利亚、新西兰、日本、文莱、马来西亚、新加坡、越南)也加入了"区域全面经济伙伴关系协定(RCEP)"谈判,这7个国家中除日本外还加入了亚投行,日本则加入了中日韩自贸协定谈判。这表明,在地缘经济方面,亚太多数国家同时看好中国和美国,希望能够同时发展与二者的合作并获利。事实上,日本、越南等决定加入TPP还有重要的地缘政治考虑,而许多国家加入"区域全面经济伙伴关系协定(RCEP)"和亚投行则主要出于经济考虑,因此实际上亚太地区成员在地缘经济上更看好中国一些。

这一现象对我们理解亚太地缘经济的演变趋势具有重要意义。一般来说,亚太地缘经济的未来有三种可能性。一种是整合型。TPP也好,RCEP也好,最终都整合到亚太自贸区的框架中。2014年在北京召开的APEC领导人非正式会议在宣言中提出了"在本地区现有自贸安排基础上尽早建成亚太自贸区"的目标②。中国是这一愿景的积极推动者,中方主张TPP和RCEP应该相互促进,为实现亚太自贸区这一共同目标作出贡献③。

---

① 当然也要看到,近年来,日本在东南亚、南亚以及中亚与中国积极开展地缘经济竞争,这里既有经济利益考虑,也有战略上的考虑。
② 《北京纲领:构建融合、创新、互联的亚太——亚太经合组织第二十二次领导人非正式会议宣言》(2014年11月11日),中华人民共和国外交部网站,http://www.fmprc.gov.cn/web/ziliao_674904/zt_674979/ywzt_675099/2014zt_675101/fzshyjxghd_675199/zxxx_675201/t1209862.shtml,最后浏览日期: 2016年10月28日。
③ 《2016年5月3日外交部发言人洪磊主持例行记者会》(2016年5月3日),中华人民共和国外交部网站,http://www.fmprc.gov.cn/web/fyrbt_673021/jzhsl_673025/t1360329.shtml,最后浏览日期: 2016年11月2日。2016年11月20日亚太经合组织第二十四次领导人非正式会议通过的《亚太自贸区利马宣言》强调:"我们再次承诺亚太自贸区应建立在正在开展的区域安排基础上,包括通过《跨太平洋伙伴关系协定》(TPP)、《区域全面经济伙伴关系协定》(RCEP)等可能路径加以实现。"参见《亚太经合组织第二十四次领导人非正式会议宣言(全文)》(2016年11月21日),中华人民共和国外交部网站,http://www.fmprc.gov.cn/web/zyxw/t1416939.shtml,最后浏览日期: 2017年5月16日。

这样一来，亚太地缘经济走向深度一体化，竞争大为削弱甚至消失。另一种是部分整合型。由于各国经济发展水平和发展方式的差异，未来的亚太自贸区只能作为最大的公约数支撑地区经济合作，但不能取代所有现存的经济合作安排，特别是中美两国会各自保留一些他们先前分别达成的合作机制，这些安排符合各自的比较优势，如RCEP、TPP等①，这意味着地缘经济竞争仍将存在，但力度减弱。在此情况下，亚太地缘经济格局将是合作与竞争并存，而长远来看，仍有可能在时机成熟时走向完全整合。还有一种可能是竞争性共存。由于国内利益的牵制和地缘政治的考虑，中美两国都不愿意在合作规则上做出重大妥协，建立亚太自贸区的目标难以实现，中美这两大经济体仍执着于各自已有的合作安排，其他国家则两边参与，同时获利。尽管在这种情况下，中美地缘经济的竞争将会持续甚至加剧，但亚太地缘经济格局也不会走向完全割裂，这不仅因为中美两国之间已经形成了密切的经济联系，这种联系在未来还会进一步扩展，而且还由于中美之间各种形式的双边与多边合作安排的存在将维系和深化这两大经济体之间的合作。

总体上看，未来十年亚太地缘经济格局走向部分整合的可能性比较大。与此同时，随着中国经济体量的进一步上升和地区合作的拓展，中国的地缘经济影响力将会继续增强。美国在合作规则制定上的影响力仍然会优于中国，但其地缘经济影响力整体上会相对下降，同时美国地缘经济政策中谋求削弱和排挤中国的目标则难以达到。未来的亚太自贸区何去何从，将在很大程度上反映中美两国地缘经济影响力的消长。

那么，在亚太地区地缘政治与地缘经济因素同时突出的背景下，两者之间的互动又会呈现什么样的景象？

从博弈论的角度分析，如表1-1所示，地缘政治与地缘经济的互动

---

① 王辉耀、苗绿、方挺提出"在RCEP与TPP之上建立一个伞状结构的FTAAP"的设想，认为该路径将形成RCEP、TPP、FTAAP并存格局，FTAAP的自由化程度将介于RCEP和TPP之间，双方成员必须在服务贸易、知识产权标准等领域统一标准，在政府采购、国有企业、劳工标准、环境标准等内容上弥合差异，在原产地规则上达成共识等。他们认为，相比其他路径，"伞状结构"具有更高的可行性。参见王辉耀、苗绿、方挺：《FTAAP：后TPP时代的最佳选择？》，《社会科学报》，2017年1月26日，第2版。

可以有四种形式：（1）正向互动，地缘政治和地缘经济都推动地区合作；（2）负向互动，地缘政治和地缘经济都推动地区竞争；（3）地缘政治主导地缘经济（含合作与竞争）；（4）地缘经济主导地缘政治（含合作与竞争）。

表 1-1　亚太地区地缘政治与地缘经济的互动

	地缘经济整合	地缘经济竞争	地缘政治合作	地缘政治竞争
地缘政治合作	正向互动	地缘政治主导地缘经济（合作型）	—	—
地缘政治竞争	地缘政治主导地缘经济（竞争型）	负向互动	—	—
地缘经济整合	—	—	正向互动	地缘经济主导地缘政治（合作型）
地缘经济竞争	—	—	地缘经济主导地缘政治（竞争型）	负向互动

资料来源：笔者自制。

结合亚太地区国际政治经济的现实来看，如前所论，地缘政治演变主要表现为中美冲突和中美妥协两种可能性，地缘经济演变主要表现为整合（包括完全整合与部分整合）与竞争两种可能性，这样上述地缘政治与地缘经济互动的四种形式具体表现如下。（1）正向互动，中美战略妥协和地缘经济整合（部分或全体）的趋势同时发展，相互促进，亚太在政治和经济上都朝着合作的方向演变，这有助于提升地区的稳定与繁荣。（2）负向互动，中美地缘政治冲突和地缘经济竞争的趋势并行，相互强化，亚太的两极化趋势发展，地区的稳定与繁荣受到挑战。（3）地缘政治主导地缘经济，奥巴马政府的亚太再平衡战略带有制衡中国的地缘政治特征，因此其亚太经济政策也具有制衡中国的意味，这典型地表现在 TPP 上；但是随着特朗普执政，美国亚太政策（包括对华政策）的地缘政治呈现成分下降趋势[1]，美国的亚太战略有可能朝着中美妥协的方向发展，而随着特朗普宣

---

[1] 吴心伯：《特朗普执政与中美关系走向》，《国际问题研究》2017 年第 2 期，第 24~25 页。

布美国退出 TPP，美国在亚太开展地缘经济竞争的态势明显减弱。（4）地缘经济主导地缘政治，奥巴马执政时期亚太地区的地缘经济竞争态势凸显，它强化了地缘政治的竞争色彩。但是如果未来地缘经济走向整合（包括部分整合），那将推动中美走向战略妥协。

那么，亚太国际政治经济演变的前景究竟会如何？前面的分析认为，未来中美走向战略妥协的可能性和亚太地缘经济格局走向部分整合的可能性都比较大，这意味着地缘政治与地缘经济会呈现正向互动，因此我们有理由对亚太地区国际格局的未来感到乐观。长远而言，一方面，最近一段时期（2010—2016年）亚太地缘政治和地缘经济的竞争态势很可能只是阶段性的，是在地区力量对比发生重大变化过程中相关行为者战略与政策调整的结果，这一调整还会继续下去，并将越来越反映地区力量对比变化的大趋势，而中国力量和影响力的上升是这个趋势的主要特点；另一方面，中国在亚太的地缘政治目标的有限性，决定了中美地缘政治竞争的有限性，亚太地区地缘政治变化的步伐将是渐进的、力度将是温和的。与此同时，亚太地区经济发展的活力（特别是中国经济在新常态下的稳健增长）、世界三大经济体的汇聚以及亚太地缘经济整合给各方带来的巨大利好，决定了未来亚太地缘经济演变的力度将是强劲的。就长期趋势来说，温和的地缘政治变化和强劲的地缘经济演变相互作用，后者会更多地影响前者，并对地区格局的塑造发挥更大的作用。

第四节　秩　序　与　规　则

与欧洲不同，冷战后亚太地区的秩序变化是渐变而非突变。在20世纪90年代，美国是推动地区秩序演变的主要力量。到了21世纪的第一个十年，东盟通过积极推动地区合作而成为地区秩序的重要塑造者。进入21世纪第二个十年，力量上升和战略上积极进取的中国成为塑造地区秩序的关键力量。中国、美国、东盟三个行为者各自对亚太秩序的形态和规则持有不同的偏好与主张，使得未来地区秩序的演进呈现出复杂性和不确定性。

中国主张的亚太秩序观①主要包含以下几方面内容。首先是以经济为基本逻辑，即通过各国的经济发展和地区经济合作推动地区秩序的构建或重构，该秩序反过来有助于经济发展，有利于地区成员间的经济合作。其次是一体性与包容性，亚太地区秩序应该涵盖整个环太平洋地区的国家，不能出现割裂的或排他的地区秩序安排，不能因政治、经济或文化原因而将一些地区成员排斥在外。再次是平等性，该秩序不是等级结构，而是平面结构，所有成员地位平等，没有高下之分。当然由于各国力量和参与地区事务的意愿差异，他们在这个秩序中所处的位置会有所不同，有些处于秩序的中心，有些处于外围，还有些介于两者之间。最后是多极和多元特征，支撑地区秩序的力量结构是多极而非单极，秩序的形态具有多元性而非单一性，不同的政治制度、经济发展模式和文化能够共存。总体而言，中国所主张的亚太地区秩序是一种以经济为导向、以伙伴关系为特征的松散多元的地区共同体②。经济上的亚太自由贸易区和多层次、复合型的地区安全架构将是该秩序的主要制度支撑。

力量塑造秩序，秩序体现规则。中国主张的亚太地区秩序主要包含以下规则：发展，伙伴关系，平等，协商一致等。中国认为，"实现共同发展是维护和平稳定的根本保障，是解决各类安全问题的'总钥匙'"③。

---

① 参见《中国的亚太安全合作政策》白皮书(2017年1月11日)，中华人民共和国外交部网站，http://www.fmprc.gov.cn/web/zyxw/t1429766.shtml；习近平：《共建面向未来的亚太伙伴关系——在亚太经合组织第二十二次领导人非正式会议上的开幕辞》(2014年11月11日)，中华人民共和国外交部网站，http://www.fmprc.gov.cn/web/ziliao_674904/zt_674979/ywzt_675099/2014zt_675101/fzshyjxghd_675199/zxxx_675201/t1209597.shtml；《共建面向未来的亚太伙伴关系——亚太经合组织成立25周年声明》(2014年11月12日)，中华人民共和国外交部网站，http://www.fmprc.gov.cn/web/ziliao_674904/zt_674979/ywzt_675099/2014zt_675101/fzshyjxghd_675199/zxxx_675201/t1209861.shtml；以上网址的最后浏览日期均为：2017年4月12日。

② 例如，习近平在2013年10月召开的中央周边工作会议上提出要强化周边命运共同体意识。[参见钱彤：《习近平：让命运共同体意识在周边国家落地生根》(2013年10月25日)，新华网，http://news.xinhuanet.com/politics/2013-10/25/c_117878944.htm，最后浏览日期：2017年4月20日。]2014年4月，李克强在博鳌论坛2014年年会开幕式上提出要结成亚洲利益共同体、形成亚洲命运共同体、打造亚洲责任共同体。[参见李克强：《共同开创亚洲发展新未来——在博鳌亚洲论坛2014年年会开幕式上的主旨演讲》(2014年4月10日)，新华网，http://news.xinhuanet.com/politics/2014-04/10/c_1110191764.htm，最后浏览日期：2017年4月20日。]

③ 《中国的亚太安全合作政策》白皮书(2017年1月11日)，中华人民共和国外交部网站，http://www.fmprc.gov.cn/web/zyxw/t1429766.shtml，最后浏览日期：2017年4月12日。

发展既是构建地区秩序的重要目的，也是秩序主要的功能体现。伙伴关系是亚太和平稳定的政治根基，中国主张"结伴而不结盟"，不仅因为结盟政治是旧时代（冷战及以前）的国际政治行为，更因为结盟将导致亚太地区的对抗和分裂，不利于实现亚太秩序的一体性和包容性。伙伴关系还反映了中国对多边主义的偏好，因为在多边主义的合作实践中，参与者之间是一种真正的伙伴关系。中国对平等的强调，不仅基于自身屈辱的近代历史经历，更由于这样的事实，即现行的亚太秩序在很大程度上为美国所塑造和主导，亚洲国家和太平洋国家（美国）在这个秩序中的地位是不平等的、所发挥的作用是不平衡的。因此，中国所期待的新的亚太秩序不仅能够确保各成员国平等参与地区事务，也能促进亚洲国家与美国之间更加平衡地互动。协商一致是中国和其他亚洲国家的普遍偏好，它体现了亚洲国家对主权的重视和不喜欢强制性的制度安排的政治文化，同时也反映了亚洲的多样性和普遍存在的弱势心理（相对于美国而言）特征。

由于历史和现实的原因，美国主张的亚太秩序以安全为基本逻辑。第一，历史地看，安全是二战后美国在塑造地区秩序时最主要的抓手；现实地看，安全是美国的力量优势所在，一些亚太国家在安全上需要以不同方式借助美国，因此以安全作为秩序的基本逻辑最符合美国的利益。第二，美国希望把其主导的亚太双边同盟体系作为地区秩序的基础。在安全逻辑下，美国缔造的同盟体系是亚太地区历史最悠久、制度安排最严密、运作最为常态化的安全架构，以它作为地区秩序的基础毫无疑问将确保美国在该秩序中的主导地位。第三，秩序的等级结构。在这个结构中，各国的地位视其与美国的亲疏而定，美国作为主导者高高在上，其次是日本、澳大利亚等盟国，再次是美国需要发展合作关系的伙伴，如新加坡、越南、印度尼西亚等，最后是具有合作者与竞争者双重身份的中国。第四，排他性。美国的亚太秩序观以安全为构建逻辑，以同盟体系为主要架构，因此该秩序就具有选择性，不包括那些被美国视为异类的国家，如朝鲜或民主化之前的缅甸。第五，单极和单元特征。美国所偏好的地区秩序是美国作为单一的主导者。虽然在冷战时期全球和亚太格局具有鲜明的两极特征，但在后冷战时代，美国谋求单极世界，不允许任何其他国家挑战美国的主导地位，在中国崛起的亚太地区尤其如此。美国不仅要主导秩序，也要垄断规则的制定①。与此同时，美国也希望这个秩序内的国家在政治制度、价值观以及经济发展模式上向美国看齐，使秩序形态呈现单一色彩。由此可先，美国所偏好的亚太秩序是以安全为导向、以同盟关系为核心、以美国为主导的安排，本质上是一种霸权秩序，是"美国治下的和平"。其制度依托是美国的"同盟＋伙伴"架构和奥巴马政府推动的TPP安排。

美国主张的亚太秩序主要包括如下规则：安全，美国主导，结盟，有限的多边主义等。安全是秩序建构的基本逻辑，维护美国及其盟友的安全利益也是该秩序的主要功能。美国主导首先体现在现存的地区秩序中，在中国力量崛起和东盟规范性崛起的大背景下，美国会继续谋求维护和巩固其主导地位，即使在美国逐渐失去力量优势的情况下，它也会努力确保对规则的主导权。双边同盟体系是美国在亚太地区最主要的战略资产，也是其构建地区秩序的重要抓手，实际上，美国心仪的地区秩序就是其同盟体系的放大版②，因此，结盟也就成为美国构建地区秩序的重要原则。在后冷战时代，美国在克林顿政府和奥巴马政府时期倡导并参与了一些多边主义的合作，如经济上的APEC、TPP，政治和安全上东盟发起的东盟地区论坛、东盟防长扩大会、东亚峰会等。不过美国在亚太的多边主义实践是有限的，这在安全领域尤为明显，因为在美国看来，多边安全合作只是传统的双边安全合作的一个补充③。

东盟主张的亚太地区秩序的基本逻辑是安全与经济。第一，在冷战时期，东盟的合作主要关注安全④；冷战结束后，东盟担心东南亚出现

---

① Kai Ryssdal, "The Full Interview: President Obama Defends the TPP" (October 6, 2015), Marketplace, http://www.marketplace.org/2015/10/06/economy/president-obama-talks-trade/full-interview-president-obama-defends-tpp, retrieved November 1, 2016; "President Obama: The TPP Would Let America, Not China, Lead the Way on Global Trade" (May 2, 2016), *The Washington Post*, https://www.washingtonpost.com/opinions/president-obama-the-tpp-would-let-america-not-china-lead-the-way-on-global-trade/2016/05/02/680540e4-0fd0-11e6-93ae-50921721165d_story.html?utm_term=.d51e9b1438d6, retrieved November 1, 2016.

② G. John Ikenberry and Michael Mastanduno, "Images of Order in the Asia-Pacific and the Role of the United States", in G. John Ikenberry and Michael Mastanduno, eds., *International Relations Theory and the Asia-Pacific*, New York: Columbia University Press, 2003, pp.423-424.

③ 吴心伯：《太平洋上不太平：后冷战时代的美国亚太安全战略》，复旦大学出版社2006年版，第36页。

④ 吴心伯等：《转型中的亚太地区秩序》，时事出版社2013年版，第185页。

力量真空，积极倡导以东盟地区论坛为平台的多边安全合作；在1997—1998年的亚洲金融危机后，东盟的关注更多转向经济，积极推动以"10+3"为框架的东亚经济合作，安全与经济也由此成为东盟偏好的地区秩序的两大支柱。第二，东盟希望自身成为地区秩序的中心。"东盟通过参与或者创建亚太区域多边政治、经济和安全合作机制，以亚太区域多边合作机制为平台，力求掌握亚太区域合作的主导权，主导构建亚太国际新秩序。"①这种努力分别体现在东盟参与APEC、创建东盟地区论坛、倡导东亚峰会的过程中②。第三，东盟主张的地区秩序结构是以东盟为中心的平面结构，而非等级结构。与美国、中国、日本相比，东盟没有力量优势，但它相信大国间政治上的互不信任赋予了东盟提出合作倡议、发挥引领作用的信用度，而东盟作为亚太地区首个次地区合作组织还享有制定合作规范的道义优势。在一个类似共同体的地区结构中，东盟不是凌驾于其他地区成员之上，而是处在结构的中心位置，其他成员则处在结构的中间层或外层。第四，这个秩序在形态上具有多元特征。东盟本身就是多样性的体现，其成员国在政治、经济、安全和社会文化等方面都存在着较大差异，但东盟就是在尊重多样性的前提下发展起来的。因此在亚太地区秩序的构建进程中，东盟也能够接受多样性，不试图追求秩序形态的单一性。第五，这个秩序是开放和包容的。东盟在决定加入APEC时提出的一条基本原则就是，APEC必须是松散的、开放的和非排他性的③。而东亚峰会先后纳入澳大利亚、新西兰、美国、俄罗斯也表明了其开放和包容的特征。东盟相信，秩序的开放性和包容性有助于维持大国间的平衡和东盟的主导地位④。由此可见，东盟所偏好的亚太地区秩序是以安全和经济合作为导向、以东盟为

---

① 吴心伯等：《转型中的亚太地区秩序》，时事出版社2013年版，第174页。
② 同上书，第174~183页。
③ 同上书，第177页。
④ 吴翠琳（Evelyn Goh）指出，东盟在塑造地区秩序时采取了大国的全方位套入（Omnienmeshment）和复杂的平衡（Complex balancing）的策略，即让所有的大国参与地区事务并遵守相应的规则，同时通过相互竞争的机制化和外交手段创造主要大国在地区范围内的权力平衡。参见 Evelyn Goh，"Great Powers and Hierarchical Order in Southeast Asia"，*International Security*，Winter 2007/2008，Vol.32，No.3，p.154。

核心的多元的地区共同体。其制度依托主要包括以东盟为中心的地区合作机制(东盟地区论坛、东盟防长扩大会、东亚峰会、"10+3"合作机制、RCEP 和 APEC 等。

东盟主张的亚太秩序主要包括如下规则：合作，平等，协商一致，平衡，开放包容等。一方面，东盟是为了推动东南亚国家间的合作而成立的，在后冷战时代它又努力将安全和经济合作扩展到亚太地区，其希望通过开展各种层次、各种形式的合作来促进安全和发展。另一方面，东盟的中心地位也只有在一个合作的地区进程中才能体现出来。作为中小国家的联合体，东盟追求平等既体现在对主权原则(不干涉内政)的坚持上，也体现在同大国的互动上：由于在力量对比上处于劣势，东盟谋求在合作进程中发挥引领作用，以纠正力量对比的不平衡所可能导致的不平等地位。协商一致是"东盟方式"的重要内涵[①]，它首先体现了对差异性的尊重，在成员国之间存在政治、经济、社会文化等巨大差异的条件下，只有通过协商、自愿而非强求一致才能使合作进程可持续推进。协商一致也反映了亚洲国家总体上对松散而非严密的"软地区主义"的偏好。平衡作为一种秩序规则，既反映出东盟要使大国之间相互制衡的意图，也体现在东盟与各大国之间关系的平衡(不在大国间选边站)，还表现为在地区合作中安全要素与经济要素的平衡，与中国偏重经济、美国偏重安全不同，东盟希望经济和安全并行成为地区秩序的两大支柱。最后，如前所述，秩序的开放性和包容性有助于维持大国间的平衡和东盟的主导地位。值得注意的是，开放包容并不意味着加入合作进程是没有门槛的，这个门槛就是接受东盟的中心地位和东盟确立的相关规范[②]。因此开放和包容是以不损害东盟的主导地位为前提的。

从上面的分析中可以看出，中国和东盟的亚太秩序观之间存在着较多的相似性。两者都更加重视秩序建构的经济逻辑，都主张秩序的包容性

---

① Amitav Acharya, "Ideas, Identity, and Institution-Building: From the 'ASEAN Way' to the 'Asia-Pacific Way'?", *The Pacific Review*, 1997, Vol.10, No.3, pp.328-333.

② 例如，东盟确立的"10+3"合作之外的国家加入东亚峰会的条件是：是东盟的全面对话伙伴国；必须加入《东南亚友好合作条约》；必须与东盟有着密切的实质性关系。"据此，东盟可有选择地批准与东盟利益和关系密切的其他国家参加东亚峰会而不受地域因素的影响。"参见吴心伯等：《转型中的亚太地区秩序》，时事出版社 2013 年版，第 176 页。

和开放性,强调平等原则,注重协商一致等。更重要的是,中国和东盟的亚太秩序远景都反映了对地区共同体的向往,不过中国更强调的是命运共同体和利益共同体,重点在于加强地区成员的共同体意识和利益层面的联系,不突出制度安排;东盟则既注重共享观念和共同利益,也重视制度安排。总体而言,中国与东盟在地区秩序观上的相似性是"亚洲方式"或"亚洲经验"的体现①。

亚太地区秩序的变化是 21 世纪国际秩序变化的重要表现。与 20 世纪相比,21 世纪国际秩序的变迁具有新的特点。首先,20 世纪的秩序变迁主要是由战争(两次世界大战)或重大的政治事件(冷战终结、苏联解体)驱动的,而 21 世纪国际秩序的变化则主要是由经济因素推动的,经济发展导致力量对比的变化,形成新的力量格局和治理秩序。其次,当下和今后的秩序变革不是完全颠覆旧的秩序、建立全新的秩序,而是通过补充、改良的手段,不断引入新的元素,丰富、发展现有秩序,秩序变革具有继承性、渐进性与和平性。最后,20 世纪的国际秩序本质上是西方特别是美国主导的,尽管这是由当时的力量对比决定的,但不公正、不合理的因素显而易见;21 世纪的秩序变革正在和将会进一步提升东方的地位与影响力,也会使发展中国家的发言权大大增强,国际秩序安排也因之更加平衡、合理。

从亚太地区看,秩序的变迁将主要由中国、美国、东盟三个行为者的偏好和政策行为驱动,其最终结果将不会完全反映任何一家的偏好,而是三者互动的结果。由于中国力量和战略能动性的增长以及东盟共同体的建成,以及中国和东盟在地区秩序上存在相同或相近的观点,塑造亚太秩序的亚洲驱动力(中国和东盟)将大于太平洋驱动力(美国),这也意味着未来的地区秩序形态将比当下带有更多的亚洲印记。在地区安全形势不发生结构性重大变化的情况下,驱动亚太秩序演变的经济逻辑将会进一步强化②,霸权的成

---

① 郑先武:《"亚洲安全观"制度建构与"中国经验"》,《当代亚太》2016 年第 2 期,第 6~13 页。
② 事实上,一些学者和战略分析家都注意到这一点。例如,唐彦林认为,"东亚国家一体化合作将首先集中在经济领域,而后再逐渐涉入政治和安全及外交领域。……东亚共同体将将主要是一个经济联合体,与政治、安全合作体"(唐彦林:《东亚秩序变迁中的中国角色转换》,(转下页)

分进一步下降①,秩序结构更加平面化,平等性上升,合作性增强。 与地区格局的变化相适应,亚太秩序将呈现为一种多元复合的地区共同体形态②。

(接上页)北京师范大学出版社 2011 年版,第 123 页)。 鉴于东亚在亚太格局中重要性的上升,东亚的变化轨迹势必会影响到亚太格局演变的趋势。 沈大伟(David Shambaugh)认为,"亚洲有可能出现一种复杂相互依存的地区体系,它不是围绕安全事务形成的,而是基于全球化时代国家之间形成的经济、技术和其他联系的密集网络"(David Shambaugh, ed., *Power Shift: China and Asia's New Dynamics*, Berkeley and Los Angeles, California: University of California Press, 2005, p.16)。 作为现实主义战略家的基辛格在谈到亚洲秩序和中美关系时强调,"军事力量不应被视为力量平衡的唯一决定因素,甚至不应算作首要的决定因素";"美国与中国之间的决定性竞争更可能是经济竞争、社会竞争,而不是军事竞争"([美]亨利·基辛格:《世界秩序》,胡利平等译,中信出版社 2015 年版,第 303 页;[美]亨利·基辛格:《论中国》,胡利平等译,中信出版社 2012 年版,第 334 页)。

① 近年来关于"美国主导的自由霸权秩序"或"美国世界秩序"的讨论,笔者尤其赞成阿米塔夫·阿查亚的精彩分析,参见 Amitav Acharya, *The End of American World Order*, Cambridge and Malden: Polity Press, 2014。

② 沈大伟在讨论未来亚洲地区体系时,认为它将是一种"多纹理(multitextured)""多层次(multilayered)"的混合体系,包含了"轮毂-轮辐"模式、规范共同体模式和复合相互依存模式的元素,并隐隐约约带有均势模式的成分。 参见 David Shambaugh, ed., *Power Shift: China and Asia's New Dynamics*, Berkeley and Los Angeles, California: University of California Press, 2005, p.17。

第二章
奥巴马政府的亚太战略①

21世纪最初的十年，东亚地区发生了重大变化，中国的崛起和地区合作的开展，重塑着地区政治、经济与安全生态。与此同时，美国忙于反恐以及阿富汗、伊拉克两场战争，对东亚事务的关注和参与有限。奥巴马执政后，着手调整美国全球战略，结束两场战争，加大对亚太的关注和投入，经过一段时间的谋划，推出了"亚太再平衡"战略，该战略的实施对美国与亚洲特别是东亚的关系以及亚太地区形势已经并将继续产生重要影响。本章旨在回顾冷战结束后美国亚太战略的演变，剖析奥巴马政府对亚太的认知，研究其亚太战略的框架和具体实施，总结这一战略构想与执行的特点，分析其亚太战略产生的影响。

第一节 从克林顿到小布什：冷战结束后美国亚太战略的演变

冷战的终结开启了美国亚太战略的新阶段。亚太战略不再受制于冷战时期的全球遏制战略，而更多地反映美国在亚太地区的利益目标和战略关注。然而无论是在战略目标还是战略手段上都存在着连续性。一方面，保卫美国及其盟友的安全，维护航行自由，防止任何其他霸权力量的

---

① 对亚太地区的定义主要有三种。第一种定义覆盖了太平洋两岸，包括东亚、大洋洲、北美以及南美的太平洋沿岸国家如智利和秘鲁，这是亚太经合组织的涵盖范围。第二种定义主要指东亚和西太平洋地区，不包括太平洋东岸。第三种定义包括了东亚和西太平洋地区以及在这一地区有着重要的政治、经济和安全存在的美国。本章指的亚太地区是基于第三种定义。

崛起，保持和扩大美国与本地区的商业联系，维持美国对地区事务的参与和领导，这些仍然是美国亚太战略的重要目标。与本地区的经济交往、前沿军事存在和双边安全同盟等也仍然是美国推进亚太战略的重要手段。另一方面，随着亚太地区形势的发展和变化，防止大规模杀伤武器的扩散、打击恐怖主义、因应大国的崛起，成为美国亚太战略的新的重要内容，而多边安全和经济合作机制也越来越成为美国推进亚太战略的重要工具。

后冷战时代美国的亚太战略主要受到三个因素的影响。首先是美国的国家安全战略，它决定了亚太地区在美国总体战略中的地位，也决定了美国在亚太要实现的主要战略目标。其次是美国对亚太地区的具体认知，它决定了美国亚太战略的基本态势和主要内容。再次是中国因素。由于后冷战时代中国经济的快速发展、综合国力的显著增长以及在本地区影响力的提升，对华战略不仅成为美国亚太战略越来越重要的组成部分，更影响到亚太战略的主旨和实施路径。

克林顿政府从美国"接触与扩展"的总体战略出发，基于冷战后变化的亚太地区环境，提出了建立"新太平洋共同体"的亚太战略。其主要思路是：积极参与和领导亚太经济，谋求建立更加开放的亚太经济贸易体系，以促进美国的经济利益；继续保持美国在亚太的军事存在，支持建立多边安全对话机制，以有效应对后冷战时代的安全挑战；积极向亚太地区输出西方的民主制度和价值观，以提升美国的政治领导地位和影响力。在20世纪90年代的大部分时间里，克林顿政府利用多边（亚太经合组织）和双边手段积极推动本地区经济贸易的自由化，使本地区经济体更多地对美国的商品和服务开放，强化了美国与亚太的经济联系，有效促进了美国的经济利益。克林顿政府还调整了与日本、韩国、澳大利亚的安全同盟，使其适应本地区新的安全现实，应对新的安全挑战。面对中国的崛起，克林顿政府经过一段时间的摸索，形成了接触加防范的两手战略——在积极发展对华经济关系、争取中国在国际和地区事务上合作、推动中国接受国际规范的同时，也在安全领域加强对华防范。总体而言，一方面，克林顿政府的亚太战略适应了冷战后经济全球化和地区化的发展趋势，突出了经济因素，促进了美国在本地区的经济利益，也增强了美国与本地区的政治、经济和安全上的联系；另一方面，亚太地区的多样性也使克林顿政府扩展民主与价值观的雄心饱受挫折，亚洲金融危机后东亚合作的启动也挑战着美国以亚太经合组织为首要的地区经济合作平台的战略。

如果说克林顿政府的亚太战略突出经济的话，小布什政府的亚太战略则突出安全。在进攻性现实主义思维的主导下，小布什政府谋求使美国的力量优势最大化，进一步巩固美国的全球独霸地位。由此出发，小布什政府把正在崛起的中国视为对美国霸权地位的主要挑战，视亚太为美国全球战略重点，将美国的战略中心从欧洲向亚太转移。然而，"9·11"事件打乱了美国的战略计划，反恐突如其来地成了美国国家安全战略的优先任务。在此背景下，美国亚太战略的主线是打击恐怖势力、对力量快速发展的中国"两面下注"以及应对朝鲜核计划。在经济领域，小布什政府对推动亚太多边经济合作不感兴趣，主要是通过发展双边经贸关系谋取经济利益。随着中国经济的持续快速发展和加入世界贸易组织后市场的开放，小布什政府越来越重视对华经贸关系的发展，"中美经济战略对话"成为管理快速发展中的双边经贸关系的重要手段。与克林顿政府相比，小布什政府的亚太战略乏善可陈，它一开始就做出了以中国为主要对手的错误判断，在"9·11"事件之后又过于关注反恐，从问题的角度而不是地区的角度看待亚太，而阿富汗和伊拉克两场战争又大大牵制了美国对亚太地区事务的参与。对华战略的二元性特征——安全上的防范和经济上的交往——也使对美国国家利益越来越重要的中美关系难以真正在战略稳定的基础上健康发展。

从以上的简要分析可以看出冷战后两任美国总统亚太战略的如下特征。首先，亚太战略反映了美国国家安全战略的总体目标。其次，由于亚太地区经济的蓬勃发展，亚太在美国战略中的地位在上升。再次，中国的迅猛发展和综合国力的提升使其在美国亚太战略中占据越来越重要的位置，美国对华战略的二元性特征突出。最后，美国国内政治以及全球与亚太地区形势的变化赋予美国亚太战略以动态性，在不同时期重点关注的战略目标、思路和手段都有所不同。这些特征同样在奥巴马政府的亚太战略中得到体现。

第二节　奥巴马政府对亚太的认知

奥巴马政府是在美国处于冷战后最低潮的时刻上台的。阿富汗和伊拉克两场战争使美国在战略上筋疲力尽，一场金融危机又使美国经济面临空前的困难。奥巴马要结束两场战争以使美国摆脱战略困境，要振兴经济以使美国恢复活力，欣欣向荣的亚太地区因而在奥巴马政府的战略调整和经济振兴日程上占有重要位置。

奥巴马政府首先高度评价亚太的重要性。奥巴马本人出生在夏威夷，童年时在印度尼西亚生活过，对亚太地区有亲切感，自称是"美国首位太平洋总统"。他强调，"这个地区的未来与我们利害攸关，因为这里发生的一切对我们国内的生活有着直接的影响"①。希拉里·克林顿（Hillary Clinton）国务卿称，"越来越清楚的是，在21世纪，世界的战略和经济重心将是亚太地区"，"……21世纪历史的大部分将在亚洲书写。这个地区将见证地球上最具转变性的经济增长。这里的大多数城市将成为全球商业与文化中心。随着本地区更多的人接受教育、获得机会，我们将会看到下一代商业、科技、政治与艺术领域的地区性和全球性的领军人物的崛起"②。

奥巴马政府认为，对美国而言，亚太在经济上提供了机会，而在安全上则提出了挑战。亚太是世界上经济最富活力的地区。亚太经合组织成员的经济总量占世界的54%，全球贸易额的44%，世界人口的40%，拥有27亿消费者。本地区庞大的新兴经济体不仅通过二十国集团等机制积极参与全球经济治理，而且也在国际贸易、金融和新技术开发方面发挥强

---

① The White House Office of the Press Secretary, "Remarks by President Barack Obama at Suntory Hall" (November 14, 2009), The White House, https://obamawhitehouse.archives.gov/the-press-office/remarks-president-barack-obama-suntory-hall, retrieved September 13, 2017.

② Hillary Clinton, "Remarks on Regional Architecture in Asia: Principles and Priorities" (January 12, 2010), U. S. Department of States, https://2009 - 2017. state. gov/secretary/20092013clinton/rm/2010/01/135090. htm, retrieved September 13, 2017; Hillary Clinton, "America's Engagement in the Asia-Pacific" (October 28, 2010), U. S. Department of States, https://2009 - 2017. state. gov/secretary/20092013clinton/rm/2010/10/150141. htm, retrieved September 13, 2017.

有力的作用。亚太地区快速的经济发展给美国提供了巨大的商业机会。美国出口商品的60%流向亚太地区，美国前15大贸易伙伴中的7个在亚太。美国公司每年向本地区出口3 000多亿美元的商品和服务，从而为美国创造了几百万个高薪工作岗位①。美国对亚太的出口增长快于对其他地区的出口增长，奥巴马提出的5年内使美国出口翻番的计划的实现，主要寄希望于亚太地区，特别是中国市场。正如奥巴马所言，"亚太地区对实现我的第一要务至关重要，那就是为美国人民创造工作和机会"②。但是在安全上，奥巴马政府更多地看到了挑战。中国和印度的迅速崛起正在前所未有地改变着地区力量的界定和分布。暴力极端主义、核技术和导弹技术的扩散、对稀有资源的争夺以及毁灭性的自然灾害等非传统安全挑战在增加。军事现代化的快速发展使得一些国家（指中国）有能力挑战美国不受阻碍地进入空中、海上以及外空等全球公共领域③。像小布什政府一样，奥巴马政府对中国军事力量的发展忧心忡忡，认为中国军力的增强，特别是反介入/区域拒止能力的提高，正在削弱美国在西太平洋地区的军事优势和美军的行动能力。

奥巴马政府敏感地认识到，很大程度上由于小布什政府在亚洲追求狭隘的政策目标，同时也由于两场战争和一场金融危机的影响，亚洲国家越来越怀疑美国积极参与亚洲地区事务的意愿，怀疑美国是否还能履行对盟友的安全承诺，以及长远而言是否有能力在本地区部署必要的资源以维持

---

① Robert D. Hormats, "Remarks at The Third Annual Engaging Asia Conference"（September 17, 2010）, The National Bureau of Asian Research, http://nbr.org/downloads/pdfs/eta/EA_Conf10_Hormats_Transcript.pdf, retrieved September 13, 2017; Hillary Clinton, "Remarks on Regional Architecture in Asia: Principles and Priorities"（January 12, 2010）, U.S. Department of States, https://2009-2017.state.gov/secretary/20092013clinton/rm/2010/01/135090.htm, retrieved September 13, 2017.

② The White House Office of the Press Secretary, "Remarks by President Obama to The Australian Parliament"（November 17, 2011）, The White House, https://obamawhitehouse.archives.gov/the-press-office/2011/11/17/remarks-president-obama-australian-parliament, retrieved September 13, 2017.

③ Michele Flournoy, "Remarks at The Third Annual Engaging Asia Conference"（September 17, 2010）, The National Bureau of Asian Research, http://nbr.org/downloads/pdfs/eta/EA_Conf10_Flournoy_Transcript.pdf, retrieved September 13, 2017.

地区安全①。这些亚洲国家的担心并非空穴来风。亚洲尤其是东亚的变化,美国在小布什时期的政策失误所导致的美国与东南亚的疏远,以及美国实力的相对下降,有可能使美国在这一重要地区的政治与经济事务中被边缘化。政治上,日本鸠山政府在2009年明确提出"东亚共同体"不包括美国。经济上,2005—2009年,美国在亚太地区的贸易总额中所占的比重下降了3%②。这些无疑都引起了奥巴马政府的警惕。

基于上述认知,一方面,奥巴马政府意识到美国需要加大对亚太的投入,在地区事务中发挥积极的参与和领导作用。曾担任奥巴马竞选团队亚洲问题顾问、后又出任国家安全委员会亚洲事务高级主任的杰弗里·贝德(Jeffrey A. Bader)称,"奥巴马政府的外交团队从一开始就明确认为,亚太地区在美国外交政策中应享有更高的优先性"③。克林顿国务卿强调,今后10年美国治国方略最重要的使命之一就是"大幅增加对亚太地区外交、经济、战略和其他方面的投入"④。随着伊拉克战争的终结和美军减少在阿富汗的行动,美国可以将更多的资源投向亚太地区。另一方面,奥巴马政府相信,亚太地区面临的挑战——从确保南中国海的航行自由,到应对朝鲜的挑衅和扩散活动,再到促进平衡与包容的经济增长——也都呼唤美国的领导。"美国的未来与亚太的未来相联系,本地区的未来有赖美国。美国有强烈的兴趣延续其在经济和安全领域发挥领导作用的传统,而亚洲也有强烈的兴趣看到美国继续作为一个充满活力的经济伙伴和起稳定作用的军事影响力。"⑤既要加强参与,更要积极领导,这就是奥

---

① Jeffery A. Bader, *Obama and China's Rise: An Insider's Account of America's Asia Strategy*, Washington DC: The Brookings Institution, 2012, p.2.

② Kurt M. Campbell, "Principles of U.S. Engagement in the Asia-Pacific" (January 21, 2010), U.S. Department of States, https://2009-2017.state.gov/p/eap/rls/rm/2010/01/134168.htm, retrieved September 13, 2017.

③ Jeffery A. Bader, *Obama and China's Rise: An Insider's Account of America's Asia Strategy*, Washington DC: The Brookings Institution, 2012, p.6.

④ Hillary Clinton, "America's Pacific Century", *Foreign Policy*, November 2011, http://www.foreignpolicy.com/articles/2011/10/11/americas_pacific_century, retrieved September 13, 2017.

⑤ Hillary Clinton, "Remarks on Regional Architecture in Asia: Principles and Priorities" (January 12, 2010), U.S. Department of States, https://2009-2017.state.gov/secretary/20092013clinton/rm/2010/01/135090.htm, retrieved September 13, 2017.

巴马政府对美国在亚太地区角色的认知。

第三节　奥巴马政府亚太战略框架的形成

从政策制定的角度看，奥巴马执政伊始，就指示其国家安全团队就美国的全球军事存在和优先任务开展战略评估，这项评估认为，美国力量的投送和聚焦存在不平衡。奥巴马认为，美国在某些地区（如中东）投入过多，而在某些地区（如亚太）投入不足。基于此，奥巴马决定加大对亚太的资源、外交活动和政策的投入[①]。

在此背景下，希拉里·克林顿国务卿在 2010 年年初提出了指导美国参与亚洲事务的一系列重要原则。（1）美国与亚洲的交往应以同盟体系和双边伙伴关系为基础。除了保持和发展与传统盟国的关系外，美国还要加强与其他"关键角色"的关系，包括印度、中国、印尼、越南等。（2）要与本地区国家确立共同的议程。这些议程包括安全上应对核不扩散、领土争端和军备竞赛，经济上降低贸易和投资壁垒、增加市场透明度、促进更加平衡、包容和可持续的经济增长模式，政治上保护人权和促进开放社会等。（3）在地区机制的建设上强调有效性。地区机制不能为了对话而对话，要有具体的行动，要以结果为导向。（4）促进多边合作的灵活性和创造性。积极推进针对特定问题的非正式安排，如朝核问题六方会谈、美日澳三边战略对话、美日韩三边战略对话等。支持次地区合作机制，如美国-东盟伙伴关系计划、美国-东盟贸易投资框架协议等。（5）确定主要的地区机制，这些机制应包括所有的关键的利益攸关者，如政治上的东亚峰会，经济上的亚太经合组织，安全上的东盟地区论坛等[②]。

尽管奥巴马政府上任伊始就明确了亚太地区的重要性，在执政一年

[①] Tom Donilon, "President Obama's Asia Policy & Upcoming Trip to Asia" (November 15, 2012), The White House, http：//www.whitehouse.gov/the-press-office/2012/11/15/remarks-national-security-advisor-tom-donilon-prepared-delivery, retrieved September 13, 2017.

[②] Hillary Clinton, "Remarks on Regional Architecture in Asia: Principles and Priorities" (January 12, 2010), U. S. Department of States, https：//2009-2017.state.gov/secretary/20092013clinton/rm/2010/01/135090.htm, retrieved September 13, 2017.

后又提出了亚太政策的基本原则,但其亚太战略框架的形成经历了一个过程。奥巴马政府一开始的亚太政策思路是在经济和外交上重视亚太,通过加强与亚太的经济联系扩大美国的出口,重振美国经济,提升美国就业;通过外交上积极参与亚太事务防止美国被边缘化,引导亚太地区的发展,更好地促进美国在亚太的利益。一方面,由于伊拉克和阿富汗问题的牵制,奥巴马政府对亚太的安全关注一开始并不突出。2010年8月美国作战部队撤出伊拉克和2011年6月美国启动从阿富汗撤军进程使奥巴马政府结束两场战争的计划有了眉目,美国开始摆脱中东和中亚的战略牵制。另一方面,2010年亚太地区一系列事态的发展——"天安舰"和延坪岛炮击事件的爆发,南海纷争的激化,中日钓鱼岛争端所引起的外交纠纷——使奥巴马政府找到了"重返亚太"的新的切入点,美国亚太战略向地区安全倾斜,政治、经济、安全多管齐下。到2011年秋,美国利用举办亚太经合组织领导人会议和奥巴马首次参加东亚峰会这两个重要外交事件,将美国的"转向亚太"战略框架公之于世[1]。

在奥巴马政府看来,美国新的亚太战略的宗旨就是建立一个更富有活力和更持久的跨太平洋体系,塑造一个更加成熟的安全和经济架构。这样一个安全和经济架构应该充分体现美国地区安全和经济政策所蕴含的基本原则。安全上的原则包括:确保自由和开放的商业活动;以和平方式解决争端;公正的国际秩序,该秩序强调国家的权利和义务、忠于法制以及所有国家畅通无阻地进入天空、太空和海洋这些"全球公共领域(global commons)"[2]。经济上的基本原则包括:一个以规则为基础的、开放、自由、透明和公平的经济秩序;亚太地区的经济合作与一体化;平衡、包容和环境可持续的经济增长;高标准、基础广泛的自由

---

[1] Hillary Clinton, "America's Pacific Century" (November 10, 2011, remarks at East-west Center, Honolulu), U. S. Department of State, https://2009-2017.state.gov/secretary/20092013clinton/rm/2011/11/176999.htm, retrieved September 17, 2017.

[2] Michele Flournoy, "Remarks at The Third Annual Engaging Asia Conference" (September 17, 2010), The National Bureau of Asian Research, http://nbr.org/downloads/pdfs/eta/EA_Conf10_Flournoy_Transcript.pdf, retrieved September 13, 2017.

贸易协定①。在这一系列的安全与经济原则中,"全球公共领域"的概念值得注意。这一概念最早出现在 2005 年美国国防部公布的《国防战略报告》(The National Defense Strategy of the United States of America)中,该报告将太空、国际水域、天空和网络空间界定为具有重要战略意义的"全球公共领域",强调"美国在这些全球公共领域的行动能力十分重要,可以保障美国从稳固的行动基地向世界任何地方投射力量"②。奥巴马政府在 2010 年发布的《四年防务评估报告》(Quadrennial Defense Review Report)沿用了"全球公共领域"的概念,并指出其所面临的广泛威胁:"一系列近期的趋势凸显了对全球公共领域稳定的不断上升的挑战,从来自国外的网络空间攻击到国内的网络入侵,到越来越多的海盗活动,到反卫星武器试验和利用太空的国家的增多,到一些国家投入资源以打造旨在威胁我们主要的力量投掷手段——我们的基地,我们的海洋和太空资产,及其支持网络——的系统"③。鉴于中国军事能力的发展使其有潜力平衡和制约美国长期以来视为理所当然的干预和主导地区安全事务的能力,奥巴马政府突出"全球公共领域"的概念,强调所有国家有不受干扰地进入全球公共领域的权利,此举旨在确立美国的话语优势,推动建立美国主导下的"全球公共领域"的"交通规则"④。此外,"高标准、基础广泛"的自由贸易协定,也就是奥巴马政府积极推动的"跨太平洋伙伴关系协定(TPP)",它要体现美国在劳工权利、环境保护、知识产权保护等方面的要求,并作为

---

① Hillary Clinton, "America's Pacific Century" (November 10, 2011, remarks at East-west Center, Honolulu), U. S. Department of State, https://2009 - 2017.state.gov/secretary/20092013clinton/rm/2011/11/176999.htm, retrieved September 17, 2017; Robert D. Hormats, "Remarks at The Third Annual Engaging Asia Conference" (September 17, 2010), The National Bureau of Asian Research, http://nbr.org/downloads/pdfs/eta/EA_Conf10_Hormats_Transcript.pdf, retrieved September 13, 2017; Kurt M. Campbell, "Principles of U.S. Engagement in the Asia-Pacific" (January 21, 2010), U.S. Department of States, https://2009-2017.state.gov/p/eap/rls/rm/2010/01/134168.htm, retrieved September 13, 2017.

② U.S. Department of Defense, *The National Defense Strategy of the United States of America*, March 2005, p.13.

③ U.S. Department of Defense, *Quadrennial Defense Review Report*, February 2010, pp.8-9.

④ Michele Flournoy, "Remarks at The Third Annual Engaging Asia Conference" (September 17, 2010), The National Bureau of Asian Research, http://nbr.org/downloads/pdfs/eta/EA_Conf10_Flournoy_Transcript.pdf, retrieved September 13, 2017.

未来亚太经合组织要推进的亚太自由贸易区的模板①。

在继承过去的美国亚太战略传统,同时又根据亚太地区经济快速发展、大国迅猛崛起和东亚合作蓬勃开展等新形势加以调整的基础上,奥巴马政府形成了基于以下内容的亚太战略框架。第一,深化和更新同盟关系;第二,拓展与越来越重要的地区伙伴如印度、印尼、越南、新加坡等国的接触;第三,与中国发展可预测的、稳定、全面的关系;第四,参与和培育地区多边架构;第五,奉行自信而积极的贸易和经济政策;第六,打造更广范围的军事存在;第七,打民主与人权牌②。由此可见,奥巴马政府的亚太战略具有丰富的内容,正如其国家安全事务顾问汤姆·多尼隆(Tom Donilon)所称的,"我们在奉行一项持久和多维度的战略"③。这些内容广泛、手段多样的政策工具相辅相成,共同服务于美国亚太战略的总体目标:振兴美国经济,牵制东亚合作;制衡力量和影响力快速上升的中国,应对多种安全挑战;保持美国对地区事务的参与和领导,防止美国影响力下降和被边缘化。

第四节 奥巴马政府亚太战略的实施

一、同盟关系

美国在亚太地区的安全同盟是其二战以后在本地区最重要的政治-安全资产。虽然这些同盟产生于冷战时代并服务于冷战的需要,但并没有随着冷战的谢幕而终结。相反,美国在后冷战时代谋求保持、调整和强

---

① Robert D. Hormats, "Remarks at The Third Annual Engaging Asia Conference" (September 17, 2010), The National Bureau of Asian Research, http: //nbr.org/downloads/pdfs/eta/EA_Conf10_Hormats_Transcript.pdf, retrieved September 13, 2017.

② Kurt M. Campbell, "Asia Overview: Protecting American Interests in China and Asia" (March 31, 2011), U.S. Department of State, http: //www.state.gov/p/eap/rls/rm/2011/03/159450.htm, retrieved September 13, 2017; Hillary Clinton, "America's Pacific Century" (November 10, 2011, remarks at East-west Center, Honolulu), U.S. Department of State, https: //2009-2017.state.gov/secretary/20092013clinton/rm/2011/11/176999.htm, retrieved September 17, 2017.

③ Tom Donilon, "President Obama's Asia Policy & Upcoming Trip to Asia" (November 15, 2012), The White House, http: //www.whitehouse.gov/the-press-office/2012/11/15/remarks-national-security-advisor-tom-donilon-prepared-delivery, retrieved September 13, 2017.

化这些同盟关系,使其在新的国际形势下服务于美国的亚太和全球战略。奥巴马政府在 2010 年 5 月发表的《国家安全战略报告》称,"同盟是力量倍增器:通过多国合作与协调,我们行动的总体效应总是比单独行动的效应大";美国与日本、韩国、澳大利亚、菲律宾和泰国的同盟是"亚洲安全的基石和亚太地区繁荣的一个基础",美国将"继续深化和更新这些同盟以反映本地区变化的动力和 21 世纪的战略趋势"①。

奥巴马政府采取了一系列举措来深化和更新同盟关系。

第一,重视促进盟友的能力建设。例如,与日本合作发展下一代导弹防御系统,与澳大利亚开展在网络空间的合作,与韩国加强反扩散合作,提升泰国和菲律宾打击暴力极端主义的能力,加强菲律宾的海上力量等。

第二,重视与澳大利亚的安全关系。如果说后冷战时代克林顿政府和小布什政府都非常重视美日同盟的话②,奥巴马政府则出于美国亚太安全新布局的需要着力加强美澳同盟。2011 年 9 月,美国和澳大利亚举行的外长和防长会谈("2+2会谈")在加强双边安全合作方面达成两个重要协议:一是将网络战纳入美澳共同防御条约,这是美国首次与北约以外的国家开展这种合作;二是同意美海军陆战队进驻澳大利亚北部的达尔文基地,这是美军首次正式驻军澳大利亚,被认为是 30 年来美澳同盟关系最大的提升。奥巴马总统在 2011 年 11 月对澳大利亚的访问期间正式宣布了这项驻军计划。澳大利亚也着手调整国防布局以配合美国在本地区的军事战略。为显示美国对澳大利亚在其亚太战略中的地位的重视,美国军方还在 2012 年 8 月史无前例地任命一位澳大利亚将领担任美国陆军太平洋司令部副司令。

第三,调整美日同盟。奥巴马执政后,由于 2009 年上台的民主党鸠山政府有意推行"美亚平衡"外交和在驻日美军基地搬迁问题上的态度变化,美日关系一度趋向冷淡。2010 年鸠山下台和中日钓鱼岛撞船事件使美日关系有了转机。随着继任的菅直人政府和野田佳彦政府在外交安保

---

① The White House, *National Security Strategy*, May 2010, p.42.
② 关于后冷战时代克林顿政府和小布什政府重新界定与加强美日同盟的举措,参见吴心伯:《太平洋上不太平——后冷战时代的美国亚太安全战略》,复旦大学出版社 2006 年版。

上采取越来越向美靠拢的政策,美日同盟重新得到了调整和加强。 2011年11月,野田在国内存在严重分歧的情况下基于战略考虑宣布日本将参加"跨太平洋伙伴关系协定"谈判。 2012年4月,美日发表联合声明宣布,两国就驻日美军搬迁达成协议,9 000名美军从冲绳迁至关岛、澳大利亚和夏威夷。 另外,两国将在关岛以及北马里亚纳群岛建立日本自卫队和美军共同训练基地。 后者反映了美日同盟的一个新趋向,就是为了应对中国力量的上升,美日同盟从过去注重分工协作到注重能力的联合与一体化①。 日本面对中国的快速崛起越来越视中国为安全威胁、对华政策愈加强硬以及美国强化亚太战略、加强对华制衡,这两股趋势的结合重振了美日同盟,在主张美日共同制衡中国的美国分析家看来,这一发展对保持亚太地区"有利的军事力量对比和可靠的威慑力至关重要"②。 2015年4月出台的新版《美日防卫合作指针》大幅扩大了日本自卫队对美国军事行动的支援范围,并允许美日在提升导弹防御能力、空间安全、网络安全等方面合作。

二、 伙伴关系

美国的亚洲政策长期以来是以与盟国的双边关系为基础的。 但是随着亚洲大国(中国和印度)的崛起、中等国家(印度尼西亚和越南)的发展,美国传统盟国在地区事务中的分量下降已是不争的事实。 无论是应对美国金融危机,还是解决地区问题(如朝核问题),抑或是促进全球治理,中印等国的作用至关重要。 奥巴马政府在传统的盟友关系基础上提出要重视与地区新兴力量发展伙伴关系,是对亚洲政治、经济和安全格局变化的反应,既显示出其外交思维中务实的一面,也带有鲜明的地缘政治的考虑。

在奥巴马政府谋求发展伙伴关系的努力中,印度、印度尼西亚、越南是三个重要对象。

---

① Patrick M. Cronin, Paul S. Giarra, Zachary M. Hosford and Daniel Katz, *The China Challenge: Military, Economic and Energy Choices Facing the U.S.-Japan Alliance*, Center for a New American Security, April 2012, pp.7,9.

② Ibid., p.8.

美国与印度关系的实质性改善与发展始于小布什政府时期,在奥巴马执政后得到延续。希拉里·克林顿在2009年7月访问印度之前表示,要开启美印关系"3.0版"时代,在访印期间提出在要内容广泛的国际事务中与印开展合作,让印度成为美国的"全球伙伴"。实际上,发展"战略伙伴关系"是奥巴马政府对美印关系的定位。奥巴马政府在其《国家安全战略报告》(National Security Strategy)中称,"美国和印度正在建立战略伙伴关系,它基于我们共同的利益,我们作为世界上最大的两个民主国家的共同价值观,以及两国人民之间的密切联系"①。2010年6月,美印启动战略对话,以推动两国战略伙伴关系的发展。奥巴马表示,"印度是可以信赖的全球性大国,美国与印度的关系将重新塑造21世纪亚洲乃至全球的国际关系"②。2012年1月美国国防部公布的《战略指南》更宣称,美国投资于与印度的长期战略伙伴关系,以提升印度作为"地区经济之锚和更广泛的印度洋地区安全提供者"的能力③。2010年11月,奥巴马访问印度,为提升双边关系推出了两项重大举措:一是表态支持印度成为改革后的联合国安理会常任理事国;二是宣布放宽自1998年以来美国实施的对印度的技术出口限制,取消了印度购买"双用途"技术的禁令。2011年1月,美方正式宣布对印度战略高科技贸易解禁的措施。2012年6月,美国时任国防部长莱昂·帕内塔(Leon Panetta)访问印度时宣称,与印度在防务安全领域加强合作是美国亚太再平衡战略的"关键"④。在此背景下,防务合作成为美印关系的"重中之重"。2012年,美方启动美印"防务贸易与技术倡议"。2013年,美印达成《防务合作共同原则》,除了防务对话和共同演习外,双方在该《原则》中特别承诺将在防务技术转

---

① The White House, *National Security Strategy*, May 2010, p.43.
② 王丰:《奥巴马确定11月份访问印度,欲战略联手重塑亚洲》(2010年6月4日),中国经济网,http://intl.ce.cn/specials/zxxx/201006/04/t20100604_21483120.shtml,最后浏览日期:2017年9月13日。
③ U.S. Department of Defense, *Sustaining U.S. Global Leadership: Priorities for 21 Century Defense*, January 2012, p.2.
④ Leon E. Panetta, "The U.S. and India: Partners in the 21st Century" (July 10, 2012), Space News, http://spacenews.com/us-and-india-partners-21st-century/, retrieved September 13, 2017.

让、共同研发、共同制造等方面强化合作并取得具体成果①。 2015年6月，美国时任国防部长卡特访问印度时，签署了新版《美印防务关系框架》。 2016年印度总理纳伦德拉·莫迪（Narendra Modi）访美期间，美方确认了印度作为"主要防务伙伴"的地位，从而大大拓展了美印防务技术合作的领域。 与此同时，美印在印度洋-太平洋的安全合作也越来越密切。 2015年1月，奥巴马访问印度，双方发布《美印亚太和印度洋地区联合战略愿景》，强调"美印更紧密的伙伴关系对促进亚太和印度洋地区的和平、繁荣和稳定不可或缺"，并凸显了对南海问题的关注②。 美印军事交流也发展迅速。 美印越来越频繁地举行双边和多边联合军事演习。 美印每年举行50余场联合军演，超过印度与任何其他国家的联合军演次数③。 值得注意的是，与小布什政府一样，平衡和牵制中国在亚洲不断增强的实力和影响力是奥巴马政府对印政策的重要考虑，无论是积极发展与印度的军事合作，还是鼓励印度在东亚地区事务中发挥更大的作用，都带有制衡中国的强烈色彩。

作为世界上最大的伊斯兰教国家、东盟的头号大国和二十国集团的成员，加之在东南亚重要的地理位置，印度尼西亚（以下简称"印尼"）也是奥巴马政府重视的亚洲新兴大国。 奥巴马政府在其《国家安全战略报告》中称，印尼将成为处理地区和跨国问题上"越来越重要的伙伴"④。 奥巴马政府希望通过与印尼关系的发展改善同伊斯兰世界的关系、推动打击东南亚的恐怖主义和极端主义，以及影响东盟的内部发展和对外关系，诸如东盟在东亚合作中扮演的角色以及东盟的对华关系。 奥巴马在2010年11月访问印尼期间，与时任印尼总统苏西洛（Susilo）签署了一份旨在提

---

① The White House Office of the Press Secretary, "U.S.-India Joint Declaration on Defense Cooperation" (September 27, 2013), The White House, https://obamawhitehouse.archives.gov/the-press-office/2013/09/27/us-india-joint-declaration-defense-cooperation, retrieved September 13, 2017.

② The White House Office of the Press Secretary, "U.S.-India Joint Strategic Vision for the Asia-Pacific and Indian Ocean Region" (January 25, 2015), The White House, https://obamawhitehouse.archives.gov/the-press-office/2015/01/25/us-india-joint-strategic-vision-asia-pacific-and-indian-ocean-region, retrieved September 13, 2017.

③ 楼春豪：《美印防务合作新态势评估》，《国际问题研究》2017年第1期，第109页。

④ The White House, National Security Strategy, May 2010, p.44.

升双边合作的"全面伙伴"关系协议,承诺要促进两国在贸易、投资、教育、能源、环境、国家安全等领域的全方位合作。 为推动两国在上述领域的合作,美国和印尼成立了联合委员会,下设民主、环境、安全、能源、教育以及贸易与投资六个小组,委员会每年召开一次会议,由两国外长共同主持。 作为与印尼发展更加密切的合作关系的步骤的一部分,美国军方在 2010 年夏天恢复了同印尼特种部队的关系。 奥巴马还在 2011年 11 月出席在印尼召开的东亚峰会期间,宣布美国向印尼出售 24 架翻新的 F-16C/D 型战机的决定。 2012 年,美方宣布拟向印度尼西亚出售 8 架 ＡＨ-64D 型阿帕奇武装直升机。 近年来,美国与印尼还一直在举行双边和多边的军事演习。 2015 年 10 月,印尼总统佐科(Joko)访美,双方宣布将两国间的"全面战略伙伴"关系提升至"战略伙伴"关系,以扩大在拥有共同战略领域的合作。 两国还签署了《海上合作备忘录》和《全面防务合作联合声明》,以推进两国在海上安全、海洋经济和防务领域的合作。 佐科还宣布印尼有意加入 TPP①。 不过值得注意的是,印尼在与美国发展关系的同时,也警惕被华盛顿利用来牵制中国,例如,印尼作为 2011 年东亚峰会的主办国就抵制了美国和一些东盟国家要将南海问题纳入峰会日程的压力,印尼对奥巴马政府强化亚太战略的某些军事举措(如在澳大利亚达尔文驻军)也持保留态度。

美越关系的进展更加引人注目。 2010 年奥巴马政府发表的《四年防务评估报告》称,将与越南发展"新的战略关系"②。 2011 年 8 月,克林顿国务卿在越南国庆祝词中强调,两国正继续合作,努力拓宽合作领域,建设美越"战略合作伙伴关系"③。 2013 年 7 月,越南国家主席张晋创在访美期间,与奥巴马共同宣布建立两国"全面伙伴关系",以推动两国在经贸、科学和技术以及防务和安全等领域的合作④。 美越关系的发展主要

---

① 刘平:《美国与印尼关系提升至"战略伙伴"》,《中国青年报》,2015 年 10 月 28 日,第 7 版。
② U.S. Department of Defense, *Quadrennial Defense Review Report*, February 2010, p.59.
③ Hillary Clinton, "Vietnam's National Day" (August 31, 2011), U.S. Department of State, https: //2009-2017. state. gov/secretary/20092013clinton/rm/2011/08/171323. htm, retrieved September 17, 2017.
④ 易爱军:《美越宣布建立全面伙伴关系》(2013 年 7 月 26 日),中国新闻网,http://www.chinanews.com/gj/2013/07-26/5086178.shtml,最后浏览日期: 2017 年 9 月 13 日。

体现在安全和地区事务中。在军事安全领域,两国建立了政治、安全和战略对话机制,以及定期的国防部长级安全会议①。美国军舰访问越南港口,并与越南在南海举行联合军事演习。2011年9月,两国签署了《防务合作谅解备忘录》,该备忘录内容包括双方共同"保证海上安全""为维护地区安全交换信息"等,被视作两国军事交流升级的标志。为推动该防卫合作协议的落实,2012年6月,时任美国国防部长帕内塔访问越南,并到访了越战期间曾为美军基地的金兰湾,越南也将金兰湾对美国的维修和补给船开放。2014年10月,美国部分解除对越南的武器销售禁令,允许对越出售海上安全相关的防务装备。2015年6月,时任美国国防部长卡特访问越南,除了承诺提供1 800万美元协助越方提升防务能力外,还与越南国防部长冯光青签署了《愿景声明》,推动与指导两国拓展军事合作关系。2016年5月,奥巴马在访问越南期间宣布,美国将全面解除对越南的武器销售禁令,但对越武器出口须"逐笔审议"。此外,美越还在2010年3月签订了《民用核能合作谅解备忘录》,包括分享核燃料和核技术,开展核相关技术的交流,并在核安全、核存储以及相关教育领域进行合作。在地区事务上,美越合作主要体现在南海问题上。美国要借插手南海问题实现"重返亚洲"的战略,越南则要借美国牵制中国。2010年7月在越南举行的东盟地区论坛会议上,克林顿国务卿公开支持越南在南海问题上的立场,明确表现出美国要积极介入南海争端的姿态。美国与越南及其他一些东盟国家在南海问题上保持着密切的磋商,利用每年的东盟地区论坛、东亚峰会等场合对华施压。2014年中国"海洋石油981"钻井平台在西沙群岛附近海域进行钻探作业,遭到越南强力反对和干扰,中越在南海激烈对峙,美国则以各种方式力挺越南。另外,美国还极力将越南拉进"跨太平洋伙伴关系协定(TPP)",鼓励越南在该协定的谈判中发挥"准伙伴"的作用。为使越南能够顺利加入TPP,美国在谈判中在国企改革问题上作出让步。TPP谈判结束后,越南被认为是经济上最大的受惠者。美国还通过"湄公河下游倡议"与越南开展在环境保护、医疗、教育、基础设施等领域的合作。总体而言,美国重视对越关系主要是基

---

① 刘卿:《美越关系新发展及前景》,《国际问题研究》2012年第2期,第91页。

于战略考虑,越南的地缘战略位置、与中国在南海的纠葛及其强烈的对华防范心理,这些都有助于美国强化其亚太战略、推进对华制衡目标。

三、对华关系

在奥巴马政府的亚太战略中,中国既是美国谋求发展伙伴关系的"关键玩家"之一,也是要进行制衡的重点对象,而后者随着其亚太战略的强化表现得十分突出。 奥巴马政府上台伊始,面对严峻的金融和经济危机以及全球问题的挑战,有意加强与中国的合作,视中国为美国在全球事务中的伙伴,将对华关系置于外交日程的优先位置。 在此背景下,中美关系实现了从小布什政府到奥巴马政府的平稳过渡,从而打破了冷战结束后美国政权更替必定会引起中美关系动荡的怪圈。 中美两国领导人较快地就两国关系的发展方向达成了重要共识——发展"积极的、合作的、全面的"中美关系。 奥巴马政府还将小布什政府时期建立的两个重要的中美对话机制——"中美高层对话"和"中美战略经济对话"——合并成"中美战略与经济对话",作为增进了解、促进合作、解决分歧的重要手段。两国在应对国际金融危机和改革国际金融体系等问题上的合作也卓有成效。 奥巴马总统还在执政的第一年访问了中国。 但是,从 2010 年起中美关系的发展势头出现变化。 美国对台军售、奥巴马会见达赖、"天安舰"事件、中日钓鱼岛争端、延坪岛炮击事件等不断冲击着双边关系。这些事件有些是老问题,有些是新问题,有些是双边问题,有些是第三方问题。 对台军售和奥巴马会见达赖反映了美国对华政策的惰性,显示奥巴马政府在新的形势下不能以新的思维处理对华关系中的老问题;而美国积极利用朝鲜半岛问题和钓鱼岛问题则暴露了奥巴马政府竭力巩固同盟关系、削弱中国的地区影响力的政策动向。 更重要的是,中美关系的挫折导致了奥巴马政府内部对华事务权力格局的变化,对华政策的主导权从白宫国家安全委员会易手于国务院,一些主张积极发展对华合作关系的官员离开了政府,对华强硬派希拉里·克林顿国务卿和负责东亚事务的助理国务卿库尔特·坎贝尔(Kurt Campbell)开始主导对华政策。

在此背景下,美国对华政策发生了一系列重要变化。 首先是指导思想的变化。 奥巴马政府执政之初,确立了以积极的姿态扩大中美交往与合作的对华政策方针。然而到了 2011 年年初，坎贝尔公开提出美国对华政策的新方针，即"基于现实，关注结果，忠于我们的原则和利益"①。这个新方针的要义是，美国对同中国的关系不能抱有幻想，对华交往不能为了交往而交往，要积极追求实现美国的政策目标，不能为了搞好对华关系而牺牲美国的原则（如在人权问题上）和利益（如在对台军售问题上）等。虽然 2011 年年初时任国家主席胡锦涛访问美国期间与美方达成了建设"相互尊重、互利共赢的合作伙伴关系"的共识，但美方处理对华关系的消极思维依旧。其次是政策重点的变化。在奥巴马执政的第一年，对华政策更多关注全球治理问题，如经济复苏、气候变化、大规模杀伤性武器的扩散等问题，希望中国在应对这些挑战上与美国和国际社会合作，发挥负责任的领导作用②。美国对华关系被置于全球的大视野中。然而，从 2010 年开始，奥巴马政府对华政策越来越关注中国在亚太地区力量和影响力的上升及其对美国的影响，关注如何有效牵制中国。对华关系被置于亚太地区格局中，中国更多地被看作美国在亚太地区的竞争者。最后是政策态势的变化。奥巴马执政之初，基于较强的全球治理理念，对华政策呈现合作态势。2010 年以后，现实主义思维突出，对中美力量对比的变化趋势十分敏感，对华政策的制衡态势越来越明显③。

---

① Kurt M. Campbell, "Asia Overview: Protecting American Interests in China and Asia"（March 31, 2011）, U.S. Department of State, http://www.state.gov/p/eap/rls/rm/2011/03/159450.htm, retrieved September 13, 2017. 之后克林顿国务卿也在《美国的太平洋世纪》一文中阐述了此原则，参见 Hillary Clinton, "America's Pacific Century", Foreign Policy, November 2011, http://www.foreignpolicy.com/articles/2011/10/11/americas_pacific_century, retrieved September 13, 2017。

② The White House, National Security Strategy, May 2010, p.43.

③ 奥巴马政府对华思维的变化也反映在一些政府官员的公开讲话中。在 2010 年年底之前，克林顿国务卿的讲话都把中国放在与印度、印尼等美国要与之建立伙伴关系的国家之列。然而，从 2011 年开始，克林顿、坎贝尔、多尼隆等在公开讲话中，不再将中国与印度、印度尼西亚等国放在一起，而是将中国单列，并强调对华关系的复杂性和竞争性。参见 Hillary Clinton, "Remarks on Regional Architecture in Asia: Principles and Priorities"（January 12, 2010）, U.S. Department of States, https://2009-2017.state.gov/secretary/20092013clinton/rm/2010/01/135090.htm, retrieved September 13, 2017; Hillary Clinton, "America's Engagement in the Asia-Pacific"（October 28, 2010）, U.S. Department of States, https://2009-2017.state.gov/secretary/20092013clinton/rm/2010/10/150141.htm, retrieved September 13, 2017; Kurt M. Campbell, "Asia Overview: Protecting American Interests in China and Asia"（March 31, 2011）, U.S. Department of State, http://www.state.gov/p/eap/rls/rm/2011/03/159450.htm, retrieved September 13, 2017; Hillary Clinton, "America's Pacific Century"（November 10, 2011, remarks at East-west（转下页）

由此一来,奥巴马第一任期内的中美关系呈现出高开低走的态势。在2009年短暂的蜜月期后,2010年开始下行,双边关系动荡不定,2011年美国亚太再平衡战略的出台使两国在亚太的地缘政治与经济竞争态势更加突出,中国对美国的战略疑虑上升,双边关系的发展前景呈现出较大的不确定性。

2013年,奥巴马开始第二任期,有意改善对华关系。一方面,美方强调亚太再平衡战略不是以中国为目标,而是把加强对华关系作为再平衡战略的一部分。习近平在中国执政,希望与美方一道努力构建中美新型大国关系,谱写新兴大国与现存大国关系的新篇章。中美元首在加州庄园的会晤确认了构建中美新型大国关系的目标,就发展双边关系(如两军关系、经贸问题等)达成重要共识,中美关系的气氛得到改善,并呈现出积极的发展势头。但是在奥巴马第二任期内,美方不断在网络安全问题上对华施压,并强势介入南海问题,还阻挠和反对中国发起的亚洲基础设施投资银行(亚投行)倡议,这些都给双边关系的发展投下了阴影。另一方面,中美两军关系的推进、经贸关系的发展、社会人文交流的扩大,以及在国际热点问题(如朝核、伊核、阿富汗)和全球治理问题(如气候变化)的合作,也对双边关系起到了重要的稳定和促进作用。总体而言,尽管奥巴马第二任期内中美关系稳中有进,但中美在亚太的地缘政治与经济竞争态势更加突出,中美结构性矛盾上升,战略互不信任加剧,这在很大程度上是由亚太再平衡战略所致。

四、地区多边架构

奥巴马政府亚太战略的重要目标就是建立一个跨太平洋的伙伴关系和地区机制的网络,地区机制和地区规范与伙伴关系一道被认为是构建一个"开放、公正和可持续的"亚太地区秩序的基础①。奥巴马政府希望以这

(接上页)Center, Honolulu), U.S. Department of State, https://2009-2017.state.gov/secretary/20092013 clinton/rm/2011/11/176999.htm, retrieved September 17, 2017; Tom Donilon, "President Obama's Asia Policy & Upcoming Trip to Asia" (November 15, 2012), The White House, http://www.whitehouse.gov/the-press-office/2012/11/15/remarks-national-security-advisor-tom-donilon-prepared-delivery, retrieved September 13, 2017.

① Hillary Clinton, "Press Availability in Phnom Penh" (July 12, 2012), U.S. Department of State, https://2009-2017.state.gov/secretary/20092013clinton/rm/2012/07/194909.htm, retrieved September 17, 2017.

些机制为依托的地区架构不仅能够促进美国的经济与安全利益,而且也能促进其价值观,因此与小布什政府轻视地区机制的做法不同,奥巴马政府表现出积极参与和培育地区多边架构的姿态。为此,国务院还进行了机构重组,设立了负责东亚和太平洋多边事务和战略的助理国务卿帮办职位,并在东亚和太平洋事务局新设置了一个多边事务办公室,负责处理与本地区多边机构相关的事务。

鉴于奥巴马政府强化亚太战略的切入点是东南亚,因此美国首先积极参与和创设与东盟相关的地区机制。克林顿国务卿表示,美国视东盟为亚太地区正在出现的地区架构的"支点",对处理诸多政治、经济和战略问题不可缺少①。国家安全事务顾问多尼隆称:"我们的目标是支持和加强作为一个机构的东盟,这样它就能够更加有效地促进地区稳定、政治与经济进步、人权和法制。"②美国在 2009 年 7 月加入了《东南亚友好合作条约》,从而获得了参加东亚峰会的资格。同年 11 月,奥巴马总统出席了首届美国-东盟领导人会议,此后每年举行一次。2011 年举行的第三届东盟-美国领导人会议采纳了《2011—2015 年实施东盟-美国加强伙伴关系的行动计划》。2013 年,该会议更名为东盟-美国峰会,在这次会议上,东盟和美国共同承诺,将进一步加强双方在各个领域的合作,包括核不扩散、网络安全、反恐、人员偷渡、贸易与投资、科技和教育等。2016 年 2 月,东盟-美国峰会首次在美国举行,奥巴马表示,这次峰会反映出他个人以及美国对于与东盟 10 国建立稳固、持久伙伴关系的决心。实际上,奥巴马也是要以此次峰会来凸显他在任期内加强美国与东盟关系的努力和成就。除了峰会外,奥巴马政府还采取多种手段推进与东盟的互动与合作。2010 年 6 月,美国在东盟总部所在地雅加达设立了驻东盟办事处,以加强与东盟的联系,并在次年由美军太平洋司令部派驻联络官,旨在强化与东盟的军事联系。时任美国国防部长罗伯特·盖茨(Robert Gates)参

---

① Hillary Clinton, "America's Engagement in the Asia-Pacific" (October 28, 2010), U.S. Department of States, https://2009-2017.state.gov/secretary/20092013clinton/rm/2010/10/150141.htm, retrieved September 13, 2017.

② Tom Donilon, "President Obama's Asia Policy & Upcoming Trip to Asia" (November 15, 2012), The White House, http://www.whitehouse.gov/the-press-office/2012/11/15/remarks-national-security-advisor-tom-donilon-prepared-delivery, retrieved September 13, 2017.

加了 2010 年 10 月首次举行的东盟防长扩大会，推动将人道主义援助与救灾、海上安全、军事医学、反恐和维和行动五个领域作为优先合作选项。2011 年 10 月，时任美国国防部长帕内塔出席了首次美国-东盟防长非正式对话，他向东盟防长们传递了美国将保持其在亚太的强有力的军事存在的决心和与东盟密切合作的意愿，并与他们探讨了海上安全问题。美国还与东盟合作，对东盟地区论坛进行改革，以增强其行动力，拓展其议程，使之更关注跨国和非传统安全挑战。美国积极推动东盟地区论坛在救灾、海上安全、不扩散、打击跨国犯罪以及预防性外交等方面的作为。2010 年 7 月，克林顿国务卿在参加东盟地区论坛外长会议时，表明了美国积极介入南海问题的姿态和在东盟地区论坛上凸显南海问题的意图。此外，美国还在 2009 年设立了"湄公河下游行动倡议"，以加强越南、泰国、柬埔寨、老挝这四个湄公河下游国家在互联互通、卫生、教育和环境等领域的合作和能力建设。缅甸在 2012 年 7 月加入了这一倡议。2012 年 7 月，克林顿又在金边宣布了美国的"亚太战略接触倡议（Asia-Pacific Strategic Engagement Initiative, APSEI）"，这是一个新的援助项目，旨在"应对当前迫切的双边和跨国问题，并使得美国及其伙伴能够维持地区稳定和支持一个包容性的地区经济"①。该项目提供的援助主要涵盖六个方面：地区安全合作、经济一体化与贸易、湄公河下游的参与、应对跨国威胁、民主发展和处理战争遗留问题，其中大多数项目都与东南亚相关。为凸显奥巴马政府对东南亚的持续重视，美国还宣布要在 3 年的时间里通过"亚太战略接触倡议"向"湄公河下游行动倡议"提供 5 000 万美元的援助。在 2012 年 11 月举行的美国-东盟领导人会议上，美国发起了"扩大的经济接触倡议（Expanded Economic Engagement Initiative）"，该倡议旨在为使东盟国家承担高标准的贸易义务提供能力建设和技术支持，将优先推进谈判《美国-东盟贸易便利协定》《美国-东盟双边（地区）投资条约》以及《美国-东盟信息与通信技术协定》②。

---

① Office of the Spokesperson, U.S. Department of State, "Asia-Pacific Strategic Engagement Initiative" (July 13, 2012), U.S. Department of States, https://2009-2017.state.gov/r/pa/prs/ps/2012/07/194960.htm, retrieved September 13, 2017.

② Office of the Spokesperson, U.S. Department of State, "U.S. Institutional Support for ASEAN" (November 19, 2012), U.S. Department of States, https://2009-2017.state.gov/r/pa/prs/ps/2012/11/200825.htm, retrieved September 13, 2017.

在美国要积极参与和培育的地区机制中，东亚峰会居于核心位置。原本由东盟 10 国以及中、日、韩、澳、新、印参加的东亚峰会，本来是讨论推进东亚合作进程、促进东亚共同体建设的论坛，东盟在其中发挥领导作用，但 2010 年 10 月美国首次参加东亚峰会时，即表示希望峰会成为一个讨论"共同关心的迫切的战略和政治问题"——如核不扩散、海上安全、气候变化——的论坛①。2011 年 11 月，奥巴马总统首次出席了东亚峰会，再次呼吁峰会拓展讨论范围，关注本地区面临的战略与安全挑战。奥巴马在峰会上着重提出海上安全、核不扩散、灾害应对和人道主义救援三大议题，以推动将峰会打造成一个战略安全论坛②。多尼隆在解释美国的这一立场时表示，亚太经合组织给本地区的领导人提供了处理经济和贸易问题的机会，外交和国防部长们则在东盟地区论坛和香格里拉对话会面，而除了东亚峰会外，地区各国领导人磋商政治事务没有别的渠道，因而东亚峰会应该成为这样一个论坛③。事实上，随着美国将东亚峰会作为推进其地区战略的重要抓手，峰会不仅面临着重新定位的压力，东盟在其中的主导地位也面临着挑战。

在克林顿政府时期，亚太经合组织在美国的亚太战略中占有重要位置，华盛顿力图利用这一机制推进亚太地区的贸易和投资自由化，构建"新太平洋共同体"。奥巴马政府一方面表示要巩固亚太经合组织作为亚太地区首要的经济机制的作用，推动发达经济体和新兴经济体共同促进开放的贸易与投资，并于 2011 年在夏威夷举办了亚太经合组织领导人会议。另一方面，奥巴马政府积极推进"跨太平洋伙伴关系协定"，试图通过打造一个高标准、基础广泛的自由贸易协定以为未来的亚太自由贸易区奠定基础。实际上，鉴于亚太经合组织成员在实现既定的贸易与投资自

---

① Kurt M. Campbell, "Asia Overview: Protecting American Interests in China and Asia" (March 31, 2011), U.S. Department of State, http://www.state.gov/p/eap/rls/rm/2011/03/159450.htm, retrieved September 13, 2017.

② The White House Office of the Press Secretary, "East Asia Summit" (November 19, 2011), The White House, http://www.whitehouse.gov/the-press-office/2011/11/19/fact-sheet-east-asia-summit, retrieved September 13, 2017.

③ Tom Donilon, "President Obama's Asia Policy & Upcoming Trip to Asia" (November 15, 2012), The White House, http://www.whitehouse.gov/the-press-office/2012/11/15/remarks-national-security-advisor-tom-donilon-prepared-delivery, retrieved September 13, 2017.

由化目标上存在的分歧,美国对该机制的兴趣早已淡化,而"跨太平洋伙伴关系协定"因其在实现美国在亚太地区多种利益目标的工具价值而受到奥巴马政府的青睐,这点将在后文中进一步分析。

总体看来,奥巴马政府参与和培育亚太地区多边机制的举措有两大特点: 一是着重抓安全机制;二是谋求塑造这些机制的议程。美国促进地区安全机制建设的主要动机也有二: 一是利用这些机制作为处理美国安全关切的手段;二是以此为抓手,塑造地区安全秩序,使之朝着对己有利的方向发展。

五、贸易和经济政策

在经济政策方面,鉴于亚太地区对美国经济发展首屈一指的重要性,奥巴马政府致力于促进美国对亚太的出口,谋求制定对美有利的经济贸易规则,塑造美国主导的地区经济合作格局。要实现奥巴马总统提出的5年出口倍增计划,关键是扩大对北美(加拿大和墨西哥)和东亚(中国、日本、韩国、东南亚)的出口。鉴于中国既是美国出口增长最快的市场,又是美国贸易逆差的最大来源,奥巴马政府一方面通过中美战略与经济对话等机制促使中国更多进口美国产品,另一方面频频对华使用贸易救济措施,限制从中国的进口,以促进美国的制造业复苏和就业增长。奥巴马政府还游说美国国会在2011年通过了小布什政府2007年与韩国签署的《美韩自贸协定》,该协定将在5年内取消95%的美国对韩出口商品的关税,从而使美国对韩商品出口增加100亿美元,支撑7万个美国工作岗位[①]。作为2011年亚太经合组织峰会的东道主,美国推动APEC为亚太地区设置21世纪的议程,聚焦高质量的经济增长,即平衡、包容和环境可持续的增长[②]。华盛顿希望利用亚太经合组织发挥自身的比较优势。如同20世纪90年代美国利用APEC推动世界贸易组织达成《信息技术

---

① Hillary Clinton, "America's Pacific Century", *Foreign Policy*, November 2011, http://www.foreignpolicy.com/articles/2011/10/11/americas_pacific_century, retrieved September 13, 2017.

② Robert D. Hormats, "Remarks at The Third Annual Engaging Asia Conference" (September 17, 2010), The National Bureau of Asian Research, http://nbr.org/downloads/pdfs/eta/EA_Conf10_Hormats_Transcript.pdf, retrieved September 13, 2017.

协定》，从而有利于美国发挥其信息技术优势一样，如今奥巴马政府希望利用 APEC 扩大环保产品和服务的市场准入，以发挥美国在这方面的优势。 在 2011 年 11 月召开的第 19 次领导人非正式会议以"紧密联系的区域经济"为主题，主要讨论亚太地区经济增长、区域经济一体化、绿色增长、能源安全、规制合作等议题。 会议发表的《檀香山宣言》同意，2012 年将为制定一个对实现绿色增长和可持续发展目标有直接和积极贡献的 APEC 环境产品清单而开展工作，并根据各成员经济状况，在不影响各成员在世贸组织的立场的情况下，在 2015 年年底前将这些产品的实施税率降至 5％或以下。 该《宣言》还提到，APEC 成员要加强规制改革和规制衔接，以防止不必要的贸易壁垒抑制经济增长和就业。

对奥巴马政府来说，最重要的地区经济政策工具还是"跨太平洋伙伴关系协定"。TPP 最初是由智利、新西兰、新加坡和文莱四国于 2005 年 6 月签订、2006 年 5 月生效的一个促进经贸互惠与合作的协定。 2009 年 11 月奥巴马宣布加入 TPP 谈判，积极推进并主导该协定的谈判进程，旨在将其打造成亚太地区范围最大、起点最高的自由贸易安排。 2011 年 11 月，奥巴马又选在夏威夷 APEC 峰会召开之际宣布与有关国家达成 TPP 基础框架①，以凸显美国对 TPP 之重视。 参加基础框架谈判的国家曾计划在 2012 年形成该协定的法律文本，但并未如期实现这一目标，谈判一拖再拖，最终于 2015 年 10 月 5 日达成基本协议，并于 2016 年 2 月签署。 在奥巴马政府眼中，TPP 能为美国带来至少如下的重要利益。 第一，美国希望该协定将大大促进其对本地区的出口，创造更多的就业，从而有利于美国的经济复苏。 奥巴马在达成 TPP 基础框架之后坦言，该协定将帮助美国实现出口翻番的目的，将支撑美国数以百万计的工作机会。 第二，重新制定对美国有利的游戏规则。 在该协定的谈判中，美国通过将知识产权保护、劳工标准、环境标准纳入其中，以提高美国企业的竞争优势，

---

① 这些国家包括澳大利亚、文莱、智利、马来西亚、新西兰、秘鲁、新加坡和越南等。 日本、墨西哥、加拿大也在 TPP 基础框架达成后宣布要加入跨太平洋伙伴关系协定的谈判。 基础框架指出 TPP 核心议题，包括：贸易协定、工业产品、农业、纺织、知识产权、技术性贸易壁垒、劳工和环境。 参见孙宇挺：《奥巴马称，TPP 基础框架达成，明年之前形成法律文本》(2011 年 11 月 13 日)，中国新闻网，http://www.chinanews.com/gj/2011/11-13/3456470.shtml，最后浏览日期：2017 年 9 月 13 日。

更好地保护美国的知识产权。 奥巴马一再强调，谈判 TPP 就是要防止中国制定规则①。 第三，希望以此牵制东亚合作，重振亚太合作。 美国担心东亚经济合作的发展不仅会削弱其与本地区的经济联系，更使中国成为地区经济的中心，从而降低美国对地区事务的影响力。 华盛顿的如意算盘是，随着东亚国家如新加坡、马来西亚、越南、文莱、日本等加盟 TPP，东亚合作的动力将大大减少，而美国主导的亚太合作将获得新的动力。 第四，该协定还将加深美国与亚太一些国家的联系，有助于巩固美国在本地区的政治与安全上的影响力，维持美国在地区事务中的主导地位。

六、 更广泛和更强大的军事存在

奥巴马政府强化亚太战略最主要的措施是在军事领域。 随着美国结束伊拉克和阿富汗两场战争，其军事部署的重点开始向亚太转移。 2012 年 1 月美国国防部公布的新战略指南文件《维持美国的全球领导地位： 21 世纪防务的优先任务》表示，需要根据变化的地缘政治环境和变化的预算条件评估美国的防务战略，虽然美国军队将继续在全球部署，但"将不可避免地向亚太地区再平衡"②。 尽管美国面临着紧缩军事预算的压力，但奥巴马政府明确表示这不会影响到对亚太的军事投入。 奥巴马在 2011 年访问澳大利亚时在对澳议会的演讲中强调："当我们考虑我们武装力量的未来时，我们已经开始了一项评估，以界定未来 10 年我们最重要的战略利益，指导我们防务的优先任务和开支。 随着我们结束今天的战争，我已经指示我的国家安全团队把我们在亚太地区的存在和使命作为一项最优先的课题。 因此，削减美国的防务开支不会——我再说一遍，不会——影

---

① Kai Ryssdal, "The full interview: President Obama defends the TPP" (October 6, 2015), Marketplace, http: //www.marketplace.org/2015/10/06/economy/president-obama-talks-trade/full-interview-president-obama-defends-tpp, retrieved September 13, 2017; "President Obama: The TPP Would Let America, Not China, Lead the Way on Global Trade" (May 2, 2016), *The Washington Post*, https: //www. washingtonpost. com/opinions/president-obama-the-tpp-would-let-america-not-china-lead-the-way-on-global-trade/2016/05/02/680540e4 - 0fd0 - 11e6 - 93ae - 50921721165d _ story. html?utm_term = .d51e9b1438d6, retrieved September 13, 2017.

② U.S. Department of Defense, *Sustaining U.S. Global Leadership: Priorities for 21st Century Defense*, January 2012, p.2.

响我们在亚太的投入。"①

该新战略指南文件认为,要维持亚太的和平与稳定、商业活动的自由开展以及美国的影响力,部分取决于潜在的军事能力和军事存在的平衡。因此,奥巴马政府的新亚太军事战略主要围绕如何提升美国在亚太的军事能力和军事存在。这种调整主要体现在以下几方面。

第一,增加在亚太的军事部署。目前美国海军在太平洋和大西洋的部署大约是一半对一半,根据新的计划,到2020年,美国海军60%的水面舰只和潜艇将集中到亚太地区,包括11艘航母中的6艘。为提升作战能力,美国将更新诸多武器装备,如第5代战机(F-22和F-35)、改良型的弗吉尼亚级潜艇、新的电子战和通讯能力、改进的精确制导武器等②。实际上,美国军方已计划于2017年前在太平洋基地部署B-2、F-22、F-35三种隐形战机,特别是在日本的美军岩国基地部署新型隐形战机F-35,这是该型战机首次海外部署。随着美军撤离伊拉克和阿富汗,美国陆军和海军陆战队在亚太地区的存在将会扩大。这意味着亚太将成为美国全球军事部署的重点。

第二,加强在东南亚和印度洋的军事存在。长期以来,美国在亚太的军事部署集中在东北亚,以应对朝鲜半岛和台湾海峡的军事冲突为要旨,在新的安全环境下,美军更多关注东南亚和印度洋。为此目的,美国计划在新加坡部署4艘濒海战斗舰,并向新加坡定期派遣P-8A反潜侦察机,在澳大利亚的达尔文常驻美国海军陆战队。鉴于菲律宾是美国的盟国,又在南海处于重要的战略位置,因此美军尤其希望扩大在菲的军事存在。2014年4月,美菲达成了为期十年的《加强军事合作协议》。根据这份协议,美军可更广泛地使用菲方一些指定的军事基地和设施,包括机场和港口;美军有权在这些地方新建设施,但一旦撤出,新建设施将归

---

① The White House Office of the Press Secretary, "Remarks by President Obama to The Australian Parliament" (November 17, 2011), The White House, https://obamawhitehouse.archives.gov/the-press-office/2011/11/17/remarks-president-obama-australian-parliament, retrieved September 13, 2017.

② Leon E. Panetta, "Shangi-La Security Dialogue" (June 2, 2012), U.S. Department of Defense, http://archive.defense.gov/speeches/speech.aspx?speechid=1681, retrieved September 17, 2017.

属菲方；美军可在这些地方部署装备、战机和军舰；美军在菲没有永久军事基地。这是1991年菲参议院废除菲美军事基地协定、美方被迫关闭其在菲律宾的军事基地以来，美国首次获得这样的许可。美方期待这份协议为美军今后扩大在东南亚的存在大开方便之门，也为提升美菲安全合作提供便利。此外，为凸显美国在本地区的军事存在，美军还以港口访问和临时使用的方式重返其在越南和泰国的军事基地，并与东南亚的盟友经常地、无缝地展开行动，包括增加联合训练的机会、进行新的联合巡逻和演习等。

第三，提升美国对付"冲突和胁迫"的威慑能力，确保美国的军事能力、军事基地和作战理念能够在一个美军的进入和自由行动会遭到挑战的环境中获得成功①。为此目的，美国积极加强美军及盟友的导弹防御能力，采取措施更好地分散关键的军事资产和兵力（如将驻冲绳美军迁至第二岛链），加固军事设施，提高远程情报、侦察、监视能力，加强打击平台建设，发展新的"空海一体战"概念。

这里值得关注的是"空海一体战"构想。在冷战时期，美国为了对付苏联强大的地面军事力量，曾提出过"空地一体战"概念，冀图借助空中与地面力量的有效配合来削弱苏联的地面军事优势。在新的安全环境下，鉴于中国、伊朗等国发展"反介入"和"区域拒止"能力，美国军方提出了"空海一体战"的构想。美国国防部在2010年2月发布的《四年防务评估报告》中首次表示，空军和海军正一起发展新的联合空海作战的概念，探讨为应对不断增长的对美军行动自由的挑战，两大军种应如何整合在所有的作战领域——空中、海上、陆地、太空和网络空间——的作战能力②。2011年夏，新上任的国防部长帕内塔批准了"空海一体战"的构想，随后五角大楼便成立了空海一体战办公室来负责贯彻这一理念。2012年1月，美国国防部公布了具体体现该构想的《联合作战介入概念》（the Joint Operational Access Concept）。根据美国军方的介绍，"空海一体

---

① Michele Flournoy, "Remarks at The Third Annual Engaging Asia Conference" (September 17, 2010), The National Bureau of Asian Research, http://nbr.org/downloads/pdfs/eta/EA_Conf10_Flournoy_Transcript.pdf, retrieved September 13, 2017.

② U.S. Department of Defense, *Quadrennial Defense Review Report*, February 2010, p.32.

战"的核心理念包括"网络化、联合、深入打击"。"网络化"是指通过建立稳固的通信网络,加强个人与组织的联系,使得空军和海军能够有效地开展跨领域作战,破坏敌人的反介入和区域拒止能力。"联合"是指空军和海军在作战行动中密切协调,如通过网络和水下行动破坏防空系统,或通过空中打击消除潜艇或鱼雷威胁。"深入打击"是指向任何需要破坏的敌军系统发动进攻,以进入达到行动目标所需的争夺地区。基于上述作战理念,美国空军和海军在实施"空海一体战"时将在三个方面开展行动,即"破坏"——进攻敌方战斗网络,尤其是破坏情报、监视和侦察系统以及指挥控制系统;"摧毁"——压制敌方武器运输平台,如舰船、潜艇、飞机和导弹发射架等;"消除"——保护联合部队不受对手攻击[1]。由于"空海一体战"构想侧重加强对海空军的投入,在美国国防预算整体缩水的背景下,陆军和海军陆战队的规模削减、预算下降,引起了他们的不满。2015年1月,美国国防部正式将"空海一体战"理论更名为"全球公域介入和联合机动"理论,以安抚在实施"空海一体战"的构想中利益受损的美国陆军和海军陆战队。

2014年,美国国防部还正式推出了"第三次抵消战略"。该战略是在美国整体国防预算削减、亚太再平衡战略加速推进的背景下提出的,旨在通过发展新的军事技术和作战概念,以改变游戏规则和未来战局,确保美国的军事主导地位。"第三次抵消战略"主要针对的是中国和俄罗斯等国不断提升的军事能力,特别是中俄在一些领域正在获得的相对优势,如中国在西太平洋的"反介入和区域拒止"能力。"第三次抵消战略"的发起和实施意味着美国针对中国的军事准备进一步加强[2]。

第四,举行更多和更大规模的军事演习。美军相信,其在亚太地区举行的单边、双边和多边军事演习能够强化美国的威慑力,增强盟友的防

---

[1] Admiral Jonathan W. Greenert and General Norton A. Schwartz, "Air-Sea Battle" (February 20, 2012), The American Interest, https://www.the-american-interest.com/2012/02/20/air-sea-battle/, retrieved September 17, 2017.

[2] 参见岳松堂、童真:《美国第三次"抵消战略"全面解析》,《现代军事》2016年第10期,第91~96页;方晓志:《美对俄中实施"第三次抵消战略",虚实几何》,《世界知识》2016年第12期,第37~39页。

务能力，提升同盟的凝聚力[1]。例如，2012年美国在亚太举行的双边和多边演习的规模与数量都有所扩大，其中"环太平洋军演"有22个国家参加，参加演习的共有42艘水面舰只、6艘潜艇、200余架飞机和2.5万名军人，是自1971年这一演习开始以来规模最大的一次。

七、打民主与人权牌

"民主与人权牌"是奥巴马政府亚太战略的重要组成部分。希拉里·克林顿声称，"作为一个国家，我们最强有力的资产是价值观的力量，尤其是我们对民主和人权的坚定支持"，这甚至比军事能力和经济规模更加重要[2]。奥巴马政府在亚太地区打人权和民主牌的对象是中国、越南、缅甸和朝鲜，但手段各不相同。对中国，奥巴马政府一开始主要关注应对金融危机和全球气候变化，因而淡化在人权和民主问题上的分歧。但是在2009年11月奥巴马的中国之行和2010年年初的"谷歌事件"中，美国开始在信息自由上做文章。从2011年起，随着所谓"阿拉伯之春"在中东北非的蔓延，奥巴马政府在人权和民主问题上对华立场趋向高调和强硬，克林顿国务卿更在2011年5月举行的第三届中美战略与经济对话上就人权问题对华发难，她还在2012年7月对蒙古的访问中含沙射影地攻击中国模式。对越南，美方以发展战略伙伴关系为诱饵，要求越方保护人权和促进政治自由。2011年，美国国会通过《越南人权制裁法案》《2011年越南人权法案》等，要求国务院处理对越关系时将越南违反人权和宗教自由因素考虑进去。奥巴马政府也一再强调，人权问题阻碍了美越双边关系的快速发展，如果越南不进行新一轮政治改革，那么美越关系只能原地踏步[3]。对朝鲜，虽然美国国会和行政部门不断在人权问题上对其公开抨击，但美国对朝主要关切是安全问题，人权问题既非华盛顿的优

---

[1] U.S. Department of Defense, *Sustaining U.S. Global Leadership: Priorities for 21st Century Defense*, January 2012, p.5.

[2] Hillary Clinton, "America's Pacific Century", *Foreign Policy*, November 2011, http://www.foreignpolicy.com/articles/2011/10/11/americas_pacific_century, retrieved September 13, 2017.

[3] 刘卿：《美越关系新发展及前景》，《国际问题研究》2012年第2期，第97页。

先目标，美国也缺乏有效的施压手段。

奥巴马政府的"民主与人权牌"在缅甸取得了明显进展。奥巴马执政后调整了美国对缅政策，由以制裁为主的孤立打压向制裁加接触的"务实接触"方向转变①。2009年11月和2010年5月，坎贝尔两次访问缅甸，与时任总理登盛、反对派全国民主联盟主席昂山素季等会谈。2009年8月，美国参议员吉米·韦布(Jim Webb)也访问缅甸，与缅方军政府最高领导人丹瑞大将长谈。坎贝尔和韦布的访问都旨在了解缅国内政治动向，敦促缅军政府实行政治改革。2010年11月缅甸举行受到民主联盟抵制的大选后，美国不承认大选结果，但随着新政府上台后改革步伐的迈进，奥巴马政府的态度发生改变。2011年8月，奥巴马政府任命米德伟(Derek Mitchell)为缅甸问题特使，标志着美国对缅接触机制化。9月，美国邀请赴纽约参加联合国大会的缅甸新外长吴温纳貌伦访问国务院。2011年11月，克林顿国务卿访问缅甸，表示如果缅方在美国关切的一系列问题上(如停止缅甸与朝鲜的军事合作、释放政治犯、与少数民族和解等)作出回应，奥巴马政府将采取新的举措推进对缅关系。2012年5月，奥巴马总统提名米德伟出任美国驻缅甸大使，缅甸外长吴温纳貌伦也受邀正式访问美国，这标志着美缅外交关系的全面恢复。在提升与缅甸的政治互动的同时，奥巴马政府还逐渐扩大对缅甸的援助，并取消了对缅甸金融和投资领域的制裁，鼓励美国企业到缅甸投资和开展贸易。2012年9月，昂山素季访美并与奥巴马会面，缅甸总统吴登盛赴纽约出席第67届联合国大会，成为46年来首位访美的缅甸最高领导人。11月，奥巴马访问缅甸，成为首位访问缅甸的美国总统，这标志着美缅关系取得了重大进展。此外，美国军方也在考虑开启与缅甸的军事关系，五角大楼邀请缅甸观摩2013年"金色眼镜蛇"亚太多国联合军演，但内容仅限于人道主义救援救灾及军队医疗救助。美军还将对缅甸军队进行"非杀伤性"培训，帮助其推进防务改革，提升其人道主义救援能力。

应该看到，美国对缅甸大打"民主与人权牌"、积极改善美缅关系的

---

① 杜兰：《美国调整对缅甸政策及其制约因素》，《国际问题研究》2012年第2期，第41页。

背后有着重要的地缘政治利益。缅甸地处南亚次大陆和中南半岛之间，是中国走向印度洋的必经之地，战略位置十分重要。中国是缅甸的近邻，是其最大的贸易伙伴和最大的投资国，对缅甸有着重要的政治和经济影响力，缅甸成为中国走向印度洋的重要通道。而从缅甸西部港口到中国昆明的中缅油气管道的修建，还增加了中国石油和天然气输入的通道，改善了中国能源供应的安全性。美国加紧改善与缅甸的关系，无疑有削弱中国在中南半岛的影响力、牵制中国进入印度洋和制约中国能源供应安全的战略考虑，这符合美国亚太再平衡战略中制衡中国的重要目标。

第五节　奥巴马政府亚太战略的特点

与后冷战时代的克林顿政府和小布什政府相比，奥巴马政府的亚太战略在构想和实践上都具有一系列鲜明的特点。

一、大亚太视野

传统上美国亚太政策视野主要关注东亚和西太平洋地区，不包括中亚、南亚和西亚[①]。随着亚洲力量对比和地缘政治环境的变化，小布什时期美国的亚太政策视野开始涉及中亚和南亚。奥巴马政府在思考其亚太战略时，明确将南亚次大陆包括进来，将印度洋和西太平洋的安全联系起来加以考虑，"印-太地区（印度洋和太平洋）"思维浮出水面。2012年1月美国国防部公布的新战略指南《维持美国的全球领导地位：21世纪防务的优先任务》表示，"美国的经济与安全利益不可分割地维系于从西太平洋和东亚延伸到印度洋和南亚的弧形地带的事态发展"[②]。作为这一大亚太视野的体现，美国积极鼓励、支持印度实施"东向"政策，积极参与东亚事务，2011年12月在华盛顿举行的首次美国、日本、印度三边对话

---

① 例如，美国在1990年代发表的三份关于亚太战略的报告——*A Strategic Framework for the Asian Pacific Rim: Report to Congress 1992*，*United States Security Strategy for the East Asia-Pacific Region* (1995)，*The United States Security Strategy for the East Asia-Pacific Region* (1998)——都没有将南亚和印度洋包括进去。

② U.S. Department of Defense, *Sustaining U.S. Global Leadership: Priorities for 21st Century Defense*, January 2012, p.2.

就旨在使印度更多地介入东亚安全与经济事务,加强三国间在东亚事务上的协调与合作。 此外,奥巴马政府也积极谋划将美国在西太平洋尤其是东南亚的军事部署与印度洋的安全形势联系起来,而美国在澳大利亚达尔文的驻军就反映了这一目的。 美国国防部长帕内塔坦言,美国在达尔文派驻的海军陆战队能够快速地部署在亚太地区,"从而使得我们能够更加有效地与东南亚和印度洋的伙伴合作以应对诸如自然灾害和海上安全这样的共同挑战"①。

二、强烈的"布局"意识

二战以后的美国亚太政策兼有结构性和功能性的双重目的,前者在于塑造地区格局,后者在于处理具体的政治、经济和安全挑战。 这两者之间又存在互补关系:结构性安排为处理功能性问题提供手段,而处理功能性问题又为结构性安排提供了支撑。 冷战时代,美国通过一系列的双边同盟布局亚太,形成了"轮毂-轮辐"形状的地区政策架构,并塑造了地区政治安全格局,这是结构性安排作用的体现。 冷战结束后,克林顿政府提出构建"新太平洋共同体"的口号,意在重塑亚太格局。 克林顿政府在经济上通过亚太经合组织整合亚太,在安全上巩固已有的双边同盟,亚太地区的经济联系大大加强,但地区格局总体上并未发生重大变化。 小布什上台后,谋求重塑亚太地缘政治格局,但"9·11"事件和朝核问题的再起打乱了小布什政府的战略计划,迫使其在亚太地区重点关注反恐和朝核等功能性问题。 奥巴马政府鉴于亚太地区正在发生的深刻变化,提出需要建立一个"更加充满活力和持久的跨太平洋体系",以为亚太地区提供一个"更加成熟的安全和经济架构"②,这表明尽管奥巴马政府的亚太战略并没有忽视处理本地区的各种具体挑战,但其着眼点在结构性层面,旨在塑造新的地区格局。 通过打造新的地区安全与经济架构,奥巴

---

① Leon E. Panetta,"Shangi-La Security Dialogue"(June 2, 2012),U.S. Department of Defense,http://archive.defense.gov/speeches/speech.aspx?speechid=1681,retrieved September 17, 2017.

② Hillary Clinton,"America's Pacific Century"(November 10, 2011, remarks at East-west Center, Honolulu),U. S. Department of State, https://2009 – 2017. state. gov/secretary/20092013clinton/rm/2011/11/176999.htm,retrieved September 17, 2017.

马政府希望巩固美国与本地区关系的基础,并提升美国在中国崛起背景下主导地区事务的能力。

三、地区政策架构:从"轮毂-轮辐"状到网络状

传统的"轮毂-轮辐"状架构是建立在以美国为中心的同盟关系之上的。随着中国的快速崛起、美国力量的相对下降以及日本经济的停滞不前,"轮毂-轮辐"架构在因应亚太地区事务中的作用方面显得捉襟见肘,另一方面,一些地区成员力量和影响力在上升,他们潜在和现实的地缘政治作用被华盛顿所看重。奥巴马政府将这些国家视为美国在亚太的重要伙伴,积极发展与他们在政治、安全和经济领域的合作。虽然美国自克林顿政府后期起就在着手改善与其中一些国家的关系,小布什政府也继承了这一做法,但奥巴马政府对此有更明确的战略构想,有更多的资源投入,有更现实的政策需求。

具体说来,奥巴马政府打造亚太地区"盟友+伙伴"关系网络的举措主要体现在三个层次。首先是将与本地区盟友的双边合作扩大到三边合作,即将美日、美韩、美澳合作模式拓展为美日韩、美日澳合作模式,以增大同盟的效应。例如,2012年6月,美、日、韩三国海军在朝鲜半岛以南海域举行了首次联合军事演习,而美、日、澳三国海军自2007年以来便举行联合军演,2012年更在南海附近海域进行军演,以凸显三国合作应对南海局势的态势。其次是"2+1"模式,即美国、日本与某个美国的安全伙伴的合作,如2011年12月在华盛顿举行的首次美国、日本、印度三边对话,就是奥巴马政府将"美国+盟友"的传统政策架构扩展为"美国+盟友+伙伴"的新架构的重要举措。最后是积极鼓励盟友和伙伴之间加强安全联系,积极介入美国关切的地区问题。例如,近年来日本、澳大利亚、印度都在以各种方式介入南海问题,日本和印度还举行了关于"海上交通线"的战略对话,两国与越南的关系也可疑地热乎起来,日本还在积极加强与菲律宾的军事关系。通过编织"美国+盟友+伙伴"的合作网络,美国在亚太的安全政策架构不再仅是一些盟国与美国之间的单线联系,也包括了这些盟国和伙伴相互之间的联系和配合,形成了纵横交错的格局。将"轮毂-轮辐"状的地区

政策架构转变成网络状的地区政策架构,丰富了美国赖以实现其亚太政策目标的手段,有助于夯实其亚太战略的依托。奥巴马任期内最后一任国防部长卡特宣称,构建"有原则的安全网"是美国亚太再平衡战略的重要抓手①。

四、外交、经济、安全多管齐下,相互配合

在以往的美国亚太政策实践中,有时会出现外交、经济和安全相互脱节、各部门自行其是的情况,这使得美国亚太政策效果大打折扣。奥巴马政府的亚太战略在设计和实施上注重外交、经济和安全的配套。外交上,积极发展与印度、印尼、越南等国的伙伴关系。经济上,推进TPP,打造新的地区经济架构。安全上,抓住南海问题大做文章,将东亚峰会转变为多边安全平台。这些政策手段之间的互补效应十分明显:发展与伙伴国家的关系有利于美国搭建新的地区经济和安全架构;打造新的地区经济架构有利于华盛顿拉拢一些地区成员,并巩固其地区安全安排的基础;南海问题和东亚峰会这两个抓手又有助于美国介入地区安全事务和拉拢一些东南亚国家。以上这些手段又在总体上服务于制衡崛起的中国这一重要战略目标。从政策执行的情况看,国务院扮演了主要角色,从2009年到2012年9月,克林顿国务卿13次出访亚太,多次就美国亚太政策发表演讲,美国负责亚太事务的助理国务卿坎贝尔也积极出谋划策,活跃于台前幕后,与此同时,国防部和经济部门也提供了积极和有效的配合,使奥巴马政府的亚太政策整体上体现出较强的一致性。

五、以东南亚为重点、以南海问题为切入点

在后冷战时代,克林顿政府和小布什政府的亚太战略重点都是在东北亚,注重加强与日本、韩国的同盟关系,积极谋求处理朝鲜半岛问题和应对台海冲突。奥巴马政府忧心于21世纪最初十年中国与东南亚国家关系的发展和在这一地区影响力的扩大,同时也鉴于小布什政府对东南亚的忽

---

① Ashton Carter, "The Rebalance and Asia-Pacific Security", *Foreign Affairs*, Nov/Dec 2016, Vol.95, Issue 6, pp.65-75.

视,决意把亚太战略重点放在该地区。 实际上,克林顿国务卿上任后第一次出访包括印度尼西亚这一举动就是要传递一个信息,即美国对亚洲的兴趣超越了传统上对东北亚的关注①。 从签署《东南亚友好合作条约》到正式加入东亚峰会,从启动"美国-东盟峰会"到推进"湄公河下游行动计划",从重点发展与越南、印度尼西亚的伙伴关系到解冻与缅甸的关系,从介入南海问题到在新加坡部署濒海战斗舰,等等,这一系列举措使得奥巴马政府成为美国自越南战争结束以来最重视东南亚、最有作为的一届政府。 奥巴马的国家安全事务顾问多尼隆称,"我们不仅在向亚太地区再平衡,我们也在亚太地区内部再平衡,即重新聚焦东南亚和东盟"②。 美国从外交到军事、从幕后到前台、从多边到双边积极而深度地介入南海问题,使美国的南海政策发生了历史性的重大变化,南海问题也成为中美之间新的重要摩擦点。 奥巴马政府在南海问题上的政策调整,目的在于拉拢东南亚国家,离间这些国家与中国的关系,强力牵制中国在南海的战略进取,这些都服务于亚太再平衡战略的总体需要。

六、 对华战略态势的变化

冷战结束以来,历届美国政府的亚太战略都有针对中国所可能带来的安全挑战的设计,克林顿政府是"防范"战略,小布什政府是"避险"战略,奥巴马政府则是"制衡"战略③。 从理念上讲,对华"制衡"战略是与克林顿政府的"防范"战略和小布什政府的"避险"战略一脉相承的,但其针对性更强。"防范"战略和"避险"战略都是旨在做好应对中国有可能朝着对美不利的方向发展的准备,侧重于塑造中国的战略环境、引导中国的安全行为,对中国安全利益的影响主要是潜在的。"制衡"战略则是

---

① Jeffery A. Bader,*Obama and China's Rise: An Insider's Account of America's Asia Strategy*,Washington DC: The Brookings Institution,2012,p.94.

② Tom Donilon,"President Obama's Asia Policy & Upcoming Trip to Asia"(November 15,2012),The White House,http: //www. whitehouse. gov/the-press-office/2012/11/15/remarks-national-security-advisor-tom-donilon-prepared-delivery,retrieved September 13,2017.

③ 关于克林顿政府的对华"防范"战略和小布什政府的对华"避险"战略,参见吴心伯:《太平洋上不太平——后冷战时代的美国亚太安全战略》,复旦大学出版社 2006 年版,第四章;吴心伯:《世事如棋局局新——二十一世纪初中美关系的新格局》,复旦大学出版社 2011 年版,第三章。

针对中国力量上升、影响力扩大的现实，要直接地和针锋相对地平衡中国的影响力、牵制中国的行为，其对中国安全利益的影响已是现实的。事实上，奥巴马政府的对华制衡战略已经对中国的安全利益产生了明显的负面影响，最主要的就是南海问题的激化和中国与东盟国家关系的紧张。由于2010年以来美国的怂恿、拉拢和挑拨，越南、菲律宾等国在南海问题上对华立场越来越强硬，不断挑起事端，南海争端高温不退，东盟内部在南海问题上分歧凸显，东盟与中国的关系趋向紧张。21世纪初的十年中国周边外交的一大亮点就是与东南亚国家关系的进展，现在由于美国的"破坏性"介入，中国的东盟外交面临新的挑战。此外，在美国的怂恿下，日本也在钓鱼岛问题上不断发难，力图突破现状，以所谓"国有化"的方式巩固日本对该岛屿的占有。奥巴马政府强化对华制衡的战略态势使得中国的周边环境更趋复杂，中国所受到的外交与安全压力剧增。

七、重视规则制定

希拉里·克林顿在《美国的太平洋世纪》一文中称，美国要求新的伙伴们与美国一道塑造和参与"一个以规则为基础的地区和全球秩序"。2012年1月出台的新战略指南文件《维持美国的全球领导地位：21世纪防务的优先任务》也表示，"与盟友和伙伴网络密切合作，我们将继续促进以规则为基础的国际秩序，该秩序确保稳定，鼓励新兴力量的和平崛起、经济的蓬勃发展以及建设性的防务合作"[①]。奥巴马政府相信，在亚太地区力量对比发生重大变化的背景下，掌握游戏规则的制定权是确保美国在本地区的主导地位的关键，同时也是美国"软实力"和"巧实力"的体现。如前所述，这些规则包括商业活动的自由和开放，以和平方式解决争端，所有国家畅通无阻地进入天空、太空和海洋这些全球公共领域，经济秩序的开放、自由、透明和公平，等等。华盛顿谋求通过自身和盟友的努力以使这些规则在新的地区经济与安全架构中充分体现出来。与

---

① Hillary Clinton, "America's Pacific Century", *Foreign Policy*, November 2011, http://www.foreignpolicy.com/articles/2011/10/11/americas_pacific_century, retrieved September 13, 2017; U.S. Department of Defense, *Sustaining U.S. Global Leadership: Priorities for 21st Century Defense*, January 2012, p.2.

此同时，美国不断敲打和施压中国，攻击中国不按规则行事，要中国在从海上航行自由到人民币汇率自由浮动等诸多方面遵守国际规则和规范①。

第六节 奥巴马政府亚太战略的影响及其限度

在分析亚太地区的形势变化和冷战后美国亚太政策得失的基础上，为了更好地巩固美国的亚太地位和促进美国的亚太利益，奥巴马政府苦心孤诣地制定了比较系统的亚太战略，该战略的实施产生了一系列重要的影响。

第一，美国在亚太的存在感和对地区事务的参与度提高，影响力有所上升，与本地区一些国家的关系得到改善和加强。奥巴马自诩为美国首位"太平洋总统"，对亚太地区表现出的浓厚兴趣和对亚太事务的积极参与（如对本地区国家的访问、参加东亚峰会、东盟-美国峰会、APEC领导人非正式会议等亚太多边外交活动）超过之前任何一位美国总统。从2009年到2012年9月，克林顿国务卿13次出访亚太，多次就美国亚太政策发表演讲，在美国历任国务卿中也创下了纪录。可以说，亚太再平衡政策及其实施在很大程度上消除了人们对小布什政府时期留下的美国不重视亚太事务的印象。

第二，强化了地区议程中的安全因素和美国对地区事务的影响力。二战以后美国处理亚太事务的基本逻辑是安全，美国的军事优势是亚太地区秩序的突出特征。但是随着冷战的结束、中国经济的蓬勃发展、亚太以及东亚经济合作的推进，亚太事务中的安全因素淡化，经济因素增强，美国安全优势与地区发展的关联度下降，从而导致美国对地区事务的影响力弱化。奥巴马政府一开始的亚太政策思路是在经济和外交上重视亚

---

① The White House Office of the Press Secretary, "Remarks by President Obama and Prime Minister Gillard of Australia in Joint Press Conference"（November 16, 2011), The White House, http：//www. whitehouse. gov/the-press-office/2011/11/16/remarks-president-obama-and-prime-minister-gillard-australia-joint-press, retrieved September 13, 2017; The White House Office of the Press Secretary, "Remarks by the President in State of the Union Address"（January 24, 2012), The White House, http：//www. whitehouse. gov/the-press-office/2012/01/24/remarks-president-state-union-address, retrieved September 13, 2017.

太,通过加强与亚太的经济联系扩大美国的出口,重振美国经济,提升美国就业;通过外交上积极参与亚太事务防止美国被边缘化,扩大美国对亚太的影响力,更好地促进美国在亚太的利益。由于伊拉克和阿富汗问题的牵制,奥巴马政府一开始并不突出对亚太的安全关注。但是 2010 年 8 月美国作战部队撤出伊拉克和 2011 年 6 月美国启动从阿富汗撤军进程使奥巴马政府开始摆脱中东和中亚的战略牵制,可支配的军事资源增多。与此同时,2010 年亚太地区一系列突发事件("天安舰"事件和延坪岛炮击事件的爆发,南海纷争的激化,中日钓鱼岛争端所引起的外交纠纷)使奥巴马政府找到了"重返亚太"的新的切入点,那就是打美国一向擅长的安全牌,于是美国亚太战略大幅度向地区安全角度倾斜。通过增加在亚太的军事部署,加强在东南亚的军事存在,深化与传统盟友如日本和澳大利亚的防务合作,扩大安全伙伴关系,美国首先强化了其主导的地区安全体系,巩固了其在地区安全中的优势地位。同时,华盛顿也利用地区的冲突和纷争将这种优势转化为对地区事务的影响力。在经济发展成为地区事务的中心议题、中国崛起为地区经济中心以及东亚经济合作不断深化的背景下,美国打出的一系列安全牌重新设定了地区议程,凸显了地区事务中的安全因素,并使美国的盟友、伙伴和其他国家认识到美国才是地区的稳定器,才是地区事务的中心。

第三,华盛顿通过构建"美国+盟友+伙伴"的地区关系网络,塑造了对美国有利的地缘政治格局。奥巴马政府着力打造的地区网络架构具有两个鲜明特征:一是以美国为中心,体现美国的主导力和影响力;二是以中国为目标,因此被美国拉入其中的都是在不同程度上对华怀有戒心的国家。这一关系网络在一定程度上改变了地区权力结构和国家间的互动方式,扩大了美国的地缘政治影响力,同时也使中国与相关国家的关系和周边环境更加复杂。

第四,重构亚太地区经济秩序。20 世纪 90 年代美国主打 APEC 牌,积极推动美国主导的亚太经济合作,但是在亚洲金融危机之后,亚太合作逐渐式微,东亚合作风生水起,经过 21 世纪最初十年的发展,亚太地区经济秩序开始呈现东亚合作蔚为大观、中国一跃成为地区经济中心地位的特点。奥巴马政府打出 TPP 牌,大力推动跨太平洋经济合作,成功将日本拉入TPP谈判，使得参与TPP谈判的成员国内生产总值占到全球的40%，提升了TPP的规模与潜在效应。从地缘经济的角度看，TPP削弱东亚合作的动力，弱化中国的地区经济中心地位，提升美国在亚太的经济影响力，凸显了中美在亚太地缘经济中的竞争态势。虽然特朗普当选后美国退出TPP，但该协议的未来走向及其对亚太经济秩序的影响仍然值得密切关注。

第五，加剧了地区秩序两极化的张力。中国和美国是左右亚太地区秩序的两个关键国家，两者的互动将决定新的地区秩序的面貌。奥巴马政府的亚太战略以制衡中国力量和影响力的上升、巩固美国在本地区的利益和地位为目标，加大与中国的地缘政治和地缘经济竞争的力度，重塑地区政治经济格局。在此背景下，中美在亚太的互动总体上呈现出竞争大于合作的态势，而且这种竞争不仅限于某些单个的问题，而是涉及亚太的格局走向这一根本性的问题，如东亚合作与亚太合作的竞争、中国作为经济中心与美国作为政治安全中心的竞争、地区规则制定权的竞争等。这一趋势显著加大了亚太地区秩序两极化的张力，一些地区国家也因之面临在中美之间选边站的压力。

总体而言，与小布什政府相比，奥巴马政府对亚太地区的重要性有更深切的理解，对美国亚太战略的构想更加系统，政策设计更具针对性，在实施中更注重多种手段的配合。这一战略总体上反映了美国的国家利益将越来越取决于其与亚太地区的关系、美国的对外政策将越来越重视亚太地区的大趋势，在这个意义上，奥巴马政府的亚太战略体现了时代性。然而，这个战略的实施也受到一系列重要因素的制约。

第一，美国国内政治变化的制约。特朗普执政后宣布美国退出TPP，从而动摇了亚太再平衡战略的重要支柱，终结了奥巴马政府亚太政策的最得意之作。不仅如此，特朗普政府虽总体上重视亚太地区，但在其外交日程上亚太并未被置于像奥巴马时期那样的优先地位。相较而言，特朗普更关心中东地区。目前看来，特朗普的亚太政策更多的是问题导向而非结构导向，即重点关注朝核、经贸问题，而非如何巩固美国在亚太的领导地位、制衡中国力量和影响力的上升。这意味着特朗普的亚太政策在主旨和重点上都与亚太再平衡战略大异其趣。

第二,美国实力衰退的制约。 2008年爆发的金融危机和经济危机是20世纪30年代以来美国所经历的最严重的经济危机,它不仅给美国经济带来严重打击,也暴露了美国经济的深层次结构性问题,更预示着今后美国经济发展的不确定性。 在美国总体实力相对下降的背景下,美国外交和安全战略就面临着维护霸权的雄心与手段不匹配的矛盾。 例如,冷战后美国的军事战略长期以来是以"同时打赢两场大规模地区性战争"为目标的,但在伊拉克和阿富汗的挫折暴露了美国军事能力的有限性,新战略指南不得不将今后美国的军事战略目标修改为遂行"一场半"战争。 由于财政紧缩,美军在2011—2020年至少要削减近5 000亿美元的预算。 亚太再平衡战略是以谋求美国主导地位为宗旨的,在本地区力量兴起的背景下,要实现这一目标,美国必须投入更多的资源。 尽管奥巴马政府计划在2020年将美军60%的海空力量部署在亚太地区,但这是以美军总体上的"瘦身"为基础的,也就是说实际上美国对亚太的军事投入并没有大幅增加。 2014年3月,负责采购的助理国防部长卡特里娜·麦克法兰(Katrina McFarland)就坦言,由于财政压力,美国的亚太再平衡政策难以实现,从而道破了亚太再平衡战略所受到的资源制约[①]。

第三,安全牌的限度。 在亚太地区打安全牌是美国的强项,奥巴马政府的亚太战略就是要凸显美国作为地区力量的平衡器和安全的维护者的身份,以弥补美国经济影响力的下降,一些国家近年来出于安全考虑也加强了与美国的安全纽带。 但是在这种"经济上靠中国,安全上靠美国"的格局中,那些安全上靠美国的国家基于自身的全面利益考虑,不可能完全站在美国一边反对中国,他们一方面要依靠美国的保护伞,另一方面又积极与中国交往以谋取经济上的好处。 南海问题就是一例。 奥巴马政府为实现亚太再平衡的目标,抓住南海问题大做文章,推动菲律宾、越南等在南海问题上与中国对抗。 尽管在美国和日本的积极推动下,"南海仲裁法庭"在南海问题上做出了对菲律宾有利的判决,但杜特尔特执政后,大幅调整了菲律宾在南海问题上的立场,在对华关系中优先发展经济合作,

---

① 《美官员称美"亚太再平衡"无法实现,华府急灭火》(2014年3月5日),中国新闻网, http://www.chinanews.com/gj/2014/03-05/5910500.shtml,最后浏览日期: 2017年9月13日。

积极谋求管控南海分歧。在此背景下,越南也降低了在南海问题上与中国对抗的姿态,更重视与中国发展政治和经济关系。南海局势由此趋向缓和。2017年5月中国和东盟国家就《南海地区行为准则》达成框架协议,标志着中国与南海周边国家的外交努力取得了重要进展。这些发展表明,南海问题正在重返正确的轨道,而奥巴马政府利用南海问题推进其亚太战略的如意算盘逐渐落空。

第三章
中国的亚太外交方略

2008年金融危机之后，中国力量进一步上升，不仅在全球层面，而且对亚太地区战略格局产生重大影响。美国奥巴马政府于2011年正式提出"亚太再平衡"战略，日本加速谋求"正常大国"地位，东盟采取措施进一步加强成员间的一致性。与此同时，朝鲜半岛依然处于高危紧张局势中；地区有关国家围绕东海、南海的领土主权、海洋权益和海洋秩序之争也日趋激烈复杂；在中国台湾地区，2016年民进党重新掌握岛内"政权"，台海和平发展的局势受到考验。凡此种种不仅使得亚太地区国家间关系快速调整，重新磨合，而且导致地区的主要关注逐渐由经济发展和非传统安全议题向地缘竞争以及领土争端回摆。在此背景下，中国的亚太外交将面临何种新局面，要处理何种新问题、新挑战，以及应该采取何种新观念、新方法、新举措，成为各方关注的重要内容。本章拟从亚太地区外交环境的变化入手，深入探讨新形势下逐渐成型的中国亚太外交的战略目标、思想理念、战略重点和行动方案。总体而言，中国的亚太外交目标正从传统的建构国家间睦邻友好关系，向构建更加公正合理及可持续的地区秩序转型；其亚太外交风格正从防御性的相对被动应对，向进取性的主动提出新理念和议题转型；亚太外交手段正从以寻求和平发展为标志的经济外交为主，向构建人类命运共同体所要求的在政治、经济、安全、人文等多个领域综合发力的态势转型。尽管面临着众多困难和挑战，但毫无疑问的是，中国将为亚太地区形成更加符合时代发展方向和地区特征的新秩序提供强大正能量。

亚太大棋局：急剧变化的亚太与我国的亚太方略

第一节　亚太地区的外交环境

在过去十多年间，亚太地区可谓风起云涌，在总体外交环境和国家间关系中都充满了变数。在如此乱花直欲迷人眼的局势中，要比较清晰地把握中国亚太外交的总体环境，首先应该更加明确地界定当前亚太地区的时空坐标。这样，我们才能更清楚地识别中美当前在亚太地区互动所处的历史阶段，及其在世界舞台上的重要地位。

一、亚太地区的时空新坐标

就时间框架而言，当前的亚太地区被很多人认为正面临着中美权势转移的关键时期。美国国家情报委员会（National Intelligence Council, NIC）2012年12月发表的《全球趋势2030：变换的世界》，虽然认为"到2030年，没有国家——无论是美国、中国，还是其他任何一个大国——会成为霸权国家"，但是，"到2030年，国家间的权力分散将产生巨大影响。亚洲就全球权力而言，基于其国内生产总值（GDP）、人口规模、军事支出和技术投入，将超越北美和联合的欧洲。中国很可能在2030年到来前的一两年就超过美国，成为最大经济体"①。中国学者甄炳禧虽然强调在综合实力上，"中国要全面赶超美国还有很长的路要走"，但也指出，中国在制造业生产增加值、全球货物贸易进出口总额、对全球经济增长的贡献、国际总储备四个领域已经超过美国，在经济规模、吸引外资和对外投资、科技投入、信息化应用、国际体系的影响力以及企业实力六个领域已经缩小了与美国的差距②。世界银行的数据表明，2014年，中国的国内生产总值为10.355万亿美元③，相当于美国（17.419万亿美元）④的59.45%

---

①　National Intelligence Council, *Global Trends 2030: Alternative Worlds*, December 2012, pp.viii, iv, https://www.dni.gov/files/documents/GlobalTrends_2030.pdf, retrieved September 18, 2017.
②　甄炳禧：《21世纪：美国世纪还是中国世纪——全球视野下的中美实力对比变化分析》，《人民论坛（学术前沿）》2015年第21期。
③　数据来源：世界银行数据库，http://data.worldbank.org.cn/indicator/NY.GDP.MKTP.CD?end=2014&locations=CN&start=1998，最后浏览日期：2017年9月18日。
④　同上。

(如表3-1所示)。

表3-1 中美国内生产总值比较(2001—2015年)

(单位:万亿美元)

年 份	中 国	美 国	中国相对美国的比重(%)
2001年	1.332	10.622	12.54
2002年	1.462	10.978	13.32
2003年	1.65	11.511	14.33
2004年	1.942	12.275	15.82
2005年	2.269	13.094	17.33
2006年	2.73	13.856	19.70
2007年	3.523	14.478	24.33
2008年	4.558	14.719	30.10
2009年	5.059	14.419	35.09
2010年	6.04	14.964	40.36
2011年	7.492	15.518	48.28
2012年	8.462	16.163	52.35
2013年	9.491	16.768	56.60
2014年	10.355	17.419	59.45
2015年	10.866	17.947	60.54

注: 本表由作者根据世界银行数据库的数据整理而成,数据以当年美元价格计算。
数据来源: 世界银行数据库,http://data.worldbank.org.cn/indicator/NY.GDP.MKTP.CD?end=2014&start=1998,最后浏览日期: 2017年9月19日。

根据国际权势转移理论,崛起国的综合国力达到霸权国的40%,是一个重要的临界点。 在这之前,权势转移被认为尚未出现,而在这之后,崛起国的权势则将快速增加。 当崛起国的综合国力达到霸权国的80%~120%时,崛起国与霸权国将处于势均力敌阶段。 而当崛起国的综合国力超过霸权国的120%时,权势转移被认为完成,崛起国与霸权国的攻防地位发生转换①。虽然说国内生产总值不能完全真实和全面地反映一个国家的综合实力，但它反映了一个国家在战争和冲突时可以动员的资源总量，在战略研究中仍然非常重要。从表3-1可以看到，中国的国内生产总值在2009—2010年达到了美国的40%左右，也正是在这一时间段，美国开始大力推动再平衡战略。这种时间上的吻合也许是一种巧合，但它构成了中美在亚太互动态势发生变化的时间背景。中国在当前和未来一段时间内的亚太外交将不得不高度关注权势转换过程中的一些敏感情况。

从空间框架来看，当前的亚太地区在地理范围和影响力方面也表现出一些新特征。首先，亚太地区的核心区域虽然仍是亚洲太平洋部分（或者说太平洋西岸），但其外延正在向南、向北发展。追溯20世纪八九十年代的研究可以看到，亚太地区的外延在当时大致是亚太经合组织（APEC）所覆盖的部分，也就是说除了核心的亚洲太平洋部分，这一经济区域向太平洋东岸的美洲地区延伸。然而，在当前的讨论中，拉美国家在亚太事务的讨论中已经变得若有若无，亚太地区关心的是通向海湾地区的海上通道、印太地区，以及北面的可能介入亚太事务的俄罗斯。亚太地区的地理外延已经发生的变化，在一定程度上也显示出地区主题的变化。

其次，亚太地区自近代以来首次成为大国竞争的主要舞台。亚太地区虽然地域广袤、人口众多，但其自近代以来一直处于国际舞台的侧翼，无论是在欧洲国家争霸时期，还是在美苏争霸时期都是如此。然而，2008年金融危机之后，情况发生了明显变化。（1）亚太地区由于其良好的经济表现，正在成为世界经济发展的主要推动力量。世界其他地区希望借助和分享亚太的经济成就，亚太地区在世界经济图景中成为新的中心力量。（2）美国对外战略的区域排序发生明显变化。如果不算拉美这个"后院"，欧洲、中东、亚太是美国对外战略中对各区域的传统排序。长期以来，欧洲一直是美国对外战略的首要关注对象。这除了文化历史渊源外，全球性的主要大国云集欧洲显然也是个重要因素。但是，冷战结束以后，世界格局发生了变化。美国成为"唯一的"超级大国，欧洲和俄

---

① 张春：《管理中美权势转移：历史经验与创新思路》，《世界经济与政治》2013年第7期，第74~90页。

罗斯事务虽然仍能时不时地牵动美国的神经，但这两大力量在美国战略棋盘上的位置已经相对固定，美国可以腾出资源投向尚未充分开发的亚太地区。与此同时，美国对中东的石油依赖大为下降，美国同样有理由将有效资源从利益效益不断下降、安全风险又不断上升的中东转向亚太。(3) 中国力量的上升也促成亚太地区成为世界关注的重要因素。几百年来，欧洲之所以能够占据世界舞台的中心，一个重要原因显然是其拥有众多具有全球影响力的大国，比如：英国、法国、俄罗斯、德国等。由此推论，亚太地区引发全球关注也应该与其主要国家开始拥有全球影响力有关。当前，中国是亚洲太平洋地区首屈一指的有望成为全球性大国的国家。中国的快速发展成为世界关注向亚太转移的一个原因。当然，亚太地区有望成为具有全球性影响力的主体未必只限于中国。群体性崛起已经成为亚太地区的一个重要特点。

基于亚太地区在地理范围上的延伸以及在全球舞台上重要性的提升，亚太主要力量的关系调整和政策走向，也将日益具有全球性影响。中国的亚太外交不再是纯粹意义上的地区外交。它不得不将与主要国家在全球舞台上的互动关系作为其亚太外交的重要指针，也不得不面对亚太外交可能产生的全局性影响。因此，亚太的国际关系和中国的亚太外交已经进入了新的历史阶段。我们应该超越地区视野，从全球性力量博弈的角度重新审视中国外交在亚太地区所面对的外交环境。

二、亚太主要力量对华外交非友善化

对中国而言，亚太地区的外交环境并没有因为中国力量的上升而变得比较友善。相反，力量对比的变化导致亚太主要力量对华警惕、防范的一面大幅上升，对华政策转向消极。

（一）美国对华战略由助推转向打压

自20世纪70年代中美重新接近后，中美关系虽然偶有波折，但直到21世纪第二个十年之前，美国对华战略的基本面都是推动中国合作，力图将中国拉入其营造的国际体系中。20世纪七八十年代，中美合作的基础是共同对付苏联的扩张，其合作领域主要在政治、安全方面。苏联解体以后，中美关系虽然一度动荡，但是很快通过经济合作找到了新的"压舱石"。美国认为,经济上日益融入国际体系的中国,在其他方面也最终将不得不追随美国。美国克林顿政府将其对华政策概括为"接触"。2001年共和党小布什政府上台以后,中美关系曾面临非常危险的局面,但是打击恐怖主义和其他全球性事务再次为中美提供了非常重要的合作内容。小布什政府最终不再将中国称为"战略竞争者",而是希望中国成为所谓的"负责任的利益攸关方"。由此,到2009年奥巴马政府上台之际,美国民主、共和两党基本上保持了对与华关系的正面看法。中国对于刚刚经历了2008年金融危机的美国来说,显然是重新振兴经济的重要机会。中美合作在奥巴马政府的第一年里甚至掀起了一个不小的高潮。

然而,2010年之后,随着美国在亚太地区大力推进其再平衡战略,中美关系面临日益严峻的挑战。"再平衡战略"是美国反思对外战略的产物。在2008年大选中,小布什政府以反恐之名让大量战略资源陷在中东的做法遭到广泛批评。民主党在选战中打击共和党的同时,提出了从中东抽身,加大对亚太地区投入,尤其是加大对东南亚地区投入的想法,这成为奥巴马政府"重返亚太"、向亚太"转身"或"再平衡战略"的理论基础。2009年,当奥巴马政府将视线转向亚太时,应对经济危机、重振美国经济显然是其首要考量。但是,当美国试图从东亚快速发展的经济中攫取红利时,却突然发现东亚的经济版图已经重置。中国通过"10+1""10+3"与东盟自由贸易区以及中日韩合作等,成了东亚各国的主要贸易伙伴。美国要重新打开东亚市场,就必须拆散中国与东亚国家之间的密切联系。这样,自2010年之后,中国与东亚各国的关系突然出现逆转。先是2010年3月,通过"天安舰"事件鼓动韩国采取强硬政策,美国在中韩关系中打下了楔子。然后,2010年6月在河内举行的东盟外长扩大会议上,克林顿国务卿一改美国在南海问题上不表态的传统做法,激化东盟有关国家与中国的矛盾。接着,2010年9月,美国在中日就钓鱼岛发生争议时表态,表示美日安保同盟适用于钓鱼岛。至此,打压中国成为美国亚太战略中的重要手法。这种做法不仅使亚太地区原本平稳的国家间关系变得风波诡谲,而且使中美之间的战略猜疑急剧上升,并最终有可能致使中美之间的战略互动走向消极。

(二)日本对华战略转向积极抵制

中日邦交正常化以后,中日关系有段蜜月期。当时,苏联扩张是高悬在美日同盟和中国头上的主要威胁，美国乐见东亚两大力量之间实现和解，建立更紧密的国家间关系。对于中日两国来说，一方面，双方在经济上有明显的互补性，日本将中国视为重要的能源来源和消费市场，中国则将日本视为吸收资金、技术和管理经验的重要对象，双方经济合作不断升温；另一方面，经过长时间的培育，中日民间积累了相当广泛的支持中日友好的力量。日本对侵华战争进行"反省"，宣布与台湾"断交"，中日双方"搁置"钓鱼岛争议，努力修建"世代友好"的两国关系。然而，冷战结束后，中日合作的战略基础遭到削弱，加上美国有意识地在中日之间增加竞争性因素，中日关系在20世纪90年代因历史问题、钓鱼岛争议以及涉台事务等发生一系列摩擦，表现出所谓"政冷经热"局面。面对中日关系出现的问题，中国领导人以及两国有识之士采取积极措施，努力缓和与稳定中日关系。但是，21世纪初，随着鹰派和保守势力在日本国内得势，中日关系再次急转直下。2002年11月，小泉首相的咨询机构"对外关系工作组"发表题为《21世纪日本外交基本战略》的政策报告，将"如何对待鸦片战争以来150年间未曾出现的'强大的中国'这一新问题"视为21世纪初日本外交中最重大的课题。这一事项表明，日本已经将对华关系置于大国竞争的框架中，对华防范和牵制的一面大为上升。

2008年金融危机之后，中日之间的经济差距进一步缩小。到2010年，中国的国内生产总值超过日本，成为仅次于美国的经济大国。中日经济力量对比的这一标志性反转使日本感到其即将失去在东亚的所谓"领头雁"地位，对华战略焦虑及负面情绪迅速上升。2012年，右翼的安倍政府再次上台，并采取了一系列措施积极抵制中国在亚太影响力的上升[1]。首先，安倍政府急于使日本成为"正常国家"，以便能够在地区和全球事务中扮演大国角色。安倍再次出任日本首相后，不仅马不停蹄地访问世界各地，力图在2015年世界反法西斯战争胜利70周年之际，使日本彻底卸下历史包袱，成为联合国安理会常任理事国，而且采取强有力的措施放松日本的武器出口政策，解禁集体自卫权，推出新安保法案，为其

---

[1] 2013年10月，安倍在接受美国《华尔街日报》专访时表示，日本已作好制衡中国的准备。参见新华国际：《安倍晋三声称日本已作好制衡中国准备》（2013年10月28日），腾讯网，http://news.qq.com/a/20131028/011598_1.htm，最后浏览日期：2017年10月17日。

在亚太地区积极行动，乃至采取军事行动铺平道路。其次，安倍政府积极向美国靠拢，力图用美日合作来支撑其在东亚的"领导地位"。2012年再次上台后，安倍迫不及待地要求访问美国，以表达其将美日同盟作为外交战略基石的决心。2015年4月，安倍首相时隔两年后第二次访美。在这次访问中，美日出台新的防卫指针，实现所谓的"无缝衔接"。日本通过更深地嵌入美国的对外安全战略，营造出它是美国在亚太的"代理人"的形象。由此，日本也许重建了自己是东亚国家"领头雁"的心理暗示。最后，通过加紧配合美国在亚太的再平衡战略，日本大力加强与中国周边国家，尤其是对东南亚国家的工作。日本外交在东南亚地区有比较好的基础，因为在第二次世界大战结束后不久，美国为防止日本在经济上依赖中国，就曾积极推动日本与东南亚国家实现政治和解和经济融合。东南亚国家在战后日本的对外官方开发援助中占有相当高的比重。日本在东南亚等地的这种非军事影响力，在当前，与美国在这些地区的硬实力和军事安全影响力构成互补关系。日本已经成为在亚太地区抵制中国影响力上升的急先锋。

（三）东盟国家对华政策从大国平衡滑向选边站队

冷战结束以后，东盟的对外战略很快走上了强化东盟一体化和平衡发展与大国关系的道路。作为由东南亚中小国家组成的集合体，东盟国家认识到在大国林立的亚太地区，一方面只有不断加强和深化彼此之间的联合和一体化，才能在亚太地区争得一席之地；另一方面，对于东盟国家来说，大国之间形成相互平衡又相互牵制的局面也最为有利。在大国之间相互竞争又不至于兵戎相见的情况下，中小国家有可能成为各方争取和拉拢的对象，最有利于中小国家游走于各大国之间争取最大的利益。因此，平衡发展与各大国的关系，并由此保障东盟在亚太事务中的中心地位，可以说是冷战后东盟在亚太地区的基本战略。

2008年金融危机之后，随着中国在亚太地区影响力的不断上升，美国可能被挤出东亚地区的图景变得不再难以想象，东盟国家日益担心亚太地区的大国平衡和大国相互牵制局面最终会被打破。为此，有些东盟国家呼唤美国回到亚太制衡中国。东盟国家的这一做法，当然正中谋求战略再平衡的美国奥巴马政府的下怀，由此，东盟与美国的关系不断升温，而中国与东盟的战略互信则受到挑战。

在美国的鼓动和支持下,东盟一些国家与中国在南海的领土争议不仅密集爆发,而且难以像以前那样实现降温或妥协。这一迹象表明,东盟一些国家在南海问题上开始采取与以往不同的做法。面对日益强大的中国,它们试图抢在中国全面实现民族复兴之前,依靠美国等域外大国的支持,限制中国可能获得的利益。这些做法当然遭到了中国的强有力的反击。在利用域外大国"制衡"中国的过程中,一些东盟国家正在破坏所谓的"大国平衡"政策,其结果不仅是恶化了中国的安全环境,也将东盟自身置于选边站队、与大国为敌的危险中。

基于以上分析,我们可以看到,自2008年金融危机以来,中国的综合国力和国际影响力虽然不断提高,但是,在亚太地区的国家间关系中面临着更加复杂和不友善的局面。中国外交需要更加深入地洞察地区形势,以新的姿态、新的创意、新的理论推动亚太形势向有利的方向演进,更加有力和有效地保障中国实现国家利益。

三、亚太地区的外交重心由经济发展转向安全竞争

自美国大力推动再平衡战略以来,亚太地区的外交主题发生了微妙的变化。各国由原来的聚焦于经济发展转向关注安全问题,由原来的强调相互合作转向防范竞争。亚太外交议题的这一转向将中国置于新的周边环境中,要求中国亚太外交对地区形势做出新的判断。

(一)重新确认亚太外交主题

中国亚太外交不得不重新确认和平发展合作是否仍是亚太外交的主题,这对设定我国亚太外交的基调至关重要。2010年以来,我国与部分东亚国家之间的矛盾和摩擦有所上升,有时还比较激烈。对此,国内外都有不少讨论,一种普遍存在的担忧是,亚太地区的安全态势是否已由合作模式转入对抗模式,大国冲突是否正变得不可避免?确实,2010年以来,亚太地区的外交环境出现了比较明显的变化,地缘政治和大国博弈取代了多年来一直占据主导地位的经济议题,成为这一地区的主要关注。然而,安全议题所受关注的上升并不意味着亚太国家之间的利益就是决然对立或者不能用和平手段加以解决的。亚太安全冲突的背后仍然存在着

维护和平合作的可能性。一方面,亚太地区的安全挑战不完全都是领土争端或由权势转移造成的大国博弈,非传统安全和新型安全挑战在亚太安全议程中仍然占据非常重要的位置。以2011年日本的核泄漏事故为例,其对地区安全造成的危险显然并不比传统的地缘政治冲突要低。处理此类安全问题并不需要大国冲突或地缘竞争,在提到亚太地区的安全问题上不能以偏概全地只看到传统安全问题。另一方面,亚太地区的大国关系也并非仅有竞争和摩擦的一面。以中美关系为例,两国之间的竞争和摩擦虽然在不断上升,但无可否认的是,两国在许多安全问题上也保留着合作的空间。其中,气候变化、打击恐怖主义以及应对埃博拉等传染性疾病等就曾是奥巴马政府时期中美合作中的亮点。然而,中美之间的安全合作绝不仅限于非传统安全问题。在伊核问题、朝核问题等与地缘政治有关的热点问题上,中美保持着重要的合作。更重要的是,在海洋权益争端以及南中国海问题上,中美也保留了一定程度的克制和互动。亚太地区的和平发展仍然符合各方的根本利益。亚太地区当前的摩擦冲突,从一定程度上说,是各方利益调节过程中的理性冲撞。因此,防止这种冲撞失去控制是当前亚太地区的主要关注。

(二)揭示美国亚太政策的弊端

中国需要向地区和世界说明,美国在亚太地区力图维持的那套管理体系不仅过时,而且有害。第二次世界大战结束以后,亚太地区成为美苏争夺世界霸权的一个侧翼。美国在亚太地区同样建立起了一套垂直的管理体系。这套体系虽然与其在欧洲的多边同盟体系有所不同,但是同样将美国置于权力的顶端,服务于美国的利益。亚洲国家的利益和诉求在很大程度上被压制和冻结在非常有限的范围内,以至于在第二次世界大战结束后的几十年间,许多亚洲国家都没能解决那场战争遗留下来的问题,并使那些问题成为当前摩擦和冲突的一个源头。也正是出于对这种霸权结构的反抗,20世纪90年代以后,东亚地区开始积极探索区域合作的道路。从"东盟+1""东盟+3"到朝核问题六方会谈以及2008年的中日韩领导人会议,亚太地区的国家间关系正在向网络化、扁平化的方向发展,这与美国构造起来的垂直式领导方式形成了鲜明的对比。

对此,作为地区安全架构中的原"领导"国家,美国产生了比较明显的失落和焦虑情绪。从地区架构的角度来看，奥巴马政府的再平衡战略对亚太地区发展中的区域合作形成了一次阻击。首先，美国的再平衡战略阻滞了东亚合作的势头。受到长期以来政治实践的影响，东亚国家在美国强调其亚太"领导权"之后，不由自主地放慢了自主合作的步伐。因为亚洲国家认为，美国根本不会考虑其他力量提出的行动方案，与其白费力气，还不如等待美国拿出方案。这样，东亚地区原先相当活跃的区域合作突然停顿下来，并随后陷入徘徊不前的状态。其次，美国的再平衡战略毒化了东亚国家之间的关系。再平衡战略将稳固和加强美国领导的军事同盟放在核心地位。美国在亚太的同盟体系虽然与北约有所不同，但它同样具有很强的排他性、对抗性和意识形态性质。美国通过强化同盟意识，再次将东亚国家分裂为美国的盟友、朋友和对手，在亚洲国家间制造了新的裂痕，给东亚国家之间的安全合作设置了障碍。最后，美国的再平衡战略引发了东亚国家的战略调整。作为超级大国，美国在全球和地区权力结构中都占有很大份额，其在亚太地区的战略调整势必引发连锁反应。在美国再平衡战略的刺激下，东亚一些国家调整利益算计，企图利用中美之间的竞争态势谋取更大利益，从而将地区形势推上了更加动荡的方向。

由此可见，2010年以来，美国推出的再平衡战略打断了东亚地区在冷战结束后走出冷战格局的步伐。它的最终目的是将东亚地区重新置于美国主导的垂直管理体系之下。东亚国家应该清醒地认识到这种垂直的霸权管理体系与东亚国家保护其利益之间存在矛盾。东亚国家应该沿着区域合作的道路，寻求更加平等和均衡的地区秩序。

（三）强调中国亚太政策的建设性

自冷战结束以来，中国一直是地区合作的参与者和推动者。中国应该再次向亚太地区说明，它在这一地区的意图不是建立新的霸权，而是与地区国家一道，为建立更符合时代特征和亚洲国家需要的地区秩序作出贡献。冷战结束以来，中国逐渐以积极姿态主动融入亚太地区的区域合作体系。中国恢复或改善了与几乎所有亚太国家，特别是东南亚国家之间的关系。中国参与到东盟仿照欧洲安全与合作组织而建立的东盟地区论坛，并成为东盟最早的对话伙伴之一。在20世纪90年代末的东亚金融危机中，中国坚持人民币不贬值，并通过双边货币互换的形式向部分东南亚国家提供了力所能及的帮助，为这些国家重新恢复经济活力作出了重要贡献，彰显了中国是维护东亚地区稳定的建设性力量。2001年，中国率先提出与东盟建立自由贸易区，并通过早期收获项目等形式，寻求与东盟国家促进在互补基础上进一步发展互利共赢的贸易关系。中国和东盟国家经过多轮谈判，签署了《货物贸易协议》《争端解决机制协议》《服务贸易协议》和《投资协议》，为解决一系列可能出现的问题提供了制度保障。2010年1月1日，中国-东盟自由贸易区正式成立，成为世界上人口最多的自由贸易区。

当前，中国与一些东亚国家在领土和海洋权益等问题上遇到了困难。这些困难中的很大一部分是历史遗留下来的。它们在较长一段时间里没有得到适当处理，不断叠加和堆积造成了当前比较复杂的局面。这些困难和摩擦固然存在，但是中国并没有因此放弃其在冷战后一直坚持的睦邻友好和地区合作政策。中国在积极应对摩擦，维护自身安全利益的同时，要以大国的视野和智慧，引导亚太国家走上和解包容和共同发展的道路。

第二节 中国亚太外交的目标与任务

21世纪的第二个十年以来，中国的亚太外交站在了新的历史起点上。面对亚太地区正在出现的新形势、新变化，中国更加深切地认识了其在国际和地区事务中的身份和利益诉求，并在此基础上形成了对亚太外交的新看法和新目标。本节从分析中国亚太外交的新定位入手，具体阐释面向2030年的中国亚太外交应该具有怎样的战略目标和任务导向。

一、中国亚太外交的新定位

2001年，中国加入世界贸易组织，标志着中国基本完成了全面参与国际机制的进程[①]。随着中国更加活跃地参与国际事务，国际社会也对中国提出了更多期待和更高要求，这促使中国进一步思考其在国际和地区合作

---

① 门洪华将中国参与国际体系的进程分为两个阶段。参见门洪华：《中国：与国际体系互动中的战略调整》，《开放导报》2007年第5期。

中的地位和作用,并由此掀开了中国再次界定其国际身份的序幕。 首先,中国意识到自身虽然是发展中国家,但其是发展中国家中唯一一个联合国安理会常任理事国,国内生产总值在21世纪第一个十年的中期就超过了英法等传统大国,到2010年更是成为仅次于美国的第二经济大国。其次,1997年的东亚金融危机、20世纪90年代和21世纪初的两次朝核危机以及21纪以来的非传统安全合作等都使中国意识到,中国的国力虽然离富强还有很长一段距离,但周边国家和国际社会确实希望中国发挥更大的作用,而中国经过努力也可以为本地区和世界的和平发展作出更大贡献。 再次,中国意识到自身虽然在全面参与国际机制,但在客观上,中国的历史传统、经济水平、政治制度和文化偏好都与西方国家不同。 而且,当前的国际体系也处于转型中,中国在参与国际体系的过程中应该发挥更加建设性的作用。 最后,中国意识到,经过三十多年的改革开放,中国国内的发展目前正处于一个节点上,中国可能面临国内和国际社会同时转型的双重困局。

这样,自20世纪末、21世纪初以来,中国国内对于中国在新时期的国际身份一直有很多讨论。 2008年的全球金融危机进一步激发了这种讨论。 中国在与其他国家的互动中,在与国际社会共同应对一系列地区和国际重大问题的过程中,日益认识到国家利益和外交工作的动态性,对其当前的国际身份和在亚太地区的角色形成了以下看法。

(一)中国是具有综合实力和全球影响力的大国,而亚太地区是中国发挥影响力的试验场

中国界定国家身份的标准已经超越了单纯的经济指标。 一方面,尽管中国经济在总量上已经大大超越了一般的发展中国家,但是从历史经验、文化记忆和社会管理等许多角度来看,中国仍将长期是发展中世界的一员。 脱离了这种身份,中国外交在国际舞台将失去自己的特色。 另一方面,经济指标不是衡量中国国际地位的唯一标准。 中国在经济上的迅速发展毋庸置疑:中国不仅有可能成为世界上经济总量最大的国家,而且经济质量也会大幅提升,产业结构将更加健全、完善。 更为重要的是,随着中国经济实力的恢复和发展,中国的军事力量、政治影响力和文化感召力也大幅提升,中国已经成为能在各个领域对国际和全球事务产生重要

影响的综合性大国。中国综合实力在全球层面的反映当然首先应该体现在与中国关系更为密切的亚太地区。例如，中国通过提倡亚太自贸区建设和地区全面经济伙伴关系谈判等，正推动亚太地区朝着更具建设性的方向实现利益融合和构建合作性制度安排。无论是在地区经济上还是在地区安全上，中国都是参与领域最广、程度最深、活动最多的国家之一。中国在经济与安全领域的影响力也更加平衡。中国在与地区其他一些国家一道塑造亚太地区秩序方面，也正在产生更多的积极成果。

（二）中国正在走向世界舞台的中央，而亚太地区是中国发挥全球性作用的基础

中国的发展离不开世界，世界的发展缺少中国的参与也是不健全或不完善的。中国自身发展和国际体系转型将中国逐渐推向了世界舞台的中央位置。这种景象与伊曼纽尔·沃勒斯坦（Immanuel Wallerstein）关于世界体系论的阐述有些不同：中国在国际生产和劳动分工体系中的边缘-半边缘-中心地带都有自己的位置，这既反映了中国自身发展的复杂性，也预示着中国发展道路的独特性。中国深度参与世界经济与政治活动，并在这两个体系内以及两者的衔接中都居于相当关键的位置。中国在世界经济、政治体系中的这种重要性，也必然要在其安身立命的亚太地区得到体现。从经济上看，亚太地区的制度建设正在进入新的阶段。无论是亚太自贸区（FTAAP）、地区全面经济伙伴关系（RCEP）还是美国奥巴马政府曾积极推动的跨太平洋伙伴关系（TPP），都着眼于引领和规范亚太地区未来的经济合作。中国积极参与亚太地区未来经济制度的规划和建设，这必将对亚太地区未来的经济架构产生重要影响。从政治安全角度来看，中国不仅搭建了众多处理具体问题的功能性平台，如，朝核问题六方会谈以及湄公河联合巡逻机制等，而且提出了亚洲安全观，积极参加"东盟＋"进程、亚信合作机制以及东亚峰会等各种多边机制，正在为亚太地区形成更加符合时代特征和地区需求的多边安全机制作出不懈努力。

（三）中国积极参与全球治理，而亚太地区是中国实践区域治理理念的主场

在参与全球治理过程中，特别是在气候变化问题上，作为负责任的利益攸关方和1992年《联合国气候变化框架公约》的签署国，中国在推进

1997 年的《京都议定书》、2007 年的《巴厘路线图》、2009 年的《哥本哈根议定书》和 2015 年的《巴黎协定》的过程中都作出了关键承诺,并以实际行动推动全球治理体系更加合理和规范。中国坚持发展中国家的身份,强调"所有国家根据其共同但有区别的责任和各自的能力及其社会和经济条件,尽可能开展最广泛的合作,并参与有效和适当的国际应对行动"[1],同时彰显了一个全球性大国的治理责任,超越了作为一个发展中国家的义务,在量化减排的力度和幅度上都做出了表率,为全球治理提供着更多的公共产品。在亚太地区,中国更加注重区域治理中较为优先的议程议题和有效实践。例如,20 世纪 90 年代,中国在与俄罗斯和中亚国家的合作中就将打击三股势力作为主要目标,为上合组织的成立与有效运行提供了可能。21 世纪以来,中国积极支持地区合作应对非传统安全威胁,如在人道主义援助与救灾方面,在 2004 印度洋海啸、2008 年缅甸纳尔吉斯飓风、2011 年日本海啸和 2013 年菲律宾"海燕"台风等灾害性事件后,都发挥了力所能及的作用。此外,中国还在与其他国家合作打击跨国犯罪、海上安全、军事医学和人道主义排雷等方面建立了广泛的合作机制,举行了一系列联合演练和演习等。

(四)中国是陆海战略利益、思维和政策兼备的国家,而亚太地区是中国走向海洋战略的最前沿

历史上,中国被认为或自认为是一个大陆国家,海洋意识薄弱,开放性不强。然而,随着内外安全环境的演变,自身实力不断发展以及与外部世界的联系越来越紧密,中国的战略视野早已不再局限于本土和领海。中国具有辽阔的海疆和很长的海岸线,在国家利益不断拓展的过程中,海洋利益和维护海洋秩序的能力也在不断增强,中国必须在地区和国际海洋事务中发挥更大作用。无论在亚太地区还是在所谓的"印太"地区,中国与其他国家加强在打击海盗、维护国际航行安全和海洋治理等方面的合作,如在亚丁湾联合护航、建设亚洲地区反海盗及武装劫船合作协定信息共享中心(The Regional Cooperation Agreement on Combating Piracy and

---

[1] United Nations, *United Nations Framework Convention on Climate Change* (FCCC/INFORMAL/84), 1992, http://unfccc.int/resource/docs/convkp/conveng.pdf, retrieved September 18, 2017.

Armed Robbery against Ships in Asia Information Sharing Centre，ReCAAP ISC)，以及进行联合应对非传统安全问题的军事演习等，对切实维持海洋安全作出了突出贡献。亚太地区正在成为中国实践其海洋方略的最前沿。

总的来说，中国正在从一个积极的地区大国向一个负责任的全球性大国转变，从一个责任和能力有限的发展中国家向一个"奋发有为"的发展中大国转变。随着中国更加清晰地界定其在世界和亚太地区的新身份和新利益，中国的亚太外交也将再次更新其战略目标，由传统的构建国家间睦邻友好关系，上升为构建更加公正合理及可持续的地区秩序。

二、中国亚太外交的战略目标

2013 年 10 月 24 日，习近平总书记在周边外交工作会议上指出，"我国周边外交的战略目标，就是服从和服务于实现'两个一百年'奋斗目标、实现中华民族伟大复兴，全面发展同周边国家的关系，巩固睦邻友好，深化互利合作，维护和用好我国发展的重要战略机遇期，维护国家主权、安全、发展利益，努力使周边同我国政治关系更加友好、经济纽带更加牢固、安全合作更加深化、人文联系更加紧密"①。作为周边外交的一部分，中国亚太外交应该同样遵循这一目标。中国与亚太各国无论在政治、经济上，还是在安全合作和人文联系上都有非常密切的交往。在现有的睦邻友好政策的基础上，中国进一步提升亚太外交，就意味着要进一步扩展亚太外交的容量和纵深。为此，在下一阶段，中国亚太外交应该把地区制度建设作为主要的努力方向。

（一）亚太外交应审时度势

亚太地区的和平与发展对所有国家都至关重要，无论是美国还是中国都将之视为战略重点，并投入了大量的战略资源。亚太地区力量对比和互动模式正发生着巨大变化，既可能为中国的亚太外交提供前所未有的机遇，也可能构成难以克服的严峻挑战。如果中国在综合实力上赶上甚至超越美国，并且中国的和平外交可以得到其他国家的认可，中国在塑造公

---

① 《为我国发展争取良好周边环境　推动我国发展更多惠及周边国家》，《人民日报》，2013 年 10 月 26 日，第 1 版。

正合理的地区秩序等重要议题上就可以发挥更大作用。在此过程中,中国需要发挥战略主动性,促进双边关系和地区形势健康发展①。如果中国在综合实力上赶不上美国,甚至受到以日本为首的其他国家的严重牵制,难以从与周边国家的领土主权纠纷中摆脱出来,并难以利用地区自由贸易倡议促进国家经济的持续发展,中国仍必须保持外交克制,努力与其他国家一起维持着地区秩序的稳定性。前一种情况是中国所希望实现的,符合自己的利益需求,也有利于中国在国际社会中发挥更大作用奠定基础;而后一种情况则意味着中国外交仍承受巨大压力和阻力,即使作出更大的努力,也很难实现自己所希望的结果,甚至难以维持有利的周边安全环境。因此,对于中国来说,既需要有前一种情况的预期,也要对可能出现的后一种情况做好准备,对自主塑造良好外部安全环境具有更清醒的认识。

(二)通过制度建设,深化亚洲国家之间互联互通的利益网络,促进地区各国协同合作与发展

无论是2010年的《东盟互联互通总体规划》、2013年的《亚太经合组织互联互通框架》,还是2016年的《东盟互联互通总体规划2025》等各种关于促进地区互联互通的倡议,都对深化地区在互联互通方面的合作提出了较为具体的目标和行动方案。亚太地区的价值链、基础设施、金融联系,以及社会文化交往等都有赖于、也有助于中国发挥自己在经济领域的独特优势,加强与其他国家的利益联系、整合和融合。就中国与东盟加强基础设施互联互通的情况来看,大致可以分为陆上、空中和海上三个方向,目前已经取得了显著的进展,但仍存在着较为广阔的继续合作的空间。在中国倡议成立的亚洲基础设施投资银行、金砖新发展银行、自主建立的丝路基金以及中国参与的地区多边机制的促进下,中国在推进地区互联互通的工作中克服了一系列困难,结束了中国-东盟自贸区升级版谈判,与印度尼西亚合作建设雅加达-万隆高铁等标志性项目,并与东盟陆上成员国在建设泛亚铁路等方面不断取得新突破,为其他互联互通项目的合作提供范例和经验。在这方面,中国需要得到东盟国家和亚太其他国

---

① 吴心伯:《把握中美关系主动权》,《东方早报》,2013年6月6日,第A22版。

家的理解与支持,共同努力才能促进共同发展。 需要指出的是,在亚太地区贸易投资自由化和便利化的进程中,各经济体都不能,也不应抱着置身事外的态度,而是需要以积极的姿态参与到地区整合的进程中,才可能从中得到相应的实际利益。

(三) 通过制度建设,推动地区热点问题和有争议问题的和平解决

中国崛起的舒适度与成功值取决于中国在亚太地区是否具有足够的战略施展空间,以及中国的亚太战略是否得到其他国家的理解、认可和相向而行。 这并不意味着中国试图成为亚太地区的霸权或领导国,相反,却反映了中国对亚太地区的依赖度和期待值。 从经济方面来看,即便是美国主导的跨太平洋伙伴关系能够得以实行,它也只能在一定程度上压缩中国的地区参与度和影响力。 中国作为亚太经合组织的一员,是这一地区大多数国家的最大贸易伙伴,中国完全可以从跨太平洋伙伴关系的成功中得到好处。 就政治安全领域而言,关键的问题是中国与美国领导的同盟体系如何处理彼此关系。 如果中国与美国及其领导的同盟体系能够就彼此共同关注的安全问题相向而行,表达出妥善处理这些问题的共同意愿和政策协调,那么,亚太地区存在的一些热点问题将获得比较有利的应对环境。 中国与美国领导的同盟体系之间,如果能够改善关系,那显然也会改善中国与部分东盟国家之间处理南海问题的外部环境。 因此,如何通过制度建设,为地区热点问题和争议问题的软着陆创造更好的政策环境,也是中国亚太外交需要认真规划的问题。

(四) 在制度建设中,不断提升中国的话语权和影响力

亚太地区多边协商机制总体来说有两大特点: 一是冷战结束后或即将结束时建立起来的,冷战思维和竞争意识在某种程度上依然存在,这在亚太经合组织中表现得较为突出;二是"东盟方式"在其中发挥着至关重要的作用,往往决定着这些机制的效率与成败,这在以东盟为核心的地区机制中表现得尤其明显。 美国和东盟都希望在亚太地区多边机制中发挥主导作用。 然而,1990 年 2 月,东盟国家通过了"古晋共识",其中强调,亚太经合组织不能冲淡东盟的地位和作用[①]。 此外,亚太经合组织在

---

① 陆建人:《亚太经合组织与中国》,经济管理出版社 1997 年版,第 111 页。

决策程序上实行共识原则,这在一定程度上也约束了美国在亚太经合组织中的领导者地位,削弱了美国推动亚太经合组织进程服务于其亚太战略目标的抱负和动力。另外,东盟认识到,其成员国之间的力量不平衡,发展程度存在很大差,对于参与地区多边机制相当谨慎,唯恐被大国主导的机制边缘化。中国应充分认识到东盟和美国在地区多边合作中的这些心态,既坚持与美国、东盟积极协商共同推动地区合作,又寻求补充两者在地区多边机制中的不足,在某些环境下甚至还可以努力成为美国与东盟之间进行利益妥协的桥梁。总之,中国可以在地区机制建设的过程中,不断增加和提升自己影响地区机制走向的话语权。

对于中国而言,如何建立一个包容性的地区秩序正变得日益重要和必要,这不仅是中国亚太外交需要解决的战略问题,也是其他国家相当关注的重要议题。从这方面来看,中国在亚太地区的外交目标具有以下几个特征。

首先,蕴含着强烈的地区共同体意识。这主要体现在中国在政治安全上的责任共同体、经济上的利益共同体,以及社会文化上的命运共同体三个方面,反映出中国与其他国家促进政治互信、经济融合、文化包容的良好愿望。三者相互统一,共同促进,形成中国亚太地区外交的战略思维导向。其次,体现中国与地区其他国家的共同愿望。中国加大在亚太地区的外交投入,不仅仅是本国利益对外拓展的反映,也回应了地区其他国家对中国发挥建设性作用的实际需求,是中国本国利益与地区利益相结合的产物。再次,将产生全球与地区双重效应。亚太外交并不是中国外交的全部,而是与中国的全球外交总体布局结合在一起的。保持全球视野也是中国亚太外交取得实效的重要条件。中国的亚太外交必将在地区和全球层面同时产生效应。最后,以开放思维建设包容性秩序。中国需要更主动地参与地区秩序的<u>重塑</u>,为本地区提供更多的公共产品,让地区国家分享更多的共同利益,特别是与东盟国家合作共同促进地区机制的进步与完善,引导亚太地区消除冷战思维和对抗的阴霾。

三、中国亚太外交的新任务

在对自己国际身份重新定位和亚太外交目标重新认识的基础上,中国在亚太外交的具体任务也会有所变化,主要体现在以下几方面。

(一)确立周边外交为优先选择,以周边外交带动亚太外交全局

无论从地理方位、自然环境还是相互关系看,周边地区对中国的和平发展都具有极为重要的战略意义。发展同周边国家睦邻友好关系是我国周边外交的一贯方针①,而东盟则是中国周边外交的优先方向②。因此,发展与东盟国家的睦邻友好关系应是中国外交的优先选择,它可以和中国周边其他方向的外交规划整合起来形成相互映衬的局面。一方面,中国可以利用亚洲基础设施投资银行、中国-东盟海上合作基金等倡议、中国-东盟自贸区及其升级版和地区全面经济伙伴关系等,将"一带一路"倡议规划与东盟的互联互通总体规划,以及东盟部分成员国的互联互通计划对接起来,促进互联互通建设的网络化,使之成为中国周边外交的强有力的政策抓手。中国甚至可以欢迎美国的"新丝绸之路"倡议以及韩国的"丝绸之路快线"计划等建设性地参与中国与周边国家的合作,促进中国与周边国家的互联互通地区化建设取得实效。另一方面,中国也可以将周边外交其他方向的成功经验运用到亚太地区,尤其是上海合作组织在安全领域的经验以及亚信会议在泛区域机制建设方面的经验,可以为亚太地区合作中的缺失部分提供有益的借鉴。这样,中国周边外交与亚太外交构成了一个相互促进、彼此衔接的整体,有利于中国以更大的视野和更广泛的政策工具来推动亚太外交。

(二)以先进理念维护国际正义,积极寻求合作以超越冷战秩序

中国外交要始终站在时代发展潮流的正确一方,以先进的外交理念占据国际道义高地,保持中国外交的影响力与活力。中国外交追求和平发展合作,应当以更加切实有效的方法推进"互信、互利、平等、协作"的"新安全观",以破除以冲突对抗、军事联盟为主要特征的"旧安全观",引导各国走向"包容、透明、接触"的"合作安全",在综合安全的更大

---

① 习近平:《让命运共同体意识在周边国家落地生根》(2013 年 10 月 25 日),中华人民共和国中央人民政府网站,http://www.gov.cn/ldhd/2013-10/25/content_2515764.htm,最后浏览日期:2017 年 9 月 18 日。

② 《中国-东盟发表建立战略伙伴关系 10 周年联合声明》(2013 年 10 月 10 日),新华网,http://news.xinhuanet.com/2013-10/10/c_125503891.htm,最后浏览日期:2017 年 9 月 18 日。

范围内实现"共同安全"和"可持续安全"。在经济全球化和社会信息化不断发展的今天，中国应该清晰地向本地区的国家说明，非传统安全威胁应该成为各相关方更为关注的问题。无论是自然灾害、环境保护、海洋管理，还是跨国犯罪抑或恐怖主义，都不是任何一个国家能够单独应对和解决的，各国必须与相关各方形成负责任的利益共同体。各种安全问题都应该，也需要以共同协商相互合作的方式来加以应对。即便是传统安全问题，如果超越冷战思维，也可以尝试借鉴应对非传统安全问题的方式，以新的方法和思路加以应对。冷战结束以来，有些国家仍囿于传统意识，盲目坚持以邻为壑的冷战思维，试图维持具有封闭性和排斥性的"联盟安全"，这种做法不仅不再符合地区安全新形势对各国提出的新要求，而且极有可能毒化地区安全氛围，恶化地区安全环境。因此，在当下新、旧安全观正激烈交锋的重要时刻，中国外交应更加积极主动地提供理论指导和行动方案，以帮助亚太地区彻底走出冷战秩序和传统安全思维的陈窠。

（三）以经济外交实现良性竞争，实现开放与包容的制度性崛起

中国的经济外交不仅旨在为本国的经济建设提供更多的资金、技术、资源能源和市场，还在于寻求与其他国家在经济领域协商合作，形成以市场规则为基础的良性竞争，避免政治因素影响地区经济一体化进程，促进共同发展和增长，努力形成互利共赢的经济合作格局。中国经济与周边国家的产业结构具有一定程度的同质性，因此，中国在处理好国内经济创新与转型发展的同时，还要尽可能地避免与周边国家发生恶性经济竞争，寻求与国际普遍接受的市场规则接轨，释放中国在参与国际竞争中的发展潜能，为提高中国在亚太地区经济合作机制中的话语权和影响力奠定基础。中国的经济体量大，产业结构布局完整，应该可以找到与其他国家进行互补性经济合作的途径，增强其他国家发展与中国开展经济合作的吸引力。

（四）提高外交的危机管控效能，以建设性态度处理摩擦和争端

中国可以利用更为积极的外交手段，将维护国家主权的外交政策和行动与其他方面的手段结合起来，让管控与有关国家领土主权争端的措施更加有效。中国需要整合有关领土主权争议问题的历史链和法理链基础，

将外交战、法律战和舆论战等密切配合起来,发挥相互照应的效用。 同时,在南海问题上,中国要保持和加紧双边关于领土主权争端的外交谈判和关于海上秩序稳定的多边外交磋商,并使之不断取得新进展,显示出协作效果。 鉴于领土争议问题的敏感性与冲突性,中国宜做好应对在维权过程中可能出现的任何问题的预案,努力保持克制和相对低调,避免人为造成局势紧张。 中国可以增加与包括具有领土主权争议的国家之间的军事交流、联合军演和执法合作,增进相互间的了解和信任,提高军队和执法力量与机制的国际化水平,增强应对复杂局势的管控能力,以及与其他国家在应对共同安全问题时的协同能力。 这样,中国既能坚定地维护国家核心利益,又能防止重大军事对抗,能够在处置领土主权争议和地区热点问题中处于游刃有余。

(五)建立坚定有力的外交支撑,打造和深化与重点国家的关系

在中国周边的不同方向上,比如:东北亚、东南亚、大洋洲和北美洲等,中国可以着力打造和深化与一些重点国家的关系。 比如说,在亚太地区,澳大利亚、韩国、加拿大等都自认为"中等力量"国家,中国可以从与中等力量国家的关系的角度,强化与这些国家的关系。 又比如,印度尼西亚、印度、墨西哥等与中国都是 G20 国家,又都是发展中国家,中国也许可以从加强全球经济治理等角度,深化与这些国家的关系。 总之,在全面布局亚太外交、建构和加强亚太多边外交机制的同时,中国也应该不断寻找有效工具,打造和深化与一些重点国家的关系。 当然,中国在打造与重点国家的关系的同时,也必须照顾本地区其他国家的感受,要在与本地区各国的关系中形成良性互动。 此外,中国还不得不尤其重视与两个大国——美国和俄罗斯之间的关系,使他们在亚太地区互动中发挥建设性作用。

(六)以公共外交夯实民意基础,广交朋友推进本地区的社会建构

中国周边公共外交需要建设体现整合主体与客体、内容与手段的网络格局。 公共外交不仅需要通过政府与政府的有力推动,夯实国家间关系的牢固基础,而且需要推进政府外交在周边国家社会中的作用,重视周边地区的非政府组织,改善周边国家民众对中国的印象,同时,更需要加强中国社会组织的国际交流功能,推进中国社会力量对周边国家的影响,提

升全面塑造有利周边环境的能力。另外，中国公共外交还需要加强中国社会与周边国家社会的互联互通，通过舆论、新媒体、网络等综合手段的双向作用，形成和谐地区的社会网络基础。当然，公共外交不可能彻底解决所谓"中国威胁论"问题，但在一定程度上可以缓和相互因误解而产生的信任赤字。通过公共外交，中国可以在亚太地区继续深化知华和友华的社会基础，深化周边国家对中国的认知和交往，改变双方联系密切却认知差距不断拉大的错位问题。

由此可见，中国的亚太外交具有综合性，体现了中国在亚太地区存在着多样多重的利益诉求。中国在综合力量上升的同时，必须以进步的理念、积极的作用促进亚太的发展、稳定与合作，推动新的地区秩序的形成①。此外，中国亚太外交的任务应包括加强自身的外交能力建设，在外交决策和执行等各方面从以往单一服从于国内发展向综合服务改变，由以内主外路径向内外统筹发展。在这一过程中，中国的亚太外交会在不断发展中日益成熟和完善，为实现"两个一百年"的奋斗目标、实现中华民族伟大复兴作出更大贡献。

第三节　中国亚太外交的理念与原则

冷战结束以来，世界事务与国际关系中的指导性理念都发生了一些变化。首先，因为美苏对抗的终结使世界事务的重心由对抗转向合作，两极格局瓦解释放出来的摩擦和冲突虽然时有发生，有时还十分激烈，但是寻求发展和走出冷战格局是人心所向，人们希望出现与冷战时期不同的新指导理念。其次，由于冷战结束、两极格局瓦解，国际环境变得比较宽松，全球性事务和非国家元素获得了较好的发展土壤，国际关系的行为主体变得更加多元，国家虽然仍是主要行为体，但非国家行为体的作用和影响力日益增大，成为新观念、新思想的积极推动者。最后，随着经济全球化、社会信息化和文化多样化的发展，众多的全球性问题表现出不同以往的复杂性和跨国性特征，不是简单地使用武力或压制手段就可以解决

---

① 吴心伯：《中国亚太战略急需新思维》，《东方早报》，2012年11月21日，第A16版。

的,世界事务的管理模式由统治向治理转化,这也要求国际关系中有新的理念与之相适应。因此,冷战结束以来,不同于冷战时期的理念和行为方式已经越来越深入地渗透到国家间关系和世界事务中,成为各国外交必须考虑的新因素。

作为全球体系的组成部分,亚太地区当然也受到国际关系范式转换的影响。这一方面体现为亚太地区正在走出冷战时期由美苏对抗所界定的国际关系;另一方面也体现为亚太国家对于形成什么样的地区秩序有了更大的影响力。第二次世界大战结束以后,亚太地区的国际关系总体上来说体现的是超级大国的理念,尤其是美国的理念:一是在安全上强调同盟体系;二是在经济上强调市场的作用;三是在政治文化上强调西方的民主制度。但是,在两极格局逐渐走向瓦解、超级大国影响力有所下降的背景下,亚洲国家关于历史经验、经济诉求和文化偏好的理念主张逐渐出现在亚太事务中。其中尤以李光耀等人曾大力提倡的"亚洲价值观"[①]和东盟运行中采用的绝对平等原则以及协商一致原则[②]等表现得最为明显。

2008年金融危机以后,世界多极化进一步发展,国际经济、政治和安全体系都面临着进一步更新的需求,气候变化、网络空间以及非国家行为体的管理等许多问题呼唤着新的制度规范和行动原则。如此种种都对中国亚太外交提出了新的要求:中国不仅要在实务领域加强与地区国家的沟通与合作,更要在规范制定和制度建设等方面为亚太地区提供更加符合21世纪精神需求的思想理念和行为准则。

[①] 关于"亚洲价值观",可参见 Fareed Zakaria, "Culture is Destiny: A Conversation with Lee Kuan Yew", *Foreign Affairs*, 1994, Vol.73, No.2, pp.109-126; Lee Kuan Yew, "Asian Values did not Cause the Meltdown", *New Perspectives Quarterly*, 1998, Vol.15, No.12, pp.32-34。对此,中国学术界有不同的认识,可参见董淮平:《东亚社会的现实选择:析李光耀的"亚洲价值观"》,《社会科学》1998年第6期;盛邦和:《"亚洲价值观"与儒家文化的现代评析》,《中州学刊》2013年第1期。

[②] 关于"东盟方式"的论述,可参见陈寒溪:《"东盟方式"与东盟地区一体化》,《当代亚太》2002年第12期;张振江:《"东盟方式":现实与神话》,《东南亚研究》2005年第3期;唐志明:《冲突管理的东盟方式》,《东南亚研究》2007年第2期;谢碧霞、张祖兴:《从〈东盟宪章〉看"东盟方式"的变革与延续》,《外交评论(外交学院学报)》2008年第4期;郑先武:《区域间主义与"东盟模式"》,《现代国际关系》2008年第5期;彭文平:《从〈东盟宪章〉看"东盟方式"的维护与转型》,《东南亚纵横》2009年第12期。

第三章　中国的亚太外交方略

一、中国亚太外交的理念基础

作为亚太地区的文明古国，中国对于这一地区具有传统影响。但是，这种传统影响并不意味着在当代亚太外交中，中国就具有先发优势。相反，在改革开放之前一段较长的时间里，中国并未在亚太舞台上占据中心地位。这是因为，第一，随着西方列强用枪炮打开中国的大门，中国与东亚周边国家所谓的"朝贡体系"彻底瓦解，中国对周边国家的影响力大幅下降；第二，在较长的一个历史阶段，中国和大部分东亚国家都经历了一个殖民地或半殖民地的过程，现代国家的建设和发展仍处于起步阶段，国内议程占据了主要关注；第三，第二次世界大战结束之后，国际体系为美苏争霸的两极格局所控制，亚太地区成为这一格局的组成部分，而在改革开放前的一段时间里，中国与亚太地区的关系比较疏离，有限的交往也主要体现在双边层面上[1]。

改革开放之后，中国降低了意识形态对国家间关系的影响，与东亚国家的关系得以全面恢复和正常化。1978 年，邓小平访问泰国、马来西亚和新加坡。这不仅是中国领导人首次访问这三个国家，而且，在这一访问中，中国明确表示，支持东盟国家维护独立与主权，支持东盟坚持建立东南亚和平、自由与中立区的主张，赞成东盟加强自身团结的立场，这是中国第一次明确表示支持东盟[2]，对中国与东南亚国家关系的调整产生了非常重要的影响。此后，在 20 世纪八九十年代，中国与印度尼西亚恢复了外交关系，与越南、蒙古等国实现了国家间关系正常化，与新加坡、文莱、韩国、哈萨克斯坦、吉尔吉斯斯坦、塔吉克斯坦等国建立了外交关系，开始全方位地加强与周边国家的交流与互动。

中国外交在恢复和重新发展与东亚国家的关系的过程中，表现出以下特点。

---

[1] Rosemary Foot, "Pacific Asia: The Development of Regional Dialogue", in Louse Fawcett and Andrew Hurrel, eds., *Regionalism in World Politics: Regional Organization and International Order*, London: Oxford University Press, 1995, p.239.

[2] 马孆：《邓小平的睦邻友好政策和中国与东盟关系的发展》，《社会科学》1997 年第 12 期。

第一，以和平发展合作营造地区共识。20世纪七八十年代，中国与许多东亚国家在反对苏联和越南的扩张方面具有共同利益，但是，在领土尤其是南沙群岛以及钓鱼岛等问题上仍然存在主权争议。面对这种情况，中国领导人在20世纪80年代中期提出了"主权在我、搁置争议、共同开发"的主张①，为中国改善和发展与东南亚国家以及与日本的关系拓宽了道路。进入20世纪90年代，中国与东盟国家之间的经济联系呈快速增长态势，双边贸易额在1990—1997年的年均增长率高达21%②，东盟国家对华投资不断增加，到1996年年底，经中国政府批准的东盟国家在华直接投资已达2 117项，投资合同金额累计已达107.76亿美元③。在这一时期，东亚国家逐渐走出冷战对抗的阴影，将主要精力集中在发展经济和国家建设方面，加强对话合作、建立睦邻友好的国家关系成为这一地区的基本共识。

第二，以伙伴关系为抓手打造周边环境。冷战结束以后，国家间关系面临新一轮调整。美国作为仅剩的超级大国，对于国际体系中是否会出现新的挑战者十分敏感。1992年，罗斯·芒罗（Ross Munro）发表《觉醒的巨龙：亚洲的真正威胁来自中国》一文，掀开了"中国威胁论"的盖子。在此压力下，中国以"以邻为伴、与邻为善"的精神积极开展伙伴外交，其中，中国与东盟在1997年确立睦邻互信伙伴关系，中国与日本在1998年建立致力于和平与发展的友好合作伙伴关系，中国与韩国在1998年建立面向21世纪的中韩合作伙伴关系，中国与印度尼西亚在2005年宣布建立战略伙伴关系，中国与菲律宾在2005年建立致力于和平与发展的战略性合作关系④。通过伙伴关系建设，中国实际上是在寻找一种不同于

---

① 《邓小平文选》第三卷，人民出版社1993年版，第49、87页。关于"搁置争议、共同开发"提出的背景和过程，可参见刘雪明：《搁置争议 共同开发——邓小平处理边界领土争端的独特视角》，《中共云南省委党校学报》2001年第2期，第20~24页。

② 转引自胡正豪：《中国与东盟关系：国际贸易的视角》，《国际观察》2001年第2期，第12页。

③ 张连福：《冷战后中国与东盟国家的关系》，南京师范大学科学社会主义与国际共运专业硕士学位论文，2003年。

④ 关于中国与周边国家建立伙伴关系的更详尽的论述，可参见王逸舟主编：《中国对外关系转型30年》，社会科学文献出版社2008年版，第27~28页。

美苏在冷战时期实行的争霸外交①的新型国家间关系,这为中国与东亚国家之间寻找新的相处模式开辟了道路。

第三,积极参与多边外交,搭建新的合作平台。中国在与东亚国家调理沉疴、塑造新的伙伴关系的同时,还越来越积极地参加了地区多边合作机制的建设。尤其是1997年东亚金融危机之后,东南亚国家意识到地区合作的重要性,邀请中、日、韩领导人举行非正式会议,形成了"10 + 3"和三个"10 + 1"进程。中国不仅积极参加了这一进程,而且在此过程中开始主动构建地区合作平台。一是,中国深化与东盟的经济合作与整合,主动推动在2010年启动中国-东盟自由贸易区,并积极支持东盟提出的区域全面经济伙伴关系倡议。二是,中国在"10 + 3"的基础上积极推动中日韩对话,将地区多边合作由东南亚延伸到东北亚,由中小国家联合延伸到大国合作。三是,中国在热点问题上积极探索多边合作平台,其中最有名的是中、俄与中亚四国的上海合作组织,在反对这一地区的恐怖主义、极端主义和分裂主义方面发挥了积极作用,并反哺了这些国家之间的合作,对提升国家间关系产生了良性推动。四是,在参与地区合作的过程中,中国也注意处理好与美国及其同盟的关系。无论是在美国克林顿政府时期,还是在小布什政府时期,中美关系都克服了初期的困难,在全球和地区热点问题上形成了合作关系。2009年上半年,中国还倡议与美国及其在亚太的主要盟友——日本一起举行外交部政策规划司级别的三边对话②,这一对话最终虽然由于各种原因没能实现,但中国着力调整与美日同盟的关系的努力由此可见一斑。

总的来看,自改革开放以来,中国改善并深化了与东亚国家的关系,并在这一过程中就推进亚太外交形成了一些指导性理念③。

第一,中国意识到,"和平共处、和睦邻友好"是中国与东亚国家相处

---

① 关于"争霸外交"的各种形式,可参见王巧荣:《论20世纪90年代中国的伙伴关系外交》,《思想理论教育导刊》2006年第2期。

② 王国培:《中国确定7月参加华盛顿中美日三边对话》(2009年6月29日),新浪网,http://news.sina.com.cn/c/2009 - 06 - 29/084818114435.shtml,最后浏览日期:2017年9月18日。

③ 关于中国对东南亚国家外交理念的发展,可参见马嬛:《从中国-东南亚关系的发展看中国睦邻友好政策的演进》,《太平洋学报》2011年第10期。

的良性状态。1992年,中国共产党第十四次全国代表大会在政治报告中指出:"我们同周边国家的睦邻友好关系处于建国以来的最好时期。"① 1997年,中共十五大报告指出:"要坚持睦邻友好。这是我国的一贯主张,决不会改变。"②可见,通过与周边国家四十多年的互动,中华人民共和国将和平共处和睦邻友好视为处理与周边国家关系的基本理念。

第二,在与周边国家产生矛盾时,中国主张以求同存异的方式管理矛盾。中共十五大报告指出:"对我国同邻国之间存在的争议问题,应该着眼于维护和平与稳定的大局,通过友好协商和谈判解决。一时解决不了的,可以暂时搁置,求同存异。"③

第三,中国在改革开放中进一步意识到,睦邻友好关系对于维护和平稳定的周边安全环境,保障集中精力进行经济建设非常重要。因此,2007年中共十七大报告又提出了"与邻为善、以邻为伴"的思想。互利共赢成为中国进一步提升和改善与东亚国家关系的抓手。

由此可见,中华人民共和国成立以后,中国在与东亚国家的交往中已经形成一些基本的外交理念。这些理念在中国亚太外交中长期得到坚持,并在不断提升和发展。2010年以后,美国在亚太地区大力推行的再平衡战略,实质性地改变了这一地区的安全态势。在此背景下,中国需要再次更新外交理念,为维护和发展与东亚国家的友好合作提供更符合时代背景的观念引导。

二、"命运共同体"的提出与内涵

2013年10月3日,习近平主席在印度尼西亚国会发表《携手建设中国-东盟命运共同体》的演讲。他指出:"中方高度重视印尼在东盟的地

---

① 《加快改革开放和现代化建设步伐 夺取有中国特色社会主义事业的更大胜利——江泽民在中国共产党第十四次全国代表大会上的报告》(1992年10月12日),中国共产党历次全国代表大会数据库,http://cpc.people.com.cn/GB/64162/64168/64567/65446/4526308.html,最后浏览日期:2017年10月17日。

② 《高举邓小平理论伟大旗帜,把建设有中国特色社会主义事业全面推向二十一世纪——江泽民在中国共产党第十五次全国代表大会上的报告》(1997年9月12日),中国共产党历次全国代表大会数据库,http://cpc.people.com.cn/GB/64162/64168/64568/65445/4526285.html,最后浏览日期:2017年10月17日。

③ 同上。

位和影响,愿同印尼和其他东盟国家共同努力,使双方成为兴衰相伴、安危与共、同舟共济的好邻居、好朋友、好伙伴,携手建设更为紧密的中国-东盟命运共同体,为双方和本地区人民带来更多福祉。"①此后,10月24日,命运共同体的概念再次出现在习近平主席在周边外交工作会议上的讲话中。他说,要"把中国梦同周边各国人民过上美好生活的愿望、同地区发展前景对接起来,让命运共同体意识在周边国家落地生根"②。建设"命运共同体"成为中国在新时期塑造亚太区域形态和国家间关系的总领性概念。

与前一阶段的总领性概念——互利共赢的睦邻伙伴关系概念相比,"命运共同体"概念具有更加立体、多元和广阔的内涵。首先,"命运共同体"概念超越了单层的利益考量。毫无疑问,共同利益是推进合作的基础。但是,能否形成共同利益,能否维护共同利益,能否秉持从共同利益出发的视角来处理国家间关系,都涉及利益以外的因素。因此,抽象地强调互利共赢、共同利益等,尚不足以解释其深层逻辑。"命运共同体"概念切中了这一要害,明确指出,在当前的国际环境中,中国与周边国家面临着共同的风险、形成了相互依存的关系,只有共同发展,才是对各方最好的选择。可见,"命运共同体"是一个战略性概念。它通过对时代特征的总体判断,提出了各国关系应该具有的总体形态。其次,"命运共同体"可以涵盖更多角色。传统的睦邻友好关系,主要是针对中国与周边国家关系的概念。但是,冷战结束以来,非国家行为体已经对国际事务产生了日益重要的影响。中国需要将更加多元的影响因素纳入其亚太外交。"命运共同体"概念显然可以达到这方面的需求。最后,"命运共同体"还有更加宽广的容量。除了涵盖更加多元的影响因素,"命运共同体"实际上还可以容纳亚太地区的多边互动。睦邻友好关系基本上是在双边层次上运用的概念,而命运共同体则可以适应地区合作和多边机制的

---

① 习近平:《携手建设中国-东盟命运共同体——在印度尼西亚国会的演讲》,《人民日报》,2013年10月4日,第2版。
② 《习近平在周边外交工作座谈会上发表重要讲话》(2013年10月25日),人民网,http://politics.people.com.cn/n/2013/1025/c1024-23332318.html,最后浏览日期:2017年10月17日。

发展，成为统领中国整体亚太外交的指导性概念。

因此，与互利共赢的睦邻友好关系相比，"命运共同体"概念是中国对周边外交和亚太外交更加深层次、更具包容力的理念设计，它反映了中国对时代背景和亚太地区国家间关系的新认识。首先，中国认识到，经济全球化和社会信息化的发展不仅使各国在经济上的相互依赖更加紧密，也使各国面临着更多共同的全球性问题和跨国问题的挑战。1997年的东亚金融危机、2002年的"SARS"流行、2004年的印度洋大海啸以及2011年的日本核事故等都表明，在东亚各国的经济、生态、人文、信息等系统已经全面对接的情况下，"一荣俱荣、一损俱损"已经成为本地区各国关系的基本形态，各国应该对此有清醒的认识。其次，在后冷战时代，国际事务中出现了越来越多的非国家行为体，他们中有些发挥了非常正面的作用，但也有些对各国安全和地区秩序产生了消极影响。比如，国际游资对金融体系的冲击，恐怖主义、海盗、跨国犯罪对秩序的破坏，分裂主义、极端势力对正常生活秩序的挑战等。东亚国家需要更加深入地探讨非国家行为体以及其他因素在国家间关系及地区事务中的角色，理顺亚太地区各种角色之间的关系，促使亚太地区各种因素的互动向积极正面的方向发展。最后，冷战结束以来，亚太地区的多边机制获得了很大发展。从"东盟＋1""东盟＋3"到朝核问题六方会谈，亚太地区虽然尚未形成覆盖整个区域的多边安全合作机制，但地区主义和多边机制的发展是冷战结束后亚太地区国际关系发展的一大内容。这一现象表明，东亚国家在冷战结束后，一直在探索超越冷战结构的地区性安排。东亚国家的这一努力不仅值得肯定，而且应该以更加强有力的理论预见加以引导和推动。

"命运共同体"是中国领导人基于中国长期的外交实践，根据当前时代的新特征，从亚太国家，尤其是东亚国家的现实需求出发提出的引领未来亚太地区秩序建设的总领性概念，应该在中国未来的亚太外交中得到更加具体的落实。

三、体现"新型国际关系"的理念与原则

以落实"命运共同体"的总体设想为目标，中国在未来的亚太外交中应该进一步强化和深化以下能够反映"新型国际关系"的理念。

1. 中国应该肯定亚太地区的多元共生意识

亚太地区是一个差异性很大的地区，这既体现在地理、气候、国土面积、人口数量等许多客观条件上，也体现在经济发展方式、政治制度、宗教信仰、风俗习惯等人文指标上，更反映在各国不同的历史经历和主观体验中，即便是在冷战时期东西方严重对立的背景下，这种多样性也在悄悄发展。20世纪90年代以后，随着东盟的进一步扩大，东南亚国家在地区合作中提出了强调平等、不干涉内政、协商一致、照顾参与者"舒适度"的东盟方式，典型地反映了东亚国家对于多样性的承认和维护。然而，东亚国家多元共存的主张与美国主导亚太的做法格格不入，这主要体现在两个方面。一方面，从理念上看，美国信奉单一的发展模式。美国认为，现代化只有一条道路，即全面西化——经济上自由市场化、政治上西方民主化。美国甚至不惜用武力推行这种模式，这在中东地区表现得最为明显。另一方面，从战略上看，自第二次世界大战后，美国就在亚太地区构筑同盟体系，旨在形成一套美国主导的地区秩序。美国不可能愿意看到在这一区域内形成其他与其平起平坐的秩序，更不要说是取代它了。因此，东亚国家多元共生意识的发展，一定会受到美国的抵制和干扰。对于这一点，东亚国家应该有清醒的认识。然而，东亚的多样性是客观事实，各国、各地区应该理性选择与其情况相适应的管理模式。东亚国家不应因惧于美国的权力就放弃维护其利益和发展前景的最佳途径。

2. 中国应该支持亚洲主体意识的发展

亚洲拥有古老文明，但进入现代意义上的国家的行列却比欧洲晚了很多。亚洲是在西方的炮舰政策下开始走向现代意义上的国家的。在这一过程中，先是许多国家沦为西方国家的殖民地或半殖民地，然后——在第二次世界大战结束后——亚洲国家又被束缚于两极格局框架下，再一次失去了议程设置的主动性。受到这种成长经历的影响，亚洲国家在与世界打交道时似乎总是在默认这个世界上预先存在着某种"体系"，比如说，被炮舰政策打开大门时的西方体系、冷战时期的两极体系等，亚洲国家只要跟随这个体系运转就行了。这样，亚洲国家在世界乃至亚洲事务中都将自己摆到了追随者的位置上，以至于某些域外大国自认为它才是亚洲和平与安全的维护者。其实，域外大国在亚洲的作用非常复杂。鉴于域外大国的超强实力，在某些情况下他们也许能为地区安全出力，但是在更多时候，域外大国带来的可能是麻烦。比如，美苏在第二次世界大战后期对势力范围的争夺给战后亚洲造成的对立，朝鲜战争、越南战争与美国的关系，以及印度、巴基斯坦等国之间的矛盾与其原宗主国分而治之政策的联系等。所谓的是域外国家保护了亚洲的和平稳定的说法，是主导大国的欺世之言。

1997年的东亚金融危机打破了亚洲国家在经济金融方面对域外大国的依赖心理，迫使亚洲国家在金融领域开展联合自救的努力，立足于亚洲国家构建相互救援、共同发展的合作机制——清迈倡议多边化。但是，在安全方面，亚洲国家至今迷信域外大国的作用，这主要表现在两个方面。第一，亚洲国家简单地将域外大国的安全利益设定为自身的利益。其实，亚洲国家的安全利益与域外国家的并不相同。对于美国这样的域外国家来说，由于它早已完成了经济现代化和社会的规制建设，它在亚太地区的主要目标是防止出现挑战其主导地位的地区力量，要维护的是权势利益。而对于大多数亚洲国家来说，其所面临的主要安全挑战是怎样保障正在进行的经济现代化和社会规制化顺利完成，属于发展问题。亚洲国家深受历史情结的影响，错误地将美国的权势利益视为其要追求的安全利益，很有可能使自己的主要利益处于危险之中。第二，很多亚洲国家不相信自己可以处理亚洲的安全问题。这是因为亚洲国家受到传统思路的影响，认为主导处理地区安全问题的必然是某个霸权，不是美国就是别的国家。但是，亚洲的事务为什么不可以由亚洲国家共同主导呢？亚洲国家处理地区事务的思路受到历史经验的严重束缚，需要培养主体意识，以更加自主的方式和自信的姿态来管理地区事务。

3. 中国应该推动亚太国家形成同享共担意识

随着亚洲国家主体意识的上升，亚洲地区管理区域事务的方式必然更多地体现集体协商的性质。与这种管理方式相适应，亚洲国家也应该具有利益共享、风险共担的意识。一方面，从经济角度来看，亚洲国家要在现有互利合作的基础上更进一步，全面推进"共同开发、利益共享"的经济合作观念。20世纪80年代以来，亚洲国家逐步改变了因产品相似而争夺海外市场的局面，在贸易、金融等方面形成了区域性的合作机制。

这些合作体现了利益共享、互利共赢的思想，但是显然还不够，因为本地区的经济互动又在向地区资源开发等方向延伸，并在国家间关系中形成了新的紧张。因此，亚洲国家在经济活动中应进一步深化利益共享意识，在地区资源开发中加强区域内合作，形成新的合作机制。另一方面，从安全角度来看，亚洲国家应意识到，作为主体，各国对于维护地区安全将负有共同的责任。在各国利益可能存在冲突的问题上，亚洲国家要停止无谓的相互指责，停止有可能使事态恶化的做法，相互克制、相向而行，共同降低冲突和对抗的风险，以相互受益的方式处理问题。在涉及地区公共利益的问题上，亚洲国家更是应该相互携手，共同提供安全保障。当然，国家的大小不同、实力有别，大国、强国在地区事务中可以承担更多的责任，但是，这是道义，不是义务，地区国家应分清义利，以适当、正确的观念来约束各自的行为，规范指导相互间的互动进程。

总之，随着亚洲地区在经济和社会方面的进一步整合，亚太地区呼唤超越冷战思维的新理念。这一理念反对大国将其意志强加给亚洲地区，强调亚洲地区应保持多种行为体合作共存的局面，倡导亚洲国家作为地区事务的主体用利益共享、风险共担的方式管理好地区事务。为此，亚洲国家在亚太地区的相互交往和地区事务处理中应推行以下原则。

1. 相互尊重

亚洲国家尊重国家主权，各国虽然大小、强弱不同，但在相互交往和地区事务处理中，处于平等地位，亚洲国家不接受凌驾于其他国家之上的所谓"主导性国家"。因此，亚洲国家主张，在相互交往中尊重彼此的主权利益、安全利益、发展利益和具有民族特点的发展模式。虽然利益冲突有时在所难免，但各国应以相互尊重的方式来处理和应对这些冲突。比如说，在处理领土争端和海洋权益矛盾时，亚太国家要力避冲撞对方底线，为彼此寻找转圜空间留下余地。

2. 互利共赢

在利益分配方面，亚洲国家应主张共享共赢，反对"赢者通吃"。长期以来，国际关系奉行"弱肉强食"的丛林法则，"赢者通吃"成为一些主导性国家的基本行为方式。然而，"赢者通吃"使强者更强、弱者更弱、富者更富、贫者更贫，加剧了两极分化和国家间的对抗，是国际关系走向冲突和霸权争夺的重要原因。如今，在经济全球化和社会信息化的发展有可能给国际关系带来新的范式的背景下，中国倡导突破"赢者通吃"的利益分配方式，各国以互利互惠、共享共赢的方式处理他们之间的利益关系。这样，弱者和强者、贫者和富者都可以从亚太地区的发展中获益，共同推动国际关系和地区秩序向公平正义、合作共赢的方向发展。

3. 协商一致

鉴于亚洲国家对主权的尊重，以及在处理国际和地区事务中的平等地位，协商一致将成为处理地区事务时最主要和最基础的决策方式。实际上，自20世纪80年代以来，东盟国家已经在其交往和东盟事务的管理中比较成功地实践了协商一致原则，是东盟克服历史和现实中的困难，得以扩大为十国，并在地区和国际事务中能成为一方势力的重要原因。当然，协商一致并不是一个僵化的模式，根据具体情况，东盟国家在决策中辅之以"10-X"等形式作为补充。但是不管如何，协商一致体现了一种精神、一种共识，那就是在地区合作中，各国的利益都要得到尊重，只有这样，各国才能以更加和平、更加合作的方式展开交往和处理地区性事务。

4. 开放包容

亚洲国家虽然强调这一地区的独特性和多样性，但是具有向不同文化和发展方式学习的习惯。近代以来，亚洲国家虽然受到西方强权和殖民主义的迫害，但是并没有妨碍各国向西方发达国家学习经济和社会管理方式，与西方国家合作，欢迎西方国家和非本地区的国家建设性地参与这一地区的合作与发展。当前，经济全球化和社会信息化的发展进一步突出了各行为体之间相互联系、相互衔接的特性，因此，亚洲国家不可能逆时代潮流而动，试图将对外开放的亚洲经济和社会交往封闭起来。但是，亚洲的开放和对外交往应该建立在对亚洲国家和人民最有利的基础上，亚洲事务要以亚洲国家的利益为先，用亚洲的方式加以处理。亚洲国家探索适合亚洲特点的合作方式和发展道路并不是消极抵抗式的反西方主义，而是在更全面地看待人类发展历程的基础上，弥补现有体制的不足，积极探索适合世界未来发展的新理念。

总之，随着经济全球化和社会信息化的发展，亚太地区原有的仅体现单一文明需求的、受到超级大国控制的管理范式已经过时，亚太地区需要发展更加体现多元文明共存的、相互协助、共同进步的命运共同体理念。

四、困难与路径分析

中国在亚太地区主张推进符合时代要求和地区特征的新理念以及体现这些理念的原则，也面临不少困难，存在以下几个层面的问题。

首先，现有架构严重束缚了亚太地区合作的进一步深化，甚至有分裂亚太的危险。亚太地区在冷战结束后得到了发展经济、改善民生的机会，但是在安全结构上仍保留了浓厚的冷战遗迹。作为冷战时期的一个战场，美国在亚太地区积极编织同盟体系。这套体系虽然与欧洲的北约体系有所不同，但是其同样有明显的对抗性和意识形态因素。冷战结束以后，位于欧洲的北约通过科索沃战争、通过挤压俄罗斯的地缘战略空间、通过参与美国在阿富汗和伊拉克的战争重新找到了存在的价值。与其相似，美国在亚太地区也不断制造各种威胁论，如，"朝鲜核问题""中国威胁论""南中国海不安全论"等，为维系其在亚太地区的军事存在、巩固亚太军事同盟提供理由。作为一种针对特定目标的安全机制，军事同盟具有明显的排他性，很显然会分化亚太国家，给亚太国家结成更紧密的安全共同体制造障碍。因此，美国在亚太的同盟体系已经成为亚太地区加强合作和融合的真实障碍，需要亚太国家在合作中逐步限制甚至消除其影响，真正构建起符合后冷战时代特征的新型合作关系、合作平台和合作机制。

其次，在消除现有冷战架构的过程中，亚洲国家又受到思想观念的禁锢，难以用亚洲的利益和亚洲所面临的问题去界定亚洲的议程。由于长期以来受到"主导"体系和"主导"国家强大的话语体系的影响，亚洲国家虽然在经济发展阶段、社会组织形态和历史文化传统等许多方面与西方国家有明显不同，但在界定主要亚洲地区的主要危险来源时往往盲目跟从西方国家的议程。这种情况表明，亚洲国家在议程制定方面的主体意识和战略定力都比较薄弱，要形成以亚洲利益为基础的地区秩序仍有许多基础性工作要做。

再次，要在亚太地区推进符合后冷战时代特征的多元共进的共同体理念，在当前情况下，还急需理顺亚洲国家之间的利益关系。自亚洲摆脱西方列强的殖民主义侵略以来，亚洲国家之间的合作互动关系虽然不断向前发展，但是在历史上遗留下来的一些问题尚未得到解决，成为亚洲国家合作中随时可能爆发的"炸弹"。2009年以来，受到美国"重返亚太"战略的刺激，中国与周边国家在南海和东海的领土以及海洋权益的摩擦变得十分尖锐。海洋领土和权益问题已经成为横亘在亚洲地区建设后冷战时期合作共赢秩序的道路上的一道现实障碍。作为亚太新型秩序的积极建设者，中国将不得不面对这一挑战。

最后，对于中国是否要给予其他国家更多援助，是否要更多干预与本国利益不相干的事务，中国国内也有不同看法。其一，中国经济虽然发展很快，已经成了世界第二经济大国，但是，中国的经济发展很不平衡，目前仍然存在贫困人群和贫困地区，从总体上来讲，充分、平衡地发展经济和满足人民群众日益增长的美好生活需要是中国面临的首要任务。在此背景下，如果政府大幅增加对外经济援助和在国际事务中的投入，可能会在国内引起负面反应。其二，从中国外交奉行的许多原则来看，中国对积极介入外部事务仍持保留态度。这些原则包括不干涉内政原则、反对强权政治和霸权主义，以及不对外输出意识形态和发展模式等，它们在政治上都非常正确，但在实践中可能会限制中国的对外行动。其三，从国际经验来看，中国也很清楚地看到了美国等所谓"主导性国家"在对外干预中的错误，并时刻引以为戒，严防在中国对外战略中重蹈覆辙。如此，我们不难发现，与有些国家担心中国要"主导"亚洲不同，中国国内实际上并未就承担地区和国际责任达成全面共识，这甚至有可能成为亚太地区构建后冷战时代新型国家间关系和地区秩序的不利因素。

总的来看，冷战结束以来，中国和亚洲国家虽然通过努力使亚太地区出现了经济合作深化、社会人文交流密切、多边机制不断涌现的局面，但亚太地区维护合作共赢走向的基础并不牢固，冷战时期遗留下来的对抗性结构依然在发挥作用，亚太地区的管理理念尚未符合后冷战时代经济全球化、世界多极化、社会信息化、文化多样化的要求。为此，中国和亚洲国家不能满足于地区合作中已取得的成绩，而是要看到亚太地区走出冷战结构的步伐不进则退，如果不能在现有的基础上更进一步，则有可能面临重新退回竞争和对抗局面的风险。中国和亚洲国家应想方设法将亚太合作推上新台阶,具体路径如下。

1. 中国要在现有基础上强化本地区的利益融合和共享机制

理念塑造和规范建设看似是形而上的事情,但实际上其基础仍是各国之间的利益关系。20世纪90年代以来,亚洲国家在经济上的相互依存和互助关系不断发展,这为本地区在过去的几十年里保持和平发展合作,不断提升多边合作和地区一体化水平提供了有力支撑。然而,对于亚太地区真正摆脱冷战结构,形成符合全球化、多极化、信息化和多样化需求的地区合作理念而言,亚洲国家之间的利益融合与共享程度仍不能满足需要。亚洲国家对于外部力量的依赖仍然很大,这不仅表现在安全方面,也表现在经济方面,比如说,对于外部出口市场的需求,对于外部投资的渴望,对于外部金融体系的依赖等。如果亚洲国家之间的经济交流和互动不能超越其对外部力量的依赖,亚洲国家就不可能真正成为地区合作的主人。因此,经济实力对于亚洲国家能否在地区秩序建设中占有主动地位具有重要意义。在此之上,亚洲国家还应有意识地培养地区国家之间的相互依存和相互促进关系,就像欧洲一体化过程中缺不了煤钢联盟一样,亚洲国家需要更紧密的利益融合和共享机制。

2. 中国应促使亚洲地区重新以发展合作共进来界定地区议程

2009年以来,受到多种因素的影响,尤其是在外部势力的刻意挑动下,亚洲国家的注意力由保持经济发展、促进社会进步和共同应对地区性安全问题突然转向国家间的主权争议和海上权益摩擦,给亚洲国家间的团结和合作制造了障碍。在这种情形下,中国作为本地区具有重要影响力的国家,应该更加保持清醒。中国应该在正确认识历史发展趋势和时代特点的基础上引导亚洲国家将注意力放在真正符合亚洲国家利益、符合各国及本地区发展需要的事情上。为此,中国一方面要继续推动本地区的发展合作共赢,为地区性问题的解决提供更多的资源和助力;另一方面也要更具创造性地为解决中国与地区国家之间的矛盾和摩擦提供新思想和新路径,为本地区就发展和合作的议程重新达成共识创造条件。

3. 中国要更坚定地融入地区一体化建设,成为亚洲命运共同体的引领者和保障者

20世纪90年代以来,中国与亚洲国家的关系日益紧密,地区合作机

制化水平不断提高，中国立足本地区、依靠本地区、与周边国家结成命运共同体的战略更加明确。然而，在中国不断加强与亚洲国家的联系与合作的过程中，有两种倾向仍然需要时刻提防。一是置身事外的倾向。作为一个地域辽阔的国家，中国在战略上比中小国家拥有更大的回旋空间。与外部世界的互动在过去的几十年间虽然使中国获益匪浅，坚定了中国对外开放的决心，但是对外开放本质上说是为国内发展服务的，因此，一旦在对外交往中遇到一些左右为难又很难令中国有所收获的情况，就很容易让人产生"休管他人瓦上霜"的想法。这种置身事外的想法对于中小国家也许不失为明智之举，但是，对于中国这样一个在地区事务中具有特殊地位的国家显然具有负面效应。中国必须更加主动地参与地区事务，在地区事务中发挥引导作用。与这种主动参与相联系，中国在亚洲合作中要谨防另一种倾向：一方面，中国虽然从综合实力来讲是亚洲地区最大的国家，地区国家也希望中国承担更多责任，提供更多公共产品；但是在另一方面，亚洲事务又非常纷繁复杂，中国单靠本国力量不可能处理好所有问题，也必然会引起地区其他国家的联合制衡。因此，中国在与亚洲国家的交往中，在亚洲地区秩序建设中，必须十分巧妙地平衡好积极主动发挥引领作用与力量平衡之间的关系，以符合亚洲集体主义精神的方式带领亚洲地区形成互利互助和平稳定的国家间关系。

总之，在亚太地区现有发展的基础上，在中国与亚太国家关系不断改善和发展的基础上，中国在未来20~30年应该努力推动亚洲地区走出冷战遗留下来的旧秩序和以竞争和对抗为特征的国家间关系，在亚太地区树立起体现后冷战时代特征的、符合多元共存共同体需求的新理念和新原则。

第四节　中国亚太外交的布局与举措

改革开放以来，中国的亚太外交已经由双边交往走向多边融合，由参与地区合作走向主动引导和塑造地区秩序。中国的亚太外交在未来一段时间内将继续在引领地区秩序建设方面作出贡献，努力推动亚太地区成为互利互助、和平稳定的命运共同体。

第三章　中国的亚太外交方略

一、全景式部署亚太外交

双边关系是对外交往的基础,但是,随着经济全球化和社会信息化的深入发展,中国国家实力的不断提升以及中国在地区和国际事务中发言权的进一步扩大,双边外交的总和已经难以覆盖中国亚太外交的全部内容。因此,日益走向地区和世界舞台中央的中国调整视野,站在新的起点上规划更加符合中国未来发展需要的亚太外交方案。2013年10月25日,国家主席习近平在周边外交工作座谈会上指出,"思考周边问题,开展周边外交要有立体、多元、跨越时空的视角"①。亚太外交是中国周边外交的重要方面,必然要在更具全局性和综合性的视角下加以规划。

(一)注重海陆并进

从地理范围来看,中国的亚太外交将更加全面和平衡地保护和推进中国在亚太地区的利益。"亚太"是国际关系中经常使用的一个概念,但其所涵盖的国家经常因为使用者不同而有所差异。比如说,有人宽泛地将亚太地区定义为亚洲地区和太平洋地区的简称,这样原则上说,所有亚洲国家和沿太平洋国家都可以包括在内。与此相对应,有些人则主张比较严格地定义亚太,认为,亚太地区实际上是指西太平洋地区的那些国家,其中包括中国、日本、俄罗斯远东、东南亚国家等。然而,在实践中人们也看到,亚太经合组织的成员包括不仅包括西太平洋的亚洲国家,也有位于太平洋东岸的北美国家,甚至还有位于大洋洲的澳大利亚、新西兰,但是俄罗斯尚不在列,印度虽然曾积极申请加入,但到目前为止也不是成员。由此可见,有关亚太地区的不同概念,所涵盖的国别并不相同。但是,比较有意思的是,这些国家竞争的舞台却十分接近,既不是北美沿太平洋地区,也不是邻近澳大利亚、新西兰的大洋洲或印度洋,而是与东亚地区紧密相连的西太平洋地区。因此,亚太地区虽然经常被拿来与欧洲甚至北美自由贸易区进行比较,但实际上,亚太地区与欧洲和北美自贸区有个重要区别,那就是,亚太地区这个概念的核心其实是"太平洋",而

---

① 《为我国发展争取良好周边环境　推动我国发展更多惠及周边国家》,《人民日报》,2013年10月26日,第1版。

欧洲或北美自由贸易区的合作中并不特别强调海洋的重要性。因此，以亚太地区为目标探讨中国对这一地区的外交时，非常重要的是要将海洋与陆地的利益结合起来考虑，要海陆兼顾。

中国传统上一直被认为是大陆国家，但中国海岸线总长3.2万多公里（其中，大陆海岸线长1.8万多公里，岛屿海岸线长1.4万多公里），可管辖的海洋国土达300万平方公里，相当于中国陆地面积的1/3。因此，中国不仅仅是大陆国家，而是海陆兼备的国家，中国外交应该在海陆两个方向共同发力，相互映衬，更好地维护国家利益。从陆路关系来看，中国不仅要继续改善和加强与东亚国家的关系，还要结合西部开发，不断推进与西部邻国的关系。从海洋关系来看，中国不仅要解决好与周边国家的海洋权益问题，还要保护海上通道安全，维护中国的远洋利益。当然，任何国家的资源都是有限的，但是，外交上的海陆齐进并非是军事上的两线作战。相反，海陆两条线上的成果可以相互借鉴、相互促进，共同构成中国亚太外交的整体。

当然，强调亚太地区的重要地位，并不是说中国的周边外交只有亚太一个方向。在过去比较长的一段时间内，受到各种条件的限制，中国的外交重点常常显示在一个方向上。比如，在中华人民共和国成立之初，中国通过"一边倒"政策，将发展友好关系的重点放在与苏联、社会主义国家以及发展中国家；改革开放以后，以经济发展为中心的国家战略又使中国对外交往的重点向南转移，加强了与美国、日本以及亚洲新兴工业化国家的关系。但是，在过去几十年中，通过不断努力，中国在东西南北各个方向上都已奠定了比较稳定和有利的外交基础。在东亚地区，中国与东盟、韩国、日本的经济联系不断紧密，地区合作形成了多种机制性安排。在南亚，中国在与巴基斯坦保持全天候战略伙伴关系的同时，扩展和深化与印度的关系，双方在金砖国家和新兴国家的合作平台上加强合作与协调。在北面，中国与俄罗斯和中亚国家的战略互信处于比较高的水平，不仅解决了领土边界问题，而且通过上海合作组织和丝绸之路经济带越来越紧密地联系在一起。在西面，中国通过参与解决伊朗核问题、叙利亚危机、阿富汗问题等，在地区热点上加大了外交投入，与中东国家的关系进一步发展。在此背景下，中国可以更加平衡地看待亚太地区与中国周边其他地区的关系，在统筹协调中争取在各个方向上都取得更大收益。

(二) 谋求立体推进

从工作领域来看，中国亚太外交将在继续推动地区经济合作的基础上，从政治、安全、社会、文化等多个角度更全面地加强与亚太地区的互动，立体式地参与亚太地区新型秩序建设。改革开放以后，中国的国家战略将经济建设和提高人民生活水平视为核心目标，顺理成章地，保障经济发展也成为中国对外战略的首要服务目标，并且在实践中取得了巨大成就。据国际货币基金组织测算，中国对亚洲经济增长的贡献率已超过50%，中国经济每增长1个百分点，就将拉动亚洲经济增长0.3个百分点①。中国是大部分亚洲国家的最大贸易伙伴，中国与东盟建立了世界上最大的自由贸易区，中日韩三国的经济合作乃至自贸区建设也在不断探索中。经济合作是中国亚太外交最显著的亮点，中国亚太外交也大大提升了中国经济的对外影响力。然而，外交毕竟不等于经济，经济合作的迅速提升并不等于外交目标的全面实现。在国家经济发展和地区经济合作已经具有一定基础的背景下，中国的亚太外交应该将更多精力投入其他领域，更加全面地深化和提升与亚太地区的关系。

马克思主义理论认为，经济基础决定上层建筑。亚太地区日益紧密的经济合作，中国在经济领域对亚太地区越来越大的贡献率，应该说，为融合中国与亚太地区的关系，为中国在亚太地区发挥更大的作用构筑了基础。然而，经济合作可以为上层建筑提供动力，并不是说，在经济发展的同时，政治和其他领域就应该"无所事事""坐享其成"。相反，中国亚太外交可以通过同时推动政治和其他层面的谅解、合作和互助，更加牢固地把握中国与亚太地区合作的积极面，甚至可以对经济合作起到反哺作用。因此，如果说，在改革开放初期，中国不得不把大部分精力都集中到推进经济发展这个目标上去，那么现在，当中国经济已经拥有世界第二大国内生产总值时，就应该更多关注上层建筑对经济基础的反作用，更多关注怎样综合地实现在亚太地区的目标。就当前和未来一段时间内中国与亚太地区国家的关系而言，中国亚太外交应尤其做好三方面工作。一

---

① 《外交部部长王毅：北京 APEC 中国准备好了！》(2014年10月29日)，中华人民共和国中央人民政府网站，http://www.gov.cn/xinwen/2014-10/29/content_2772234.htm，最后浏览日期：2017年10月17日。

是引领亚太地区国家妥善处理好彼此存在的摩擦和争议。作为领土挨着领土、利益高度交汇、往来密切频繁的邻居，中国与周边国家之间发生摩擦在所难免。关键是如何处理好这些摩擦，不仅要防止其恶化，还要防止其向其他领域扩散，并在此基础上为消除矛盾、进一步提升国家间关系提供基础。二是要构建制度性安排，既为亚太国家解决其可能出现的利益摩擦提供程序性方案，也为减少地区性安全问题提供预防措施。三是要塑造能够维护和推动持久和平合作的价值观，为亚太地区实现更长久的、可持续性的安全奠定规范性基础。总之，在中国与亚太地区经济合作快速发展和日益融合的基础上，中国亚太外交应走出经济利益的单一维度，向全功能和全使命的方向发展。

（三）重视运用多种手段

从交往方式来看，中国亚太外交将把双边外交与多边外交、正式会谈与非正式会谈、国家间互动与社会间交流结合起来，进一步创新外交方式，更加全面地发挥中国的影响力。自改革开放后更多地参与亚太事务以来，中国对外交往的方式正随着时代的变化、中国与地区联系的日益紧密以及中国自身的发展而不断创新。

首先，从20世纪90年代中国积极回应东盟的"10+3""10+1"倡议时起，中国在与东亚国家交往中突破了传统上更加习惯的双边方式，开始在亚太多边外交中展露身手。2003年，中国承担起朝核问题六方会谈东道国的角色，改变了中国在此类复杂的热点问题上可能置身于事外的传统预期，显示了开始深度介入多边安全合作的姿态。2004年1月1日，中国与东盟国家之间的《早期收获计划》启动，推动中国-东盟自贸区建设进入试验、运行阶段，反映了中国主动引领地区多边合作的趋势。2011年10月5日，中国两艘商船在湄公河金三角水域遭遇袭击，13名中国船员遇害。在应对这一事件的过程中，中国不仅启动外交应急机制，做好善后工作，敦促有关国家采取切实有效措施加强对在湄公河相关水域航行的中国船舶以及船员的保护，而且于当年10月31日召开中老缅泰湄公河流域执法安全会议，创建湄公河安全合作机制，在湄公河流域实现中老缅泰联合巡逻。2013年以来，中国领导人又提出了"一带一路""亚洲新安全观"以及"亚洲安全合作新架构"等多项重大的多边倡议。由此可见，多边外交已经成为中国亚太外交的重要组成部分,中国在亚太多边机制建设中将发挥更大作用。

其次,中国亚太外交在操作形式上更加灵活,以追求更具影响力的交流效果。在这方面,2013 年 6 月 7 日至 8 日,习近平主席与美国总统奥巴马在加州安纳伯格庄园举行的非正式会面,堪称经典。众所周知,中美关系是当今最具影响力的双边关系,中美领导人会见也被认为是调节中美关系最重要、最有效的手段。但是,2012 年 10 月以后,随着两国都进入领导层换届阶段,中美最高领导人却一直难以找到面对面接触和交流的机会。为了改变这种状况,使中美领导人能够及时就国际和两国关心的重大问题直接交换意见,中美两国突破元首外交的传统路径,在习近平主席 2013 年 5 月底至 6 月初访问中北美洲回程之中,实现了两国领导人的会晤。中美领导人的这次会晤既没有 21 响礼炮,也不必盛装大典,但是"无论是互动的时间和质量、交流的深度和广度,都是前所未有的"[1]。这种安排说明,中国外交已经超越了拘泥于仪式和形式的阶段,可以更加灵活和高效地应对亚太事务。

最后,中国也正在拓宽接触面,由政府、国家层面向非政府、社会层面延伸。中国在对外交往中一贯重视与所在国政府打交道,尤其是与行政部门打交道。在以主权国家为主要行为体的《威斯特伐利亚条约》体系下,这一做法是合理的,也是有效的。然而,随着国际关系的行为主体更加多元化,随着政策制定进一步向社会层面倾斜,将对外关系局限在政府甚至是行政层面已经越来越不符合当代外交的需要。其一,很多国家的决策过程受到多种角色的影响,行政部门虽然重要,但也受到很多限制,这在美国外交决策中表现得非常典型。中国在国家层面的交往必须将行政与立法、外交与内政、中央与地方等多种力量结合起来,相互协调配合又各有侧重地在对外交往中获得主动。其二,在经济全球化、社会信息化等因素的冲击下,许多国家处于转型阶段,政局并不稳定,中国也

---

[1] 《杨洁篪谈习近平主席与奥巴马总统安纳伯格庄园会晤成果》(2013 年 6 月 9 日),中华人民共和国外交部网站,http://www.fmprc.gov.cn/web/ziliao_674904/zt_674979/ywzt_675099/2013nzt_675233/xjpdwfw_675267/zxxx_675269/t1048973.shtml,最后浏览日期:2017 年 9 月 18 日。

不得不采取广种薄收的方法，与多种力量打交道，避免将鸡蛋都放在一个篮子里。其三，也更加重要的是，国际政治的行为主体已经越来越向非国家行为体发展，市民社会在对外交往和政治决策中的作用不断提升。中国必须适应时代的发展和变化，使其外交能够更有效、更广泛地影响外部社会。其实，中国外交不乏与外国社会打交道的经验，"民间外交"就是中国对外交往中非常有特色的内容，在中日邦交正常化过程中就发挥了重要作用，起到了以民促官的效果。在经济全球化、社会信息化的背景下，中国正在进一步提升影响外部社会的能力。比如，通过更专业的公共外交增加影响外国公众的有效性，通过运用网络和新媒体进一步畅通影响公众的渠道，通过参与国际非政府组织和政府间合作拓宽中国与国际社会沟通的渠道等。

总之，中国亚太外交已经超越了服务于单一的经济领域，聚焦于狭小的次区域空间以及拘泥于正式和官方手段的阶段，正朝着更加综合、更加立体、更加全面地布局亚太的方向发展。

二、在共生共赢中推进亚太合作

在全面布局亚太的图景下，中国亚太外交应在国家间关系、功能性合作以及提供地区公共物品三方面采取措施，扎实推动亚太地区彻底走出冷战结构，形成和平稳定互利共赢的新型秩序。

（一）以新理念引领国家间关系

亚太地区虽然不是冷战的主战场，但也深受冷战格局的影响，留下了以意识形态划线将亚洲国家分裂为两个阵营的历史，留下了许多尚未解决的恩怨和纠纷，还留下了以对抗和排他为特征的军事同盟体系。在此背景下，2010年以来美国的战略东移再次挑动了亚太国家关系，加剧了地区紧张局势。中国要想使位于其周边的亚太地区保持长期和平稳定合作互助的状态，就必须着手打造新型的国家间关系，引领亚太国家走出冷战的阴霾。

中美关系是这一地区最重要的双边关系，中国要牢牢把握中美关系的发展方向，带动周边关系向合作稳定共赢的方向发展。中国与美国不仅是亚太地区具有最大权重的国家，而且代表着不同的经济发展方式、不同的发展阶段以及不同的历史文化特征。这两个国家能否和谐相处将极大地影响亚太地区的安全结构和发展前景。因此，管理好中美关系对于中国外交具有重要意义。第一，中国应该继续发挥在顶层设计方面的优势，积极主动地用前瞻性的理念引导中美关系向正确的方向前进。如何界定中美关系一直是困难但影响重大的事情。从积极、合作、全面的中美关系，到建设性伙伴关系，再到新型大国关系，中国始终坚持和扩大中美关系中的积极面和合作面，这一做法应加以保持和深化。第二，中国要加强议程设计能力。中美关系中，美国更加熟悉当前的国际规则，中国作为正在发展中的国家，对于全球事务以及自身利益都有进一步探索的过程，这使得中国在议程设定问题上受到较大束缚。然而，中国不能就此放弃设置议程的努力，而是要广泛地团结有相似利益的国家，找到在国际体系中提升话语权的办法，在议程设计上引导美国相向而行。第三，中国应在进一步巩固和扩展中美共同利益和合作的基础上，着手化解中美之间的困难和分歧。鉴于中美关系的重要性，强化两国的合作面，用合作消解摩擦，是务实、有益的相处之道，但是，随着表层性的问题不断得到消解，一些结构性、深层次的矛盾已经越来越清晰地在中美关系中显现出来，比如，美国在亚太地区的同盟体系、美国在投资和技术转让方面的对华歧视政策等。中美关系已经到了必须面对这些问题的时候，中国应促使美方以合作和建设性的态度处理这些问题。

在稳固和发展中美关系的同时，中国还要进一步规划和调整与周边国家的关系。改革开放以来，中国通过经济合作、参与地区事务、支持地区一体化等举措密切了与东亚国家之间的关系，"睦邻、安邻、富邻"以及"亲诚惠容"的周边政策充分体现了中国对东亚国家的善意与目标导向。然而，随着亚太地区力量格局发生变化，美国在担心其失去对亚太秩序主导权背景下对东亚国家实施离间与制衡政策，导致中国与部分东亚国家间的关系在2010年前后出现了竞争和摩擦有所上升的趋势。在此情形下，中国尤其要看清亚太地区秩序发展和变化的趋势，对东亚国家在地区秩序转型中表现出的不安与期待表示理解，并在此基础上着手调节与东亚国家之间的关系，帮助东亚国家树立走出冷战格局的信心，形成亚太国家共存共赢的新型伙伴关系。首先，中国应该再次肯定"东盟+3""东盟+1"等制度设计符合亚太地区走出冷战结构的发展方向，继续支持和鼓励东盟国家在亚太地区新型秩序建设中发挥领导和建设性作用。其次，中国应该积极塑造东亚国家的合理预期，防止有些国家因为过高估计自身实力或对地区秩序转型抱有不切实际的幻想而采取冒险主义行动，给地区的和平稳定带来巨大风险。再次，中国还要进一步改变东亚国家经济结构同质化、对外部市场依赖度比较高的局限，通过产业结构调整、转型和升级、通过互联互通建设、通过金融体系和现代服务业的进一步完善，真正构筑起具有内聚力的亚太经济合作新结构，为亚太地区走出冷战阴霾、形成互利共赢的新型秩序奠定更加牢固的基础。最后，中国也要着手处理与部分东亚国家间存在的领域争端和海洋权益争议问题，积极消除东亚国家关系中的历史包袱与消极因素，为亚太新型国家关系建设创造政治条件。

当然，中国在鼓励和引导亚太国家构建新型国家间关系以及新型地区秩序的过程中也要为可能出现的良性互动失效而做好准备。对于那些拒绝将维护亚太的和平稳定繁荣作为基本前提的国家，对于那些为了一己之利而完全不考虑其他国家乃至整个地区的利益的国家，中国也许将不得不考虑采取惩罚性手段。长期以来，出于道义原则，尤其是出于对国际体系中弱势群体的同情，中国在对外交往中很少采取惩罚性手段，以至于屡次出现"小国欺负大国"、弱国严重挑战地区秩序的情况。面对这种不正常现象，随着中国在地区事务中承担更大责任，中国在未来不仅要考虑自身利益，还要考虑其他有共同目标的国家的利益，以及整个地区乃至世界的利益。这样，中国对于地区麻烦制造者的容忍度可能会下降。为此，中国应进一步向国际社会和周边国家明确其政策底线，增加政策透明度，以降低周边国家有可能对中国外交新进展产生的不适应情绪。

总之，在未来的10~15年，中国应该引导亚太国家走出冷战时期遗留下来的对抗性制度，为亚太国家的健康和持续性发展构建起更加适应亚太国家需要的、符合21世纪时代特征的新型国家间关系以及新型地区秩序。

(二) 务实推进亚太功能性合作

亚太地区要走出冷战残留的秩序，归根到底是因为那种强调意识形态斗争和战略对抗的制度性安排不仅无助于还可能有害于亚太国家以及亚太人民获得更加安稳的生活环境、更加富裕的生活水平以及更加和谐的社会关系。因此，与此相对应的，在亚太地区建立新型的地区秩序和国家间关系就必须为本地带来实实在在的好处。关注民生、扎实推进功能性合作，应该成为中国亚太外交的重要内容。具体而言，可以包括支撑经济发展、维护地区安全以及建设保障体系三个方面。

1. 深化经济合作仍然是亚太地区保持和平稳定繁荣发展的基础

亚太地区虽然在世界多个地区面临经济困难的背景下仍然保持着经济快速发展的蓬勃生机，但是在经济发展中也不无隐忧与脆弱性，其主要表现如下。

第一，亚太地区出现了多种经济架构竞争的局面。美国奥巴马政府时期，在亚太地区大力推动所谓的"跨太平洋伙伴关系"计划，搅乱了亚太国家在过去二十多年间逐渐形成经济互动关系。为了应对美国因素的挑战，亚太国家有的组建自由贸易区，有的推出地区经济合作伙伴计划，这一地区的经济合作呈现出多种架构并存甚至竞争的局面。美国特朗普总统上台以后宣布退出"跨太平洋伙伴关系"计划，这再一次在亚太地区引起震动。到目前为止，亚太经济合作的发展方向仍不明朗，亚太经济合作中的不确定性仍然亟待解决。

第二，亚太经济虽然保持了快速发展的态势，但是，东亚国家经济结构雷同、对美欧市场依赖较大的状况尚未彻底改变。在传统的经济引擎——美、欧、日的经济复苏疲软的情况下，如何持续性地保持中国的经济引擎作用就显得更加重要。由此，亚太地区需要调整经济互动方式，使中国与其他经济体之间形成更加紧密和有机的联系。

第三，亚太国家应该着手建立保障体系，防止充满活力的亚太经济发展突然被打断。亚太地区充满了经济活力和发展动力，但是与欧美等比较成熟的市场经济相比，该地区预防和应对风险的能力较低。从客观条件来说，这一地区几乎所有国家都面临着能源短缺，中国、日本、韩国，甚至东南亚国家都是如此。对于东亚地区来说，保障能源供应以及能源运输线的安全具有战略意义。此外，对于现代经济活动来说，"流动性"不仅是非常重要的特征，而且是财富的来源。然而，对于许多东亚国家来说，无论是金融体系、信息网络，还是海上通道，都没有制度性措施来保证其安全性。因此，亚太经济发展的"血管"和"气管"从某种程度上说都非常虚弱,甚至随时随地都有梗死甚至破裂的风险。中国应向亚太国家指明经济发展中存在的这些重大问题,不要被表面的发展和繁荣所迷惑。亚太国家应进一步加大力度深化地区经济一体化,以形成真正动力强劲、运行流畅、保障有力的经济体系。

2. 亚太国家需要更加安宁、有序的安全环境

中国在维护亚太地区安全方面可采取的措施主要表现在三个方面。

第一,防止朝鲜半岛局势失控。朝鲜半岛的敌对状态是冷战遗留问题之一,而朝鲜多次进行核试验和导弹试验则使情况变得更加复杂和危险。中国作为在朝鲜半岛具有重要利益的国家,长期以来在朝鲜半岛问题上坚持劝和促谈,努力维护朝鲜半岛的和平稳定,推动朝鲜半岛向无核武器化方向发展。然而,朝鲜新领导人上任以来,中朝关系出现了沟通不畅的情况,朝鲜半岛局势的不确定性有所上升。在此情况下,中国需要继续关注和着手处理朝鲜半岛问题,调动相关力量,为朝鲜半岛乃至整个东北亚的安全形势可控和可持续性发展做出制度性安排。

第二,防止恐怖主义等跨境暴力活动危害地区安全秩序。受到全球反恐形势以及美国在中东、阿富汗等地不负责任的政策的影响,亚太地区面临的恐怖主义风险也在上升。然而,对于这种跨越国界的暴力行动,亚太国家缺乏携手应对的机制。其实,不仅是恐怖主义风险,跨境贩毒、走私、贩卖人口、海上劫掠等同样对亚太地区各国人民的生活与安全构成了严重挑战。面对这些挑战,为了冷战而建立起来的美国亚太同盟体系难以发挥作用。中国应该推动亚太地区在有效应对跨国暴力活动的问题方面展开更多合作。

第三,防止国家间摩擦上升为武装冲突甚至战争。由于历史等多方面原因,当前亚太国家间还存在着多种领土和主权纠纷。虽然这些问题由于其敏感性而在一定程度上难以迅速解决,但中国和相关亚太国家应该就控制这些摩擦作出制度性安排,防止单个、局部摩擦不受控制的恶化甚至引发地区冲突和战争。防止安全事态失控应是亚太地区功能性合作的重要内容。

3. 亚太地区还十分需要快速有效的灾害救援和预防体系

作为一个区域系统,亚太地区对于生态环境的风险预防和处置能力很差。2004年的印度洋海啸、2011年的日本大地震以及由此引发的核泄漏

事件以及 2014 年的马来西亚航空 370 航班失联事件，一再说明了这个问题。其一，地区国家在面对重大灾害时缺乏救援能力，这不仅表现在印度洋海啸要依赖美国军舰的救援，更表现为日本在应对核泄漏时的无措与混乱。亚太国家需要考虑，一旦域外国家以某种原因而不再提供援助时，生活在这个地区的人们应该怎么办？其二，亚太地区没有地区性的灾害预警、协调与救援机制。鉴于重大的地区性灾害涉及的地域、人员往往超过一个国家的边界，亚洲国家即便拥有灾害援救能力，在如何进行援救问题上仍然存在着协调与合作的问题。缺乏灾害救援与预防的机制性安排是亚太国家在这一问题上面临的又一个障碍。其三，由于大多数亚太国家的经济和社会力量仍然有待发展，亚太灾难救援与预防体系的建设还可能存在着如何与成员国国内社会保障体系衔接的问题。

中国作为最大的发展中国家，也许比一些发达国家更能理解发展中国家在这些问题上的需求、特点与困难。中国应该更加积极地推动亚太灾害救援与预防机制建设，富有实效地为亚太地区消除另一重大安全隐患。

总之，在未来 20~30 年，中国应该从完善亚太地区的各项功能出发，在经济、安全、社会等各个领域中推动建设有助于亚太地区和平稳定、繁荣发展，以及和谐共生的机制建设，使亚太各国和亚太人民更加紧密地团结在一起，共同为更加美好的未来而奋斗，并在此过程中最终淘汰和摆脱冷战体制，形成符合时代需求和亚太需要的新型地区秩序。

（三）加强能力建设，为地区的稳定和繁荣提供公共物品

要完善亚太地区的各项功能，就需要有国家提供相应的公共产品。公共物品实际上是那些具有公益性质的基础建设。在比较长的一段时间里，提供公共产品一直被认为是主导国家的责任。因为通过提供公共物品，主导国家实际上在一个区域乃至全球范围内获得了更大的发言权和管理能力，为其主张领导权甚至霸权提供了依据。然而，冷战结束以来，一方面，随着美国及其同盟体系的过度扩张，美国等主导性力量越来越不愿意支付供给公共物品的代价，联系日益紧密的全球体系面临公共物品供应不足的严峻局面；另一方面，亚太地区的中小国家虽然在地区事务中发挥了重要作用，但是从综合国力和其国家利益的覆盖面来讲，又难以完全承担起为亚太地区提供公共物品的责任。在此背景下，中国虽然在经济

上仍然面临着比较沉重的建设任务，在地区和世界事务中的经验也比较有限，但是作为当前国际体系中力量不断上升、在地区和世界事务中影响力日益上升的国家，被认为应该为亚太地区新型秩序的建设提供更多公共物品。当然，中国要为亚太地区提供更多的公共物品，就不应该重蹈美国试图单枪匹马主导世界的错误，而是要调动亚太地区的各种力量，群策群力，把亚太的事情做好。

1. 规范建设

要团结起亚太国家的力量，共同为这一地区的和平稳定发展提供公共物品，就需要形成共识，有共同的理念作为基础。为此，中国需要带领亚太国家突破长期以来垄断这一地区的"欧美话语体系"，在更平等的基础上重建亚洲与非亚洲国家在价值观、指导原则以及行动准则等方面的共识。2013 年中国新一届领导人赴任以来，就亚洲新安全观、亚洲安全合作新架构提出了一系列新主张、新概念。提出这些概念的意义，不仅在于其中包含着许多新的内容，更因为这些概念体现了一种新的思维方式，那就是亚洲地区的事务要以亚洲国家的利益和行为方式为出发点来加以处理。从这种意义上说，中国领导人提出的这些概念与东盟国家在 20 世纪 90 年代倡导的"亚洲精神"以及"东盟方式"具有共同的精神气质，体现了亚洲国家普遍希望亚太地区秩序应该更好地反映亚洲国家和亚洲人民的诉求。中国应该深化亚洲新安全观以及亚洲安全合作架构在规范建设方面的作用，为亚太国家凝聚价值观共识奠定基础。

2. 制度建设

中国自改革开放以来已经逐步深化了对地区制度建设的参与程度。从最初阶段的双边交往到参与"10＋3"和"10＋1"进程，从作为朝核问题六方会谈的东道国到主动发起亚洲安全合作新架构建设，中国已经从排斥多边外交到参与多边合作，走到了主动设计地区多边机制的阶段。然而，在地区制度的建设中，中国仍然面临着一些短板。一方面，中国应该拓展外交议程，列出重点非传统安全领域，有步骤、有专人领衔地加以推进；另一方面，许多非传统安全又不如传统安全问题那样具有立竿见影的破坏性效果，比较难以建立起危机感。因此，如何凝聚共识和建立起持续性关注就成为推动非传统安全合作中急需解决的问题。中国应该从地区需要和自身特点出发，规划出一些重点议程，比如区域核安保、对付跨国犯罪、灾害预防与管理以及水资源保护等，通过专人负责的方式，不断在地区合作中取得进展。此外，中国还需要加强人才建设，调整对外事务的力量布局。当今的对外关系与传统外交相比，已经有了很多变化。其不仅模糊了国外与国内的界限，而且包含了从政治军事、经济社会到自然生态等各个领域的问题。很显然，这种跨越领域的特点使得谈判团队以及参与制度建设的人员构成都要发生相应的变化。因此，对于中国亚太外交来说，不仅要有提供地区议程设置的深度，还要有掌控地区议题讨论的宽度，进一步更新外交和对外谈判的人员和组织结构也应该被提上议事日程。

3. 能力建设

作为在亚太地区和世界事务中具有重要影响的国家，中国在经济能力有所提升、人民生活水平得到提高的情况下，为本地区和全球提供公共物品的意愿正在上升，但相应的物质能力却仍然严重缺乏。一方面，中国的硬件规模仍然比较有限，无论是远洋能力、空中运输能力，还是外空开发或互联网应用，中国现有的设备和设施尚不足以满足地区和世界对公共物品的需求；另一方面，中国的硬件条件中还隐藏着很多风险，缺乏自主开发的核心技术，即使在规模上大幅度提高，在运用中的安全性和可靠性也存在隐忧。因此，如何在比较短的时间内提高中国的公共物品供应能力，如何在地区内形成集体性力量以改变地区公共物品供应能力不足的情况，值得认真考虑。

总之，面对亚太地区新的经济、政治、安全形势，中国应以前瞻性眼光，从总体布局入手，既通过统筹和协同发挥综合优势，又有重点、有侧重地提升和改善与周边国家的关系，创造性地更新地区合作议程，通过更多地为地区提供公共产品，维护本地区的和平、发展、合作，引领本地区走向更加和谐共生的多元共同体。

第五节 中国亚太外交的前景分析

中国亚太外交在未来 20 年的发展，可能受到国内和国际两方面因素的影响。本节将综合分析未来几年内有可能影响亚太外交格局的主要因素，并在此基础上探讨亚太地区力量格局可能出现的变化，以及中国亚太外交的发展趋向。

一、影响亚太地区格局的主要因素

结合亚太地区形势和主要大国发展态势来看，从当前到2020年将是亚太地区格局转型的关键时期。届时，中国的内政外交在总结与前瞻、继承与继续发展的过程中更加成熟，中华民族伟大复兴"中国梦"的第一阶段得以实现；美国则面临着大选过后总统连任或政府换届的情况，但无论如何，亚太地区总是美国对外战略中的重要组成部分，美国已经将其海空军力量的60%驻守在太平洋地区①。当然，2020年并不是一个绝对时间点，而是国际和地区形势以及中国外交政策演进中的一个重要节点。展望未来几年，影响亚太地区格局阶段性变化的主要因素可能有以下几方面。

（一）美国综合实力是否发生变化，领导能力和领导意愿是否继续下降或维持在低位

虽然受到2008年金融危机的冲击，美国仍然是当今世界上最强大的国家。美国不仅在经济上有比较强的自我恢复能力，而且各项制度比较完善，在军事上具有远超世界各国的能力。因此，在未来比较长的一段时间里，即便是中国在国内生产总值等数量指标上能赶上，甚至超过美国，恐怕也难以撼动美国在综合实力上的全球地位。然而，需要指出的是，在经济全球化、世界多极化、社会信息化、文化多样化的今天，美国即便是保持了最强的综合实力，其对于国际事务的掌控能力和干预意愿也将难以避免地有所下降。首先，随着经济全球化的深入发展，权力流散（diffusion of power）和去中心化（de-centralization）已经成为国际关系的基本权力态势，由一个霸权国家主导国际事务或承担主要国际公共产品供应的客观条件发生了变化，美国或其他任何国家都将难以抗拒这种变化。其次，鉴于国际体系的变化，美国在全球事务中运用霸权所获得的收益势必日益减少。这样，美国国内反对其承担国际义务和责任的压力将保持

---

① U.S. Department of Defense, *Quadrennial Defense Review*, March 2014, p.34.

在高位。最后，由于美国在承担国际责任和义务方面出现动摇，其传统盟友如欧洲国家以及日本等，有可能更加主动地谋求在国际事务中的影响力，并由此进一步削弱美国在全球层面的领导力。这样，展望未来20年美国在全球事务中的地位和作用，人们也许会看到，美国虽然在总体实力上仍然是全球最富强、最具影响力的国家，但是其对于世界事务，乃至对亚太事务的掌控能力，可能都会让人觉得有所下降。这构成了影响未来中国亚太外交的一个重要因素。

（二）中国改革进程能否顺利进行，其综合实力和国际影响力能否稳步提高

中国改革不仅正在进入深水区，而且会更加全面，在多个层次加以推进，以促使中国的管理体制机制更加成熟与完善，更加有力和有效地应对各种国内外问题。如果中国的改革能够得以顺利推进，社会保持稳定向好的局面，中国的综合国力将更加稳健和平衡的增长，在经济、军事、社会文化等各力量间形成良性互动。也就是说，中国在增强保护国家利益的硬实力的同时，促进社会和谐与民生幸福，并在文化价值观等软实力建设方面取得更大成就。随着中国改革进程的不断推进，中国软、硬实力的进一步上升，中国与美国在综合实力方面的差距有可能进一步缩小，甚至在某些指标上赶上并超越美国。当然，中国综合实力的提升，并不一定意味着这些能力很快或自动就能转化为国际影响力。但就2008年金融危机以来的实践表明，中国对于国际事务的影响力确实在稳步上升。中国不仅以G20为平台积极参与了全球经济治理，而且在很大程度上逆转了早期在气候变化谈判中所面临的不利局面，成为应对全球气候变化的《巴黎协定》的主要推动者之一。更为重要的是，中国开始更加主动地提供国际合作方案和操作平台。其中最具代表性的显然是中国于2013年提出的"一带一路"倡议以及与此相关的亚洲基础设施投资银行。中国在全球治理和国际事务中更加主动地提出倡议和承担责任，旨在改善国际社会普遍担心的公共产品供应不足的情况，而非另起炉灶或与美国争夺世界领导权。但是，从美国和一些西方国家对于中国国际影响力上升所抱有的患得患失心态来看，中国发挥其在国际事务，尤其是在亚太事务中的影响力，还有许多可见和不可见的障碍要克服。

（三）地区多边合作机制能否完善，能否为地区形势的稳定发展提供确定性

从经济角度来看，在美国特朗普政府退出跨太平洋伙伴关系后，亚太地区的现有经济合作进程能否重新启动和再次整合，成为令人关注的课题。与此同时，亚太地区双边和小多边形式的自由贸易协议可能以更加开放和自由的形式显现出来。其中，中日韩自贸区谈判能否取得突破，显然会对东北亚乃至整个亚太地区的形势产生重要影响。从安全角度来看，以东盟为中心的东亚合作多边机制仍将是地区国家讨论地区安全的主要平台，官方一轨和其他轨道的会议相互交织、相互补充，有助于参与各国增进彼此的了解和理解，增加信心和信任。其中，东盟防长扩大会议尤其值得关注，其在人道主义援助与救灾、反恐、跨国犯罪、海上安全、军事医学和人道主义排雷等领域的联合演习有助于各国未来在更广泛的非传统安全领域进行合作。当然，东盟要在地区事务中维持其中心地位，就必须处理好与大国的关系，尤其是要找到与中国、美国以及美国领导的同盟体系的相处之道。

（四）地区热点问题是否出现转机，能否有效地降低本地区的破坏性和消极因素

当前，亚太地区存在众多热点问题，比如，朝核问题，朝鲜半岛安全走向问题，中日之间的钓鱼岛问题，俄日之间的南千岛群岛（日本称"北方四岛"）问题，韩日之间的独岛（日本称"竹岛"）问题，以及中国与部分东南亚国家之间的南沙群岛问题等。这些问题如果能在一定程度上缓解，甚至解决，显然将在很大程度上改变未来中国亚太外交所面临的安全环境。此外，国家间关系的指导性规范能否向着合作和建设性的方向发展，也可能会实质性地影响本地区的安全环境。如果美国能如中国所倡导的那样，在亚太地区发挥建设性作用，中国亚太外交的外部环境就可能变得比较友善。

因此，美国、中国、地区多边机制以及热点问题的演变构成了影响未来中国亚太外交的几个主要因素，对于中国亚太外交前景的分析不得不建立在对这些问题的假设和判断之上。

二、亚太地区力量格局演变的趋势

就力量格局演变而言，亚太地区在未来20年左右可能出现以下几种

情景。

(一)"一超"独大

"一超"独大并不等于单极体系,而仅表示有一个国家在综合实力和能力上具有超强态势。一般来说,一超独大可能包括两种情况,一是美国的一超独大,另一个是中国的一超独大。从目前及未来相当长一段时间来看,美国一超独大的可能性都要比中国大得多。首先,正如上文分析的,美国的综合实力在当前和未来一段时期里仍然是最强的。其次,美国通过结盟政策和几十年的同盟教育,牢牢地把盟友的命运与自己的拴在了一起。这种强调立场和步调一致的联合攻防政策,决定了如果美国内外政策失败,必然会将拖累更多国家。因此,美国的盟友虽然在安全问题上采取了很多"搭便车"的行为,但是他们在很大程度上并不希望美国的影响力下降,他们在国际事务中给美国提供了不少政治和经济支持。再次,美国仍然具有深度影响世界经济秩序建设的能力。虽然美国特朗普政府退出了跨太平洋伙伴关系计划,但是,美国的经济实力仍在,美国在第二次世界大战之后建立的许多国际经济机制仍在运作,美国的金融霸权仍然存续。美国的总体经济处境应该说仍好于其他国家。最后,美国远比中国熟悉国际事务和当今世界的各种制度规范。因此,在未来一段时间内,美国仍然在亚太乃至全球保持一超独大的存在状态,并非难以想象。

(二)中美二元对抗

中美二元对抗是指中国与美国的综合实力旗鼓相当,但双方存在较大的政策分歧和行为冲突。从实力相当上看,分为三个层次:一是中美各自主导的体系实力相当;二是中美单独的实力相当;三是中美影响国际和全球机制的实力相当。第一层次意味着美国和中国都拥有相当数量的支持者,对美国来说,这大致是指其盟友以及所谓的伙伴国家的支持。对于中国来说,如果继续执行结伴不结盟的政策,这意味着,中国将更加有效地争取到具有相似身份和利益诉求的国家的支持,以至于能够在实力对比上与美国形成一定程度的平衡。第二层次意味着中国不需要依靠其他国家的支持就能够与美国形成一定程度的力量平衡。由于美国始终拉拢甚至胁迫自己的盟友与自己政策保持一致,这也可能意味着届时美国的盟友更具有自己独立的政策主张和行为趋势，而不再是以美国马首是瞻，中国和美国都必须更加依赖自己的力量与对方形成战略平衡。第三层次意味着中国不仅在综合实力上可以和美国保持平衡，而且在国际影响力上也可以和美国相抗衡。在中美综合实力势均力敌的情况下，亚太地区的"二元对抗"情境还假设：第一，中、美是一组对立关系，两者的战略利益互不相容，政策主张和行动方案的冲突较大；第二，其他国家或非国家行为体在亚太地区甚至全球范围内难以与中、美相抗衡；第三，亚太地区其他国家存在在中美之间选边站的态势或趋势；第四，亚太地区成为中美利益角逐的主要平台。

（三）多元竞争

在多元竞争态势下，中美之间在综合实力上旗鼓相当，其他几个大国与中美的实力差距也不大，在影响力上各国互不相让，或者都可以通过机制制约其他方面在本地区占据主导地位。在多元竞争的情景下，各国之间存在较强的对冲和竞争意识，各国对外政策的独立性和自主性更加强烈。个别地区组织比如东盟，也可能在多元竞争的情境中成为一个重要的行为体。此外，在多元竞争的情境下，本地区各主要行为体之间的政策存在着一定程度的紧张关系。各行为体都在努力建立一种对自己相对有利的地区秩序，从而在相互竞中出现了多重博弈现象。

（四）中美和平共处

中美和平共处包含两层含义。第一，中美能妥善处理阻碍双边关系的诸多地区问题，在亚太地区相处得比较顺利，相互间不将对方视为威胁或竞争对手，而是可以进行合作的可预期的对话伙伴。一方面，美国不再利用其在亚太地区的军事安全联盟体系遏阻中国的发展，或者没有必要将其联盟体系用于对抗中国。另一方面，中国不再担心美国的联盟体系，或者已经找到了破解美国联盟体系的有效方式，使其不能对中国的国家安全和地区抱负构成威胁。第二，作为两个最强大的国家，中美共同主导亚太地区事务治理。这既表示中国和美国可以维持相当程度的和平共处，也表示中美就如何处理地区事务能达成妥协或一致，同时基本上排除了其他大国能够平衡中美共同治理亚太地区事务的可能性。这是中美能够达到高度互信才可能出现的态势，是中美经过长期密切互动、讨价还价以及其他国家对中美在亚太地区事务中作用形成基本认同的结果。

（五）大国相互协作

在大国相互协作情境中，中美虽然是亚太地区的主要大国，但他们与其他地区大国的综合实力和地区影响力的差距并未拉开。换句话说，中美并不能主导亚太地区事务，而是需要各大国之间通过协商来管理相互间的合作与竞争以及本地区的其他问题。从目前来看，在亚太地区具有大国潜力的国家，至少有俄罗斯、印度、日本和澳大利亚，韩国、印度尼西亚等就某种程度而言也具有相当的实力。大国协调不仅意味着各大国之间的政策选择保持着独立性，而且突出了各大国之间关系的紧密性。这种情境假设：亚太地区的许多地区性和多边问题，美国和中美不能说了算，但是，各大国之间维持了比较稳健和良好的协商与协调关系，可以通过和平性与合作性的互动博弈治理或管理地区事务，共同维护地区秩序的总体稳定。

（六）多元共存

多元共存情境认为，在未来的亚太地区格局中，能够影响地区事务的不仅有出类拔萃的大国，还有其他行为体，比如，如东盟、亚太经合组织、安全联盟体系，甚至非国家行为体等。当然，各行为体之间有可能存在着一定的博弈甚至竞争关系，但是，他们彼此间并不将对方视为敌人，也不以消除对方的潜在威胁，甚至消除对方的存在为自己的战略目标。尽管各行为体之间仍难以消除相互间的"信任赤字"①，但并不必然表示相互间必须通过遏制手段才能维持自身的绝对安全。多元共存也表现为一种地区秩序，显示出各行为体之间具有一定的信任关系，亚太地区机制约束和形塑着它们的行为，避免地区出现混乱或动荡。

从中国面向2030年的亚太外交方略来看，第一至第三种力量格局的情境都会对中国的地区环境造成相当困难的局面。如果出现前三种情况，则在某种程度上也说明，中国亚太外交战略本身或其在执行过程中出现了一些问题，无法优化周边环境和引导地区力量格局的演变，以致不得不面对这一地区出现的竞争性局面。相对而言，第四至第六种力量格局

---

① 林利民：《未来5—10年亚太地缘政治变局与中国》，《现代国际关系》2012年第4期。

情境对中国亚太外交比较有利。后三种情形基本上说明亚太地区形成了合作型的互动关系。

三、中国亚太外交的演进方向

中国外交具有较强的延续性。在一般情况下,中国外交并不主张进行颠覆性变化。但是,外交毕竟是对外部刺激的反应。近几年来,中国外交虽然不断加强顶层设计,增强战略定力和提高战略主动性,但是,如何把握地区力量格局的发展态势,如何与其他行为体形成良性互动,对于中国亚太外交能否取得比较理想的效果,仍然具有难以低估的影响力。

（一）任何形式的一元主导都不符合中国的战略利益

对中国而言,美国主导亚太地区事务意味着中国居于从属或受其支配的地区秩序中,中国将不得不按照美国要提出的机制规范和行为原则参与由其垄断的地区合作机制。美国治下的单极秩序意味着其他国家唯其马首是瞻,亚太地区的国际关系民主化彻底失败,即使像东盟那样的当前在东亚地区合作中处于"中心"地位的组织也失去了其在地区合作中的建设性作用。这种情景实际上是对于主权独立和领土完整极为敏感的大多数东亚国家难以接受的。然而从另一个极端来说,由中国主导亚太地区也并非总是好事。首先,自现代以来,中国缺乏领导更没有主导亚太地区事务的经验。其次,中国是一个内向性较强的国家,其主导亚太地区事务的动力很可能并不像表面上看到的那么强烈。再次,中国与一些地区国家存在着历史上遗留下来的和现实的争端或争议。在这些争议解决前,那些国家难以真心接受中国的主导地位。最后,中国到目前为止尚未能提出感召力很强的普遍性价值规范。其实,从公共物品供应的角度而言,中国国内对是否要承担更大的对外责任一直存有争议。中国提出的"一带一路"倡议,也非常注意强调对接与互利共赢。因此,在地区秩序建设中,一元主导对于中国不是好的选择。中国随着综合国家的不断上升,更要防止在力量对外投掷方面重蹈美国的覆辙。

（二）中国不应选择与美国在亚太地区形成两极对抗

在过去一段时间里,中美关系中的竞争性因素呈上升趋势。其根本原因在于，中国综合实力的快速上升在很大程度上触动了美国维护其全球和亚太霸权的敏感神经。中美在亚太地区的互动中隐含着不少摩擦和对抗因素，而美国在亚太的同盟体系则使这种分裂和对抗更具可操作性。就此意义而言，在未来的对美关系中，中国面临相当艰巨的任务。一方面，中国将不得不承受美国的猜忌、防范，甚至打压；另一方面，中国则要超越现实的局限，力争将中美关系引上互利共赢的合作道路。对于力量上升的中国而言，针对美国的防范与猜忌，以牙还牙、以眼还眼也许是最简单的选择。但是，对于中国和平发展的根本目标来说，与美进行一场注定两败俱伤的对抗，显然不是政策优选。中国应该可以从利益、道义、国际机制以及历史经验等角度努力争取改变美国的目标错置，促使中美关系走上合作而非对抗的道路。

（三）中国应努力保持与美国和平共处，共同维护亚太地区秩序的总体稳定

中美和平共处对亚太地区其他国家来说必将具有较强的示范作用。中美新型大国关系将成为新兴大国和守成大国之间互动时的基本规范，有助于大国在崛起过程中有效避免所谓的"修昔底德陷阱"。中美关系的和平稳定与稳健进展将极大地提升其他国家对建设以综合安全、共同安全、合作安全和可持续安全为基础的新安全秩序和以贸易投资自由化与便利化、生产要素国际化与互联互通化为特征的亚太自由贸易体系的信心，促进亚太地区秩序朝着更为民主、协作与和谐的方向发展。尽管美国主导的军事联盟体系仍可能继续存在，但中美通过双边的安全与外交对话，通过多边的东盟地区论坛、东盟防长扩大会议、东亚峰会等平台，可以进行有效沟通和协商，以更具建设性的合作政策和共同行动，减弱军事联盟体系对于地区合作的负面作用。在中美合作的总体框架下，美国在亚太地区的盟友也能更加自主和广泛地参与地区合作，并在地区合作中发挥更大作用。

（四）中国应可以接受"亚太大国民主协作"以共同管理地区事务

大国相互协作情境一方面可以满足中国在亚太地区秩序建设中的利益诉求，另一方面也可以构成比较民主和平衡的地区治理结构。对于中国来说，这是一种可以接受的地区力量结构。大国协作有助于改善大国关

系，使它们就共同关心的地区和双边问题进行深入协商，推动地区安全与发展议程朝着更具建设性的方向发展。当然，大国协作有可能使中小国家感到紧张。从历史上看，大国之间通过利益妥协而出卖小国利益的事例并不罕见。但是，需要指出的是，在世界走出冷战、经济全球化不断发展的今天，国家间关系出现了一些不同于以往的可喜变化。亚太地区的中小国家在过去几十年间，在地区机制建设和地区事务管理中已经取得了比较有利的位置。像东盟这样的中小国家集团完全可以发挥成员多的规模效应，促使大国在与其交往时，尊重中小国家的利益与诉求。实际上，以东盟为代表，亚太地区的中小国家完全有渠道、有办法在与大国协调的谈判桌上找到它们的一席之地。

（五）中国应欢迎亚太地区形成多元共存秩序

多元共存的地区秩序并不意味着各行为体之间的实力与能力、功能与地位绝对相等或平等，但是这一秩序体现了各行为体之间在总体上保持着某种程度的相互依存关系。各行为体通过共同行动促进地区秩序朝着更为有序、更加平等和更加和平稳定的方向发展。作为亚太地区的大国，中国必然与本地区的其他行为体保持较为密切的交流、沟通、协商与合作。比如说，通过不断完善和提升与东盟以及其他相关方的全面经济伙伴关系，中国可以进一步促进东亚地区的经济整合。又比如，通过推进亚太经合组织深化机制改革，中国可以力争在 2020 年实现茂物目标，或推动亚太自贸区谈判进入实质性阶段。因此，多元共存的亚太地区为中国提供了广阔的外交舞台，是中国施展其亚太外交的良好平台，应该受到中国的欢迎。当然，多元共存并不意味着排斥某些国家或地区组织在不同的功能领域居于"中心"地位，或发挥"领导"作用，但是，特定国家、特定组织或特定领域的中心地位或领导作用，不能以牺牲或排斥其他国家为代价，不能在亚太地区制造分裂和对抗，不能阻碍亚太地区合作的深入发展。

总体上看，中国的亚太外交支持和鼓励亚太地区最终走出已经过时的冷战秩序。其比较理想的状态是，形成多元共存格局下的大国协作与多方合作模式。对于中国亚太外交来说，最糟糕的情况也许是在亚太地区重新形成大国对抗的局面，那很有可能将亚太地区重新拖回冷战状态。

作为亚太地区的负责任大国，中国虽然至今仍然受到主客观因素的诸多限制，但仍然应该更加主动地介入亚太地区秩序的转型和重塑过程。中国要用新型安全观、亚洲安全观以及人类命运共同体的思想，助力亚太真正实现持久的和平稳的繁荣与发展。

第四章
中国的亚太安全方略

亚太是中国崛起最重要的战略依托地带，也是中美竞争与合作最为深度交织的地区。近年来，中国政府提出"亲、善、惠、容"周边政策，主张"太平洋足够宽"、中美在亚太应实现和平共处；中国倡仪的亚投行、"一路一带"、海上丝绸之路建设次第展开、如火如荼，与此同时，美国在亚太不断夯实同盟体系，对华形成制约挤压之势；日、印、澳等国视中国崛起为挑战与机遇并存，加大与美合作、试图共同塑造中国崛起路径；中邻矛盾依然存在，东海、南海矛盾未解，使中国在亚太的经营既面临机遇，也充满挑战。经过多年经营，中国在亚太已形成一套较为完整的战略框架，其中的核心内容应继续发扬光大；同时面对新形势，中国亦需进一步完善亚太方略，重点处理好与美国及其同盟体系的关系、经营好与其他大国的关系、运筹好多边机制、管控好潜在风险，以一整套明确、完善的战略更好地指导外交实践，服务于中国崛起的大局。

第一节 中国面临的亚太局势变化与主要挑战

一、中国面临的亚太局势变化

近年来，亚太地区格局深度调整，中国持续崛起、美国相对衰落、日本致力"国家正常化"等加速地区力量对比变化，引发地区安全秩序演化，美国主导的亚太同盟体系与中国提倡的合作共赢地区模式相互竞争加强，但相互合作依存亦在深化，中美竞合呈现"双加强"态势。同时，日、印、澳等地区大国及"中等强国"力量崛起，要求分享地区领导权，不断加强与美安全捆绑，对中国崛起表现出谨慎的制约态度，同时也希望坐享中国发展机遇，使亚太安全结构进一步复杂化。美国特朗普总统上台后冲击美对外政策，连带辐射到整个亚太地区，引发亚太主要力量关系调整，地区格局有所转化。具体而言，有如下变化。

第一，中美关系逐步回稳，但结构性矛盾依然存在，两国关系的脆弱性更趋凸显。一方面，与特朗普在上任前后对华政策释放的消极信号相比，如今中国关系可谓峰回路转、趋于稳定。以兑现"美国利益优先"为己任的特朗普在上台前就为动摇中美关系埋下伏笔：与台湾地区领导人蔡英文通话、不承认"一中原则"、称将宣布中国为"汇率操纵国"等，使人们对特朗普时代中美关系走向的不确定性充满担忧。但随着其上台后"学习曲线"逐步发挥作用，加上周边智囊、内阁发挥影响，使特朗普整体外交开始向平稳回调，对华政策亦不例外。从其向中国领导人发表元宵节贺信，到2017年4月"习特会"后美对华高度评价，以及中美四个高级别对话机制的建立，中美关系回到基本稳定、积极合作的正轨。另一方面，双边关系中始终固有的问题和麻烦仍在发酵，制约了双方合作的稳定性与持久性。尽管中美在朝核问题上有共同利益并达成合作意向，但特朗普对中国"责任"期待过高，使双方认知始终有落差；特政府还继续在南海实施"航行自由行动"，并警告中国"不能用经济摆平一切问题"①，表明其对华战略仍延续了奥巴马时代一贯对华牵制的一面。美以"结果为导向"看待对华关系使其处于解读诠释中美关系的优势，将改善中美关系的责任推向中国。此外，特政府轻视全球治理、奉行单边主义也抵消了中美关系中解决全球问题作为新动力的可能性。

第二，特朗普终结美"亚太再平衡"，但并未改变重视亚太趋势。其上台以来，两次与安倍会面，一改竞选中批评美亚太盟友甚至威胁撤军言辞，并先后派国防部长詹姆斯·马蒂斯(James Mattis)、国务卿雷克斯·蒂勒森(Rex Tillerson)、副总统迈克·彭斯(Mike Pence)访问亚太，重申对

---

① 《参考消息》：《美媒称蒂勒森用"最激烈措辞"批中国：不许用经济摆平一切》(2017年6月7日)，网易网，http://news.163.com/17/0607/09/CMAN93PV00018AOQ_all.html，最后浏览日期：2017年9月19日。

日、韩、澳安全保障，强化地区军事存在；尽管美退出 TPP，但仍重视强化与地区经济关系，旨在通过双边磋商方式改变美贸易逆差，并为美寻求更多贸易与投资机遇。美还继续重视地区多边机制，将此视为释放美政策信号、塑造亚太局势的重要平台。美重视与东盟合作，特朗普计划年内出席东盟系列会议及 APEC 会议。美还聚焦朝核问题，将解决朝核问题视为其亚太战略的重中之重，并以此驱动对华、盟友及东盟政策。与奥巴马不同的是，特政府将"美国利益优先"作为美亚太战略核心目标，忽视对亚太主导权的长期经营，也减弱全面对华的压力。

　　第三，亚太地区格局的分裂态势与融合趋势均有所强化，地区格局演化进入更为敏感的关键时期。一方面，不论是美"亚太再平衡"战略还是特朗普的"美国利益优先"，美国亚太盟友体系不断得以强化，美国谋求同盟绝对安全与中国倡导的以合作安全为基础的多边安全两种安全理念的对立日益深化。利用朝鲜半岛危机、海洋权益争夺骤然升温等，美国不仅大幅提升与日本、澳大利亚、菲律宾同盟关系，拉近美韩同盟，更在推动同盟网络化方面获得显著进展。这突出表现为：以应对朝核问题为契机，以反导合作为突破口，美日韩三边协作实现突破，三国首脑、防务部门会晤业已实现。美日澳协调明显强化，三边就海上安全、网络安全、太空等领域合作全面铺开。因南海争端，美日菲、美日越三边合作初具雏形，美日澳印"四国海上联盟"也在酝酿之中。此外，面对特朗普的不确定性，特别是其逆转全球自由贸易发展、藐视美长期坚持的"自由、民主国际秩序"风险，日、澳、印等亚太盟友伙伴坚定地成为"美国治下秩序的维护者"，不仅主动塑造特朗普政府亚太政策，也积极发挥"缺美"状态下的"补位"作用，成为美主导秩序的守护者。可以预见，未来美主导的亚太盟友伙伴体系会加强，其亚太安全理念与中国倡导的"共同、综合、合作、可持续的"亚洲安全观相互冲突，在处理地区安全秩序与重大问题的互动过程之中，中美安全理念的碰撞逐步显现。

　　另一方面，美国亦谋求"建设性的对华关系"，中美在东盟系列峰会等多边平台的互动既有斗争、也有合作，中、美与第三方的合作逐步有所进展。特朗普上台以来，尽管中美关系面临不少困难，但其总体上仍然奉行了相对温和、理性的对华政策，基本延续了奥巴马政府以来的总体框架。尽管中美在地区安全机制的框架下不可避免地存有分歧与竞争,但客观上也为中美以及与第三方推进合作、实现利益交汇搭建了平台。例如,在东盟地区论坛(ASEAN Rigional Forum,ARF)、东盟国防部长扩大会议(ASEAN Defence Ministers Meeting+,ADMM+)框架下,包括中美在内的各方均态度积极、务实合作,产生较好成效。中国已两次参与美国主导的"环太平洋"军演,并计划参加2018年"环太平洋"军演,以在更广泛的安全平台上与美国互动①。此外,在非传统安全领域的合作也显突出。在亚太地区格局加速演变的背景下,现有地区安全机制尽管远未成熟,其发挥作用面临各种制约,但各种多边形式的安全对话、合作、论坛和组织,渐进构成了层次丰富、相互交织的地区多边安全网络,客观上也反映了亚太各国渴望安全与繁荣的积极意愿,对地区格局的分裂态势形成了一定制约。

第四,地区热点不断发酵,甚有联动之势,但局势总体可控,求和平、谋发展成为各国共识。在东北亚地区,冷战阴影长期徘徊,中、美、日、韩、朝鲜五国互有尖锐矛盾,围绕朝核、领土及海洋权益、地区秩序等问题长期博弈,竞争与对抗的复杂程度超乎想象。该地区各类突发危机事件频频出现,擦枪走火导致的冲突风险始终存在,危及亚太和平与稳定。同时,东北亚长期欠缺有效的地区性安全机制,集体安全、大国协调、军事同盟等常见的多边安全安排似乎均"水土不服"。朝核、导弹问题不断发酵,朝鲜半岛停战机制向和平机制转换长期难以实现,成为导致东北亚地区安全困局的重大因素。美日、美韩同盟体系不仅难以破解安全困境,更加大了对抗风险。美韩执意在韩国部署"萨德"系统,不仅使得中美、中韩关系陷入紧张,而且给三方为解决朝核问题、维护朝鲜半岛和平与稳定大局的合作蒙上阴影。在东南亚地区,各方日益因为现实利益的冲突而呈现新的安全困境。中国与越南、菲律宾等国围绕领土主权与海洋权益问题矛盾仍悬而未决,美国、日本、澳大利亚、印度等域外力量争相介入、意图谋利,主权问题与海权争夺相互混杂,进一步加剧了相

---

① 中国现代国际关系研究院编:《太平洋足够宽广:亚太格局与跨太秩序》,时事出版社2016年版,第6页。

关争端的复杂性。由于美国、日本等域外力量的介入，东海问题与南海问题初步呈现一定的联动特征。日本升级其在南海行动，既有配合美国战略、减缓其在东海问题上面临的中国压力的考虑，也意在进一步加剧争端的复杂度，寄望于从中渔利。

但值得注意的是，亚太地区热点问题虽然持续发酵，但时至今日并未发生重大危机或直接冲突。就东海问题而言，中日矛盾虽根深蒂固，但基本维持了"冷和平"态势，在一线行动上双方均小心翼翼，避免突破各自心理上的"红线"。南海问题在2016年7月仲裁结果公布之后，呈现明显有别于此前数年的降温态势，这是中、美、菲等相关方经过多年博弈之后，基于各自利益与政策权衡之后的理性之举，反映了各方在局势持续紧绷之后寻求"软着陆"的考虑。在朝核问题上，尽管面临"萨德"问题的重大冲击，但中美总体上仍然维持了一种相互合作、相互制约的态势，防止了重大危机事件的发生。

二、亚太局势变化对中国的挑战

基于上述亚太地区形势，中国应充分利用当前亚太格局中的积极因素，努力化解消极因素，服务于中国亚太整体方略。未来，我国亟须化解三大挑战。

第一，美国亚太战略的消极影响。特别是特政府用朝核问题绑架中国，同时增大我国周边军事部署，使我国有进退维谷之虞；美以"雇美国人、买美国货"为标准重塑地区经济格局，冲击我国对地区经济秩序的构建；美在东海、南海问题继承奥巴马政府抢占"规则"制高点的做法，保持对我国高压态势，使我国仍面临中美矛盾与主权问题相互交织的难局。

第二，中邻矛盾依然存在并有爆发风险，地区国家靠美倾向突出。南海问题加重中国与东盟矛盾，"萨德"问题使中韩关系面临窘境，中日关系难改低迷，日韩关系加速回暖，美日澳印隐形四边化正在成型。第三方国家普遍怀有借机获利的心理，既希望通过中、美获得经济利益和安全保障，也希望通过与一方互动，来调动、牵制另一方。我国须谨防美国主导形成对华统一战线。

第三，朝核、南海、东海等地区热点仍有失控风险。南海、东海问题的目前缓和态势具有较大脆弱性，能否持续降温仍然有待观察。朝核问题则最为危险。目前，美、韩、日均对朝鲜核武及导弹能力的发展深度担忧，认为其发展已接近"红线"。加之，美国愈发认为，对朝军事威慑与制裁相结合的既有策略明显无效，不能排除其对朝政策出现突变，甚至诉诸军事手段的可能性。

第二节　中国的亚太安全利益与目标

为实现我国在亚太的安全利益与目标，下一步应着力实现"三要"和"三不要"。

一、实现中国亚太安全利益与目标的"三要"

一要重塑地区安全格局、机制与架构，建立开放、包容、不排它的跨亚太安全架构。目前，亚太地区安全机制的突出特点是相互割裂，不仅难以有效带动区内安全合作，反而加剧"集团化"的安全对立，安全困境更趋突出。对此，中国可提出构建"跨亚太安全机制"这一宏大目标，推动现有机制之间的对接与合作，并在此基础上实现大国协调与多元安全。在此过程中，推进美国亚太同盟体系与区内其他安全架构之间的融合最为重要，重点是要通过与区内大国及主要安全架构的更广泛的合作，逐步增加开放性和融通性，减少基于冷战色彩的对抗性和排他性。之所以叫"跨太"而非亚太，主要目的之一就是要打消美国疑虑，认可美在亚太存在的客观事实，承认其正当权益，推动其发挥建设性作用。诚然，美国的同盟体系也需自我调整。在保留现有行动能力的基础上，应将其目标由应对共同威胁转向维护共同利益与地区秩序，充分挖掘其提供地区公共产品潜能，由高度排他转向开放包容。

二要树立新的亚太安全理念，倡导"包容、平等、合作、共进"的共同体安全观。所谓"包容"，是指不仅包括目前活跃的所有地区安全角色，也应将朝鲜等被排除在国际主流之外的国家囊括进来，照顾所有国家的安全关切。所谓"平等"，即与中国的一贯主张相吻合，虽承认各国在安全方面的作用大小有所差别，但在新机制下应一律平等，不能搞等级制,也不能有盟主。 所谓"合作",是指地区架构要靠合作而非"一场战争"来实现。 所谓"共进",是指新秩序应充分确保各国的行动自主权,给不同发展阶段的国家预留空间,逐步、分阶段、合理地实现地区共同体最终目标。 实际上,从20世纪90年代中国"新安全观"提出,到十八大之后诸如"亚洲安全观""命运共同体""新型国际关系""新型大国关系""亲善惠容"周边理念等系列提法,均日益体现出中国政府对共同体思想的深入思考。 在亚太地区,不仅已经产生了相当基础的共同体思想,也有着相当积极的具体实践。 东盟本身就志在建立"东盟共同体",亚信会议、上合组织、东亚峰会、东盟防长扩大会议等官方机制以及东北亚合作对话会、亚太安全合作理事会等形形色色的二轨会议,其背后或多或少地均体现出共同体思想的精髓。 中国应进一步丰富、发展和推广"共同体"理念,通过官方、半官方、二轨、民间等各个渠道广为传播,促使亚太国家普及和接受这种理念,为打造长远跨亚太安全机制提供舆论基础。

三要维护中国在亚太的核心与重要利益。 亚太是中国崛起的重要依托,是中国周边最重要的地区,中国在此拥有广泛而重要的利益。 首先是安全利益,既包括领土主权与完整的核心利益,也包括周边稳定、睦邻友好等重要安全利益。 中国需求一个和平稳定的地区安全环境,这既包括安全形势十分复杂的陆上周边稳定,也包括漫长的海上通道安全;既包括朝鲜半岛的无核化,也包括和平解决东海、南海的主权与海洋权利争端。 对中国的安全挑战不仅来自传统安全问题,也包括非传统安全问题。 其次是发展利益。 亚太地区集中了中国最重要的贸易伙伴,也是中国最重要的投资来源地。 中国经济的持续发展需要不断拓展与地区内的经贸联系,确保中国在亚太的资源和市场稳定,推动贸易与投资的自由化与便利化,打造中国在亚太区域经济合作的中心地位。 最后是政治利益。 中国希望构建"持久和平、共同繁荣"的和谐地区秩序,实现不同政治制度的共存、各国间的政治互信、平等参与地区事务、互利合作等[①],增强对亚太秩序的塑造力。

---

① 吴心伯:《中美在亚太的利益和战略》,中国现代国际关系研究院美国研究所编:《中美亚太共处之道——中国、美国与第三方》,时事出版社2013年版,第53页。

二、实现中国亚太安全利益与目标的"三不要"

第一，防止任何大国与国家集团主导亚太事务，避免出现美国单极主导亚太的局面。美国在亚太的存在有其历史必然性，自冷战结束以后美国在亚太的存在对中国造成双重影响。一方面，美借强大的同盟体系维持其亚太主导地位，加大对华军事威慑与制约，也使亚太第三方在中美矛盾中渔利，美对华消极影响始终挥之不去。另一方面，美同盟体系也起到约束盟国作用，使日、韩等地区强国免于核武化；美军事存在也履行了部分提供人道主义救援、维护通道安全、减灾赈灾等地区公共产品的功能，促进了与地区接触。尽管如此，美国并不希望地区出现一个与其分享领导权的大国，由于制度不同、战略目标不同、价值观不同，美始终对华充满不信任感，希借软硬两手塑造中国崛起，防止中国挑战美亚太主导权。对此中国应做到心中有数，制定和践行合理的亚太安全方略，通过积极经营和参与地区机制构建，确保亚太格局向多极化发展。

第二，防止出现中美两极对抗格局，防止形成对华统一战线或陷中国于孤立。中美关系中中国绝不是美国对华政策的消极被动方，而应是积极主动的引导者和塑造者。一方面，应看到美对华政策中的积极面，充分拓展合作深度与广度，为两国构建"新型大国关系"奠定基础；另一方面，对其消极面应妥善全面应对，反制、控制与扭转、塑造多管齐下，积极管控冲突、着手长远构建战略互信。这不是说中国与美不能搞斗争与博弈，在涉及我核心利益前提下，我要勇于斗争、敢于"亮剑"，但"不对抗、不冲突"始终是我底线，不能突破。此外，还要统筹处理中美邻三角关系，既要防止中美对抗为邻国所利用，也要避免美国借中邻矛盾而渔利。

第三，防止地区热点失控，对中国发展造成干扰，或使中国核心利益受到侵蚀。近年来亚太地区热点问题升温、安全矛盾激化，表面上看，是各国传统矛盾的延续或是具体的利益之争，但实际上，其背后折射的是后危机时代地区秩序变革与权力转移的深层矛盾。例如，朝鲜半岛问题乃是冷战遗产发酵的结果，需从地区格局重组与构建的高度予以解决；中日钓鱼岛冲突是雅尔塔秩序、冷战秩序与后冷战发展趋势相互冲突碰撞的结果，需要从区域治理与大国协调角度切入；南海问题则是历史权利与现代国际法、崛起大国与守成大国矛盾发酵的结果,需要解决大国崛起的空间与国际法修正的问题。这些问题的解决均非一日之功,而是地区秩序长期嬗变的结果,决不能急于求成。当前,应注意处理好四个问题:一是维权与维稳的关系,实现二者平衡;二是防止失控,加强管理;三是防止外溢,避免损及国家间整体的战略关系;四是防止僵化,积极寻求解决问题的办法而非固着于既定立场。

第三节 实现中国亚太安全利益与目标之路径

一、解决一个核心问题,寻找中美亚太共处之道

中国崛起是改变亚太格局的重大事件,由此将引发地区主导权的重新洗牌和规则变化。其中中美的互动与相处将直接决定亚太整体战略走向,也决定着这个当前世界上最重要的两个国家的未来前途与命运。是进行权力斗争与地缘竞争,以争夺亚太主导权,从而陷入因大国崛起所导致的"修昔底德陷阱",还是超越冷战与零和思维,以人类利益共同体与双赢方式实现"老大"与"老二"的和平共处,从而维护和创造一个和平、和谐、共赢、安全的亚太格局?这是中美亚太互动与我国制定亚太安全方略最核心的问题,也是解决一切问题的基础。

(一)中美亚太关系的实质:竞合并存的复杂关系

中美关系的实质是中国崛起要维护与拓展地区利益,而美国作为守成国要维护其既有地位所造成的利益冲突,这决定了双方围绕南海、朝核等问题的战略博弈将长期存在;但鉴于两国对共同利益之大、之多的共同认知,摩擦失控或直接冲突的可能性依然较小。同时,双方的全方位合作与接触仍会加强,利益深度捆绑之势难以逆转。由此,当前及未来相当一段时期内中美关系仍将在竞争与合作的两极间摇摆。换言之,未来双方在合作与竞争轨道上的深度与广度会同时强化,但其基本底线不会发生质变;双方会继续致力于构筑"建设性的大国关系",但其合作程度仍难以企及朋友甚至是盟友的高度;双方在战略与战术层面的竞争与矛盾会依然发酵,但其底线是力保不上升为直接冲突。特朗普上台初期由于其缺

乏执政经验，对中美关系认知甚浅，加上其好斗、善交易、不露底牌、故弄玄虚的风格，使中美关系一度动荡不安，充满变数。但随着其执政日渐深入，其周边重要谋士影响及战略界主流思想的回归，加上中美关系结构性因素作用凸显，使特朗普不得不回到如上中美关系一贯的框架与路线上来。

这一中美关系"有斗有和、斗而不破、力度增大、底线不变"的实质反映到亚太问题上，也将折射出同样的特征。亚太是我国最主要的战略依托与生命线，对我国切身利益最为攸关，是我最为关注的核心利益区。而对自诩"世界领袖"的美国而言，由中国乃至亚太整体崛起引发其对亚太关注度上升，从而力求投入更多资源实现对地区的"再平衡"。事实上，早在冷战结束之后，美国就把目光投射到亚太，克林顿时期两次出台《东亚安全战略报告》，提出以安全、经济、人权为支柱推行亚太战略；小布什时期更有"战略东移"之说，只是"9·11"事件后两场战争使美无暇兑现这一战略目标，从而为中国赢得近十年战略机遇期。奥巴马上台后寄情亚太，从两场战争脱身也为其真正"转向亚太"提供可能。如此，从"重返亚太"到"转向亚太"，再到"亚太再平衡"，奥巴马政府全方位亚太战略逐步完善。其具体内容是，经济上以构建"跨太平洋伙伴关系协定（TPP）"为基础，打造美主导的"21世纪亚太经贸规则"，从而将中国排斥在外，或倒逼其接受"美国规则"；军事上实现美资源由中东转向亚太，到2020年将美海空力量的60%部署到位，以应对中国崛起为核心加大地区军事威慑；积极参与地区多边机制，将中国"嵌入"一个可以约束其行为的地区网络。

特朗普上台后以"逢奥必反"为己任，宣称奥巴马"亚太再平衡"已"正式死亡"，但并未提出与其完全相左的亚太政策，相反却体现出一定继承性。美称将"继续积极参与亚太事务，致力于解决公平与自由贸易、朝鲜等地区安全挑战，并敦促亚洲建立遵循法律、和平稳定的社会秩序"。在对华政策上，美将追求建设性和"以结果为导向"的中美关系，这一关系"要有益于美国人民、同时展现美国仍忠于盟国"，即在要求中国遵守国际规则与准则上持续施压[1]。如上表明，特朗普"新"亚太政策

---

[1] "'Pivot to the Pacific' Is Over, Senior U.S. Diplomat Says"(March 14, 2017), Defense News, https://www.defensenews.com/pentagon/2017/03/14/pivot-to-the-pacific-is-over-senior-u-s-diplomat-says/, retrieved September, 2017.

将盟友、对华关系、朝核问题视为三大重点，将谋求公正与平衡自由贸易、强化地区军事存在、按照美利益塑造中国崛起为三大目标，既是对奥巴马亚太政策的延续，亦有其不同之处。 从延续性上看，特朗普将盟友、对华关系、多边机制继续作为美亚太政策重要抓手，不断强化与日、韩、澳同盟关系，谋求与中国发展建设新关系，并在亚太多边场合延续美一贯做法，将此视为兜售美"地区规则"的平台。 特朗普本人决定参加东亚峰会及 APEC 会议，也表明其对多边重视程度。 但其不同之处在于： 与奥巴马将应对中国崛起作为其亚太战略核心目标不同，特朗普未将此视为亚洲政策核心要素，而是提高应对朝核问题的紧迫性；特朗普上任首日即宣布退出 TPP，忽视引领地区经济规则主导权，而是将目标放在调整美贸易不平衡问题上，消解了美亚太经济政策的战略性；与奥巴马善于操弄亚太第三国制约中国之举相比，特朗普更加重视地区大国与盟友关系，对地区小国则较为忽视；与重视民主人权的奥巴马政府相比，特朗普不以意识形态划线、更加重视实际利益，减轻对华及其盟友菲律宾、泰国的人权压力。 由此，特朗普亚太政策调整对中美互动造成新的复杂影响。

其一，特朗普重新界定美在亚太的国家利益，以"美国利益优先"为出发点，谋求美经济与安全利益的绝对优势，其政策优先选择的排序为朝核问题、盟友与对华关系、经济利益。 为加速解决朝核问题，其一方面加大与中国合作，并将此与其他政策捆绑，相对减轻在经贸、南海等问题上的对华压力，使中美关系加速回稳。 但另一方面，中美在朝核问题上仍有较大战略认知差距，使中国难以在制裁及对朝施压上完全随美起舞，双方合作仍有一定脆弱性。 特朗普政府在南海问题上也并未改变通过"航线自由"等行动对华施压的做法。 其强调盟友利益与地区规则、不断呼吁中国承担责任的做法也与奥巴马如出一辙。

其二，特朗普作为反建制领导人仓促上台，扰乱美亚太战略部署。特别是美退出 TPP 被主流认为"代价重大"，美地区盟友伙伴关系受到冲击，美影响力受损。 加上特朗普深陷国内执政危机，相关政府人员仍未部署到位，难以形成有效政策合力。 其个性极端、政策反复也使中美在亚太关系面临不确定性。

尽管如此，中美关系合作与竞争的大框架难以根本改变，这是由中国崛起引发的中美结构性矛盾所决定的;同时,中美谋求"不对抗、不冲突"的底线依然有效,这是由中美结构性合作需求所决定的。特朗普一己之力难以改变如上趋势。由此,应充分利用特朗普冲击给中国亚太经营带来的战略机遇,最大限度缓解其不确定性带来的挑战,积极、有序推进我国亚太方略。

(二)从构筑中美新型大国关系入手,主动塑造对我国有利的中美关系

美尽管曾对中方提出构建"新型大国关系"表示接受,但双方对此理解的侧重点并不同,决定了双方关系不会一帆风顺,根本分歧仍需管控与化解。中方强调必须"平等相待,尊重彼此主权和领土完整,尊重彼此对发展道路的选择,不把自己的意志和模式强加于对方"①;美方则强调"建设性、以结果为导向"的务实合作,以及"遵守国际规则和国际法"。这反映出双方核心利益与对彼此期望的落差,也决定了双方矛盾的走向。特朗普对中国解决朝核问题寄予厚望,却不愿接受我方提出的"双暂停""双加强"以及和平谈判与非核化并行路线,并执意在韩部署"萨德"系统,朝核问题仍在固化;美在南海问题上继续对我国施压,与日、澳等国加强军事与外交协调,并继续拉拢印度入伙,强化与越南军事合作,挤压我国南海空间。说到底,美还是不愿放下世界老大的架子,要掌握中美关系的主导权。但这并不表明双方的矛盾是绝对不可协调或必然冲突的。在亚太主导权方面,中国与美国要实现"和平共处、扩大合作、管制分歧、求同化异",不以主导权论短长,而以中国的国家利益与双方共同利益为重。具体看,应从构筑中美新型大国关系的三个层面入手,形塑两国在亚太的共处之道。

第一,夯实合作。充分用好新建立的"外交安全对话"高级别对话机制,保持两军各级别交往,继续发挥好中美国防部防务磋商、亚太安全对话等对话磋商机制作用。在增进相互理解和信任,共同构建稳定、合作的战略安全关系的同时,深化两者在第三方乃至多边机制平台上的协调与合作。当前,朝鲜、伊朗、阿富汗、缅甸等均是中美关系中越来越重要

---

① 习近平:《努力构建中美新型大国关系——在第六轮中美战略与经济对话和第五轮中美人文交流高层磋商联合开幕式上的致辞》(2014年7月9日),人民网,http://cpc.people.com.cn/n/2014/0710/c64094-25261696.html,最后浏览日期:2017年9月19日。

的第三方因素，中美合作不仅有利于其问题的"软着陆"及最终解决，更有利于中美关系良性互动的战略需求。此外，继续强化中美在亚太经合组织、东亚峰会及东盟框架下的经济与安全合作，不仅有利于中美关系本身，也为地区安全起到良好示范作用。

第二，良性竞争。新型大国关系不是否定竞争的存在，而是力求形成一种健康、良性的竞争关系，即不以零和视角看待对方的行为，不谋求对冲或抵消对方与任何第三方加强关系。由于中美战略互信的缺失，在对彼此的政策中两面下注的行为其实并不鲜见。美国不断强化与盟友的军事关系、继续聚焦南海问题等，其指向性就非常明显；但美国亦认识到与其孤立打压不如接纳融合，特别是对将美国利益凌驾于世界利益之上的特朗普政府而言，中国对于解决其经济、安全及地区秩序等问题至关重要。由此，特朗普政府基本延续了上届政府对华接触的一面，在美国最初反感的"一带一路"及亚投行等问题上，美亦由冷眼相看转为有限参与，要求中国提高贷款标准与透明度等。对此，中国也宜多从正面解读和塑造对美关系，防止零和对冲与恶性竞争。

第三，妥善处理分歧，做好危机管控。在双方根本分歧之处，须防止探测对方底线，尊重彼此核心利益，并通过对话沟通取得谅解和默契。继续致力于发展中美新型军事关系，深化在反海盗、海上搜救、人道主义援助、减灾等涉及双方共同利益领域的交流合作。用好已建立的"联合参谋部对话机制"新平台，不断完善重大军事行动相互通报信任措施机制和海空相遇安全行为准则"两大互信机制"，加强各层次沟通和联系，加深两军相互了解。只有战略、战术双管齐下，才能真正实现这一目标。

二、两套安全体系的对接与融合

我国在亚太的战略目标相对有限，旨在谋求在西太平洋相对利益的扩展；而美国假借其同盟体系试图维护在亚太的绝对安全优势，与我国渐进性的延展利益形成矛盾。如任其发展，亚太二元对立的安全格局有固化之风险。与之相应的，中美对亚太安全有不同的认知、体系架构与运作方式，经过多年经营，形成两套既相互重合、又有明显区别的安全体系。其中，特别是以美国为主导的亚太同盟体系与以中国为主导的伙伴国家体系至今难以相互兼容，是中美亚太共处最难以克服的方面。应逐步增大两者在亚太安全体系方面的共同点，从安全观、体系建构及运作方式等方面最大程度找到共同点，从而实现两套体系的对接与融合。这将整体有利于亚太地区的安全稳定，为中国营造和平发展的地区环境。

（一）安全观

与奥巴马政府谋求"基于规则、自由、透明、市场经济"为目标的亚太安全观相比，特朗普政府则强调"公平贸易"、地区安全、规则与国际法三大目标，但在所倚重的手段上与奥巴马并无不同。一是盟友，这是美亚太战略的基础。美借着与日、韩、澳、菲、泰构成的同盟体系促进如上规则与规范的建立与实现。美强调其同盟体系是基于共同利益与价值观，包括民主、人权、法治。而美日围绕防卫合作新指针实现安全一体化、美韩以应对朝鲜威胁加强战略威慑合作、美军增加赴澳大利亚轮训以及加快落实与菲增进防御合作协定，均预示着特朗普时期美亚太同盟体系的持续深化。但与奥巴马不同的是，特朗普并未把美安全与经济利益整合在一起，而是相互分离。如，为谋求"公平贸易"与对美投资，特朗普要求与日进行自由贸易协定（FTA）谈判，并促韩重订美韩自贸协定，使其盟友关系受到冲击。二是对华关系。特朗普一方面把中国作为解决朝核等美国家安全问题的重要抓手，另一方面仍谋求美一贯制约中国崛起的战略目标，在盟友与对华关系中，美似乎更强调借前者对付后者的一面。这混淆了美国安全与美国战略安全两种目标，前者需要与中国全心全意合作，后者则要求美国占取对华优势，由此美对华战略中的内在矛盾依然存在。三是地区多边机制。美认为地区机制对于亚太形成以"规则而非权力为导向的国际社会"至关重要①，为此力求多方参与东盟、东亚峰会、亚太经合组织等活动，促成次湄公河倡议（缅甸、柬埔寨、老挝、泰国、越南）等小多边合作，以"提升贸易、和平解决南海类似争端、减轻地区疾病及跨国污染等"。特朗普上台后依然重视如上亚太系列峰会的象征性意义，并将保持参与高度与频度，但在涉及地区治理、促进"良治"等方面

---

① Daniel Russel, "The Future of U.S.-China Relations" (June 25, 2014), USC Annenberg, https://china.usc.edu/daniel-r-russel-%E2%80%9C-future-us-china-relations%E2%80%9D-june-25-2014, retrieved September 19, 2017.

的投入会明显减少。如上表明,特朗普亚太安全观是一种以美国利益为第一考量、兼顾美传统战略利益的看法和认知、重视朝核,降低人权与治理考虑,同时强化盟友与对华两手应对并进,旨在保护美盟友及美自身安全、增进美狭隘经济利益、扩大美地区主导权的安全观。

美如上亚太安全观与我国亚太安全观既有共同点,亦有分歧。自 2013 年以来,中国领导人就亚太安全发表了一系列讲话,提出亚太安全观、亚太命运共同体、"一带一路"等新概念,中国的新亚太安全观逐步成型。其核心是倡导"共同、综合、合作、可持续的安全"。正如习近平主席所阐释的,共同,就是要尊重和保障每一个国家安全;综合,就是要统筹维护传统领域和非传统领域安全;合作,就是要通过对话合作促进各国和本地区安全;可持续,就是要发展和安全并重以实现持久安全①。其中,这一价值观特别强调安全的普遍性,即不能牺牲别国安全谋求自身所谓绝对安全;安全的平等性,即各国都有平等参与地区安全事务的权利,也都有维护地区安全的责任,任何国家都不应该谋求垄断地区安全事务,侵害其他国家正当权益;安全的包容性,即恪守尊重主权、独立和领土完整、互不干涉内政等国际关系基本准则,尊重各国自主选择的社会制度和发展道路,尊重并照顾各方合理安全关切,反对任何针对第三方的军事同盟②。从如上阐释看,在综合安全和合作安全方面,中美合作空间广阔:中美均强调传统安全与非传统安全相结合;均强调沟通对话,反对使用武力或以武力相威胁;均主张合作不应以意识形态划线。在共同安全和可持续安全方面,双方的观念仍有一定差距:中方强调安全的平等性、普遍性,反对军事同盟,强调尊重主权与道路选择的自主性,而美则强调国际法与规范的重要性,以及将中国和平纳入其规范框架的必要性;中方强调发展本身就是最大的安全,而美方则强调塑造"稳定、和平、开放与自由且有规则的秩序";中国的亚太方略主动回避美国因素,而是强调"亚洲的事情要由亚洲人民来办",而美国的亚太战略则将中国作为不可回避的

---

① 习近平:《积极树立亚洲安全观,共创安全合作新局面——在亚洲相互协作与信任措施会议第四次峰会上的讲话》(2014 年 5 月 21 日),新华网,http://news.xinhuanet.com/world/2014-05/21/c_126528981.htm,最后浏览日期:2017 年 9 月 19 日。

② 同上。

重要因素。尽管如此，中国还是认识到，绕开美国寻求亚太安全是不现实，也是不可能的。因此，中方体现出与美在亚太积极共处的良好意愿，同时也强调核心利益和底线思维的重要性，为美释放出何为红线的清晰信号，从而防止直面冲突。正如崔天凯写道："要以在亚太地区的良性互动体现不冲突、不对抗的中美新型大国关系内涵……中美完全可以在促进亚太区域合作、发展地区经济、管控地区热点问题等方面开展更为密切的合作。对于中国同有关国家的领土主权和海洋权益争端，美方应从事情本身的是非曲直和中美关系大局出发，不做火上浇油的事。"①

总之，中美对于亚太安全的认知既有共同点，又有根本分歧，但正如构建中美新型大国关系一样，应最大限度拓展双方的合作面，且最大限度地沟通化解双方的分歧面，未雨绸缪，从而使双方的安全观乃至以此为基础的安全体系得以共存，甚至合作兼容。

(二) 体系建构

正如上文所言，美国亚太安全体系包括盟国、新兴大国与多边机制三部分，分析这一架构对我国安全体系的影响是研究双方能否兼容的关键②。美称其全球同盟体系为"面对各种危机和不测的能力基石"，其亚太同盟体系（日韩澳菲泰）更是实现亚太再平衡的首要支柱。其2014年版《四年防务评估报告》称，未来冲突可能包括"与拥有技术先进的反介入和区域拒止(A2/AD)能力的国家强权的高端冲突……长期存在的主权争端或对自然资源的索求造成的紧张态势，有演变为无序竞争甚至升级为冲突的风险"，而盟友体系旨在"预防和慑止冲突"③。这其实主要指中国在东海、南海与有关国家的主权争端所可能引发的冲突，而美作为日本、菲律宾的盟国，有被迫卷入的可能性。此外，在美对华接触加对冲二轨政策中，盟国的作用主要体现在对冲方面，即为"不测"做好准备。换言之，其威慑中国的一面是毋庸讳言的。但是，美亚太盟国体系的存在不

---

① 崔天凯：《推动构建中美新型大国关系》，《求是》2014年第10期。

② Daniel Russel, "ASEAN and America: Partners for the Future" (July 28, 2014), U.S. Department of State, https://2009-2017.state.gov/p/eap/rls/rm/2014/07/229872.htm, retrieved September 19, 2017.

③ The U.S. Department of Defense, *Quadrennial Defense Review*, March 2014, p.13.

仅仅出于威慑中国,也有威慑朝鲜、维持地区秩序、解决非传统安全问题等考虑,同时其形成有一定历史渊源,而美与盟国间在双边关系、基地处置等问题上非铁板一块,因而中方对美同盟体系可不必过度反应,而应最大程度通过主动塑造消解其不利影响。包括:通过"中美+"对话方式寻求战略沟通与理解,如中美日、中美韩、中美澳、中美泰等三边或多边对话;探讨中美主导下构建地区安全架构的可能性;推动相关军事合作,如更多参与类似环太军演、中美澳联合军演等,一方面增进中国对美同盟体系的信任与了解,一方面也冲淡其针对中国的意味。

与中国发展建设性关系是美国亚太安全的支柱之一。这一态度和政策与中国谋求合作与共同安全的政策目标并行不悖。中国应更加提升中美关系在美亚太政策中的分量,通过更大范围的对话与合作深化战略互信,从而使美亚太同盟体系能够被中美新型大国关系所覆盖。具体看,通过与美亚太盟国体系的对话、对接破除安全困境,使中美关系获实质性提升;通过在有关我国核心利益问题上与美国巧妙斗争实现战略默契,或与美国沟通达成战略谅解,既维护我国核心利益,又不致引发严重的战略冲突;更好地将第三方因素纳入中美新型大国关系框架,除推动中美在阿富汗、缅甸、巴基斯坦、朝鲜等问题上的合作,也可逐步在中美新型军事关系框架下纳入地区国家,通过各种形式的军事合作使合作安全具体化。

从多边机制看,尽管不排除某些竞争与矛盾,中美在很大程度上是合作的。

自奥巴马上台后,非常重视经营亚太多边机制,积极参与以东盟为中心的多边场合,首次参与东亚峰会,积极促成东盟防长会议下的多边军事合作。特朗普仍会延续这一态势。从中方角度看,一方面应利用东盟平台加大与美、印、澳、俄等"域外因素"互动,另一方面也通过亚信会议、中国-东盟自由贸易区、"一带一路"等倡议引领亚太多边合作,消解美方某些不利影响。未来,中美一方面应继续做大在多边机制下的合作,使多边机制成为中美构建新型大国关系的一个抓手;另一方面在中美结构性矛盾依然难以根本解决的情况下,回避竞争与矛盾亦不现实。对中方而言,应防止美利用东盟平台在南海问题上对华施压,通过充分利用多边机制与美协调对话、增加合作,并借特朗普退出亚太经济整合之机,采取积极主动姿态经营好以我国为主的亚太多边机制。

（三）运作机制

美亚太同盟体系往往在针对某些特定国家的双边军事条约基础上搭建，通过固定的防长＋外长(2＋2)会议、占有基地、派驻前沿部署等严格操作方式运作，这与中国在合作安全基础上形成较为松散、非实质性的伙伴安全体系明显不同。随着美签署并贯彻与菲、澳等国相关的加强防务合作协议，美基于约束性条约的同盟体系正在加强。但中国不谋求地区军事集团、与地区国家包括美同盟体系国家构筑"互信、互利、平等、协作"的新安全观，有力地消解了盟国体系的不利影响。另外，中美澳联合军演、中韩战略合作伙伴关系、中国参与环太军演等均有利于扩大地区更为广泛的合作安全，在与同盟体系共生的同时实现逐步的融合。

未来，应以包容性外交促美与我国在亚太形成良性互动，可与美方达成如下共识。一是相互不搞封闭性、排他性制度安排，我国"一带一路"、亚投行等不以损害美利益为重，欢迎美适时加入并探讨运行规则；美在亚太也应不排斥中国，中美应共同塑造亚太经济秩序。二是相互包容分歧、防止冲突外溢。中国不反对美航行自由及专属经济区无害通过权，美须尊重我国涉海主权、合理看待我国海上军力发展；我国坚持和平解决争端，美积极创造有利于和平解决争端的氛围，如加强对其盟友管束。三是相互不形成与对方对立的阵营或集团。谨防形成中俄对美日的冷战式阵营，美不经营针对我国的同盟多边化，我国经营上合、亚信等安全机制也不针对美。

尝试与美达成亚太行动准则与行为规范。一是完善中美亚太事务磋商机制，分领域、分层次、以具体成果为导向创立和完善全面对话机制。从层级上可由部长级到司局级再到具体部门，领域涉及经济、安全、社会、人文等各个领域，议题上既包括朝核、缅甸等危机主导型议题，也包括东北亚、东南亚、印太等地区或国别型议题，也可涉及具体的功能性合作议题，如渔业、科考、气候、法律等。二是与美商讨亚太行为准则，如海空意外相遇规则、危机善后处理、制定相互可接受的网络与太空规则。我方尤须重视培养专业领域谈判人才，在通晓国际规则基础上结合我方现实与美达成对我国有利的谅解与共识。三是加强中美在亚太第三方的合作，借中美韩、中美澳、中美日、中美泰等三边合作淡化其盟国体系不利影响，还可利用中美东(盟)、中美印、中美阿(富汗)等三边合作扩大互利共赢。

加强中美在亚太的多边合作，有意识化解美消极的战略影响。一是在APEC框架下加速区域全面经济伙伴关系(RCEP)谈判，并将美纳入，防止另起炉灶、相互减损。中美应力争将亚太经济合作导向一个共同目标，即亚太自贸区。可在APEC框架下共建亚太自贸区，实现资源整合及最大化。区域反腐与地区互联互通可是合作着力点。二是利用好现有安全机制平台，增进中美互信。搞好中美在东盟地区论坛(ARF)、东亚峰会及东盟防长扩大会(ADMM+)等框架下的军事安全合作，由低敏感领域合作向高水平的信任措施建设与预防性外交过渡；中美应合作向地区输出公共产品，其中美要解决产品"过多"的问题，而中国要解决产品"不足"的问题，共同维护地区和平与安全。三是以跨亚太多边安全机制消解美亚太同盟体系的不利影响。积极打造地区共同安全与包容式外交，尝试将美国亚太同盟体系纳入更大范围的多元地区安全架构。在此架构下，上合、东盟等地区组织各司其职、各有其用，与美国同盟体系共存并最终向对接、融合方向发展。在此过程中应逐步淡化同盟作用，从次区域功能性议题入手深化合作，并渐进向传统安全高级议题过渡。四是对美强化亚太同盟体系予以牵制。尽快改善并长远推进中韩关系，强化中泰战略伙伴关系，推动同澳大利亚关系长期稳定发展。进一步转圜中菲关系，从长远战略高度出发稳定和发展中日关系，促美对通过新安保法后的日本加以约束。有效防范和应对美推动亚太双边同盟关系多边化和结网连片的图谋。对美日印、美日韩、美日澳、美日菲三边合作及美日澳印"四边化"态势保持密切关注，利用印、澳在中美之间"搞平衡"的矛盾心态发展务实合作，以中韩及中日韩合作抵消美日韩同盟三边化不利影响。

三、妥善应对三大风险：朝鲜半岛、东海与南海

(一) 半岛失控

朝鲜半岛不仅攸关我国东北亚安全与边疆稳定，因其冷战遗产的身份，也是具有格局意义的重大问题。作为地区主要的不稳定源之一，其失控风险在于以下几种可能。一是，美对朝动武。特朗普上台后，将朝

核问题视为亚太首号安全威胁,采取"极限施压"方式力谋解决该问题。为使对朝施压有效,其将动武列为美"所有"选项之一,通过对朝鲜半岛调动兵力、释放各种"动武"言论,旨在促朝回到无核化和谈。但鉴于特朗普个性极端、性格反复,加上其国内执政危机发酵,以及国会少数人推波助澜,美对朝动武可能性依然存在。二是,因朝鲜内部变化、核武器失控、驻韩美军反应等事态。三是,中美冲突。尽管中美在朝半岛直接冲突的可能性较小,但也不能完全排除。

朝鲜半岛任何风吹草动均有极大风险,其原因主要如下。首先,朝鲜是事实上的核国家,一旦被刺激而采取任何过激行为的风险较大;其次,朝与美韩关系至今未实现正常化,美在韩拥兵自重,不断通过部署反导系统、举办联合军演、强化基地存在等"威慑"朝鲜,双方的敌对关系处于紧绷状态;最后,《中朝友好同盟条约》依然生效,中国对朝是理论上的盟友,中国对包含美韩同盟在内的美亚太同盟体系仍较为抵触,朝半岛一旦有事,中美较量在所难免。

未来,为应对朝半岛潜在风险,需区分南北矛盾与中美矛盾两个层次。首先,应敦促南北对话和构建一定危机管控机制,防止任何意外外溢或升级为严重冲突;其次,坚定不移地坚持朝半岛无核化,促使朝改弦更张、放弃再次进行核试验或导弹试验;最后,就朝半岛出现的任何可能意外及其应对方案与美韩进行沟通,防止因误判导致冲突。如可建立应对意外的管控和通报机制,也可就朝鲜半岛统一后的美驻军问题进行磋商,力争朝半岛成为无核化的中立区。此外,在朝鲜半岛统一前,也可考虑由中为朝提供核保护、美为韩提供核保护而实现一定稳定的平衡。

除应对风险,我国半岛政策更应着重于主动塑造。首要的是正确认识我国在朝鲜半岛的利益。过去维持朝鲜国际地位稳定一直是我国的首要关注点,但随着事态变化及我认识的调整,我国逐步认可无核化也非常重要。朝鲜政权拒绝改变、难以融入国际社会和走改革开放路线,并对外采取核武冒险政策,使朝鲜在某种程度上成为中国的"负资产",影响了我国负责任大国的国际形象。而中美构建新型大国关系、中韩构建战略伙伴关系也使中国与美韩的共同利益与相互认同增强。中国与美韩在维护半岛和平、稳定方面有着共同利益,因此,现今我国在朝鲜半岛的利益可以概括为:

和平与稳定、无核化、大国合作。具体看,我国半岛政策应分为以下三个层次。

对朝,应采取接触与制约两手政策。一方面,通过加强沟通做其工作,促其内部改革并逐步走向对外开放,改变其核武政策;另一方面,需加强与国际社会协调,继续强化制裁,迫其改变政策,同时在继续经营中朝特殊关系的同时,要善于利用现有杠杆塑造其政策。

对韩,现阶段对其部署"萨德"系统可采取一定反制与惩罚措施,但鉴于中韩关系发展的长远利益,特别是韩新政府上台后意愿在中美之间扮演平衡角色,应继续通过加强中韩经济、安全合作抵消其被纳入美亚太反导体系以及强化美日韩三边军事合作的消极影响;推动中日韩自贸谈判进程,适时考虑举办中美韩三边对话。

对美,通过加强中俄反导合作警示美韩部署"萨德"系统的不利影响,与美探讨将其造成的对我国战略损害降至最低程度的可行途径,如缩小雷达探测范围等。加强与美沟通,防止其在朝鲜半岛未来可能的安排上损害我国利益,通过中美协商作出有利于我国战略利益的安排;尤其要防止美朝单方面达成不利于我国交易的可能性。

总之,处理半岛问题应处理好三个平衡:既要坚守"无核化"目标,也要确保半岛稳定;推动中朝特殊关系向正常化发展的同时,应将中韩关系提升至更高水平;以事物的是非曲直为准绳来处理中美朝三角关系,发挥我国特殊桥梁的作用,维护我国积极斡旋者的作用,使之不仅有利于中美新型大国关系构建,也有利于我国的实际利益。

(二)海上冲突

此类冲突有两个层次:一是中邻冲突,如中日因钓鱼岛,中与菲、越因南沙或西沙群岛争端而引发的冲突;二是美作为日菲邻国可能卷入的冲突。

1. 东海问题

自日宣布钓鱼岛"国有化"以来中日交恶仍在持续,双边政治关系依然趋冷、首脑会谈尽管有限恢复但成果有限,民众对立情绪依然存在。围绕钓鱼岛的对峙仍在强化,中方实现对争议海域的"常态化"巡航,日宣布将组建钓鱼岛警备专队;两国都划定各自的"防空识别区"在东海有很大重合部分，而两国都在同一空域进行定期、不定期的巡逻和其他任务。未来，中日舰船发生碰撞、空中战机相撞而引发更大冲突的可能性仍在。加上双方民众对立情绪，很可能迫使政府将小的摩擦升级为两国冲突。同时，美明里暗里的对日支持使矛盾进一步复杂化，中日争端可能成为中美对抗的导火索。尽管美立场自相矛盾：一面声称在钓鱼岛问题上不选边站，主张由中日两国以和平协商方式自行解决；一面又承认日行政管辖权并将这些岛屿纳入美日安保条约的范围。同时，美日同盟新的防卫指针允许日解禁集体自卫权，日参与海外军事行动自由度加大。

不过，美始终没有明确承诺一旦中日因钓鱼岛发生危机，美是否会履行条约义务、保护日本，日一直希望自己卷入所谓"灰色区域"武装冲突时，美就提供协防作出更加明确的承诺，而美则促日克制，并在历史问题上更多反省。由此，在不导致冲突前提下最大限度以日制华、平衡发展对日、对中关系最符合美利益。对此，我们在制定对策时应分清两个层次：对日与对美。

在对日层次上可从以下几点着手。一是做好危机管控，防止海上偶发事件酿成大的冲突；同时疏导国内舆论，以免将两国关系拖入更加对立局面。二是保持对日高压态势，迫其在"购岛"后形成的中日力量常态性存在的新现状基础上，停止可能进一步激化局面的动作和措施，探讨共同管理、合作开发的可能性。三是长远看待中日关系，寻求摆脱僵局可能性。

在对美层次上，因中美在保持地区稳定、防止冲突、约束日本方面有共同利益，可从以下几点着力。一是做好战略沟通，明确我国和平解决争端意愿，同时表明我国保留对方首先挑起争端后回击的权利。令美国明晰我国政策底线，如日在我国防空识别区主动碰撞或进攻我军机，或对我国巡航力量或渔船采取先发制人动作，则我国不排除以武力回击；美如因此协防日本则承担与我国交战后果。在此底线下，我国以最大诚意和努力谋求和平解决争议。二是做好危机管控。就中日冲突与美探讨预案，建立相应的紧急事态措施机制，防止因误判导致中美直接对抗；考虑与美日同盟建立海上意外的通报与磋商机制。三是处理好中美日三边关系。一方面对美说明其纵容日的风险，以及中美利益超过美日利益，望其收敛对日支持；另一方面适时考虑转圜中日关系、开启中美日对话的可能性。

2. 南海问题

近年来，相较于东海相对"稳定"的中日对峙，南海问题显得更加紧迫。一是美指责我国岛礁建设旨在实现南海的"军事基地化"，不断通过口头警告、高官施压、军事威慑、盟友联合、多边外交等方式加强介入。除在南海进行"自由巡航行动"外，美还强化对菲、越军事支持，加快实现在菲军事基地落地化；奥巴马任内首访越南，宣布全面解禁对越武器禁令；特朗普上台后履行两国2011年签署的国防合作备忘录，向越南海岸警卫队转交巡逻艇，促进"两国在越南领水及专属经济区内有关海上执法、搜救和人道救援行动领域的合作"。此后越总理阮春福访美，签署《美越推进全面伙伴关系》联合声明，就南海、朝核、美越防务合作等问题进一步确认合作，表明美仍将利用"棋子"在南海上掣肘中国。与此同时，日本也加大在南海的介入力度，如向越提供P-3C反潜机，向菲提供巡逻艇。美日还借东盟系列会议等场合鼓励东盟对华形成统一立场，支持菲、越等对华施压。二是中国与菲、越关系缓和使南海局势有所降温，但局势恶化的可能性仍存。2017年夏，中国与东盟国家达成了"南海行为准则"框架方案，并与菲律宾启动首次南海问题双边磋商机制，与越就海上争端达成诸多共识。特朗普政府在对朝问题上有求于我，总体收敛南海动作，但并未实质性放弃搅局南海主张。未来矛盾再次回潮可能性不能排除。

总体看，目前我国的东海、南海战略已见成效，对话谈判、实际管理与军力威慑"三位一体"、相互配合、缺一不可。未来，我国需把握好如下三个原则。

一是区分好不同矛盾和主次矛盾、直接相关国与间接相关国。在钓鱼岛问题上，中日、中美矛盾直接相关、均是主要矛盾，处理好中美关系，有利于驾驭中日关系、降低紧张局势；同时由于美日同盟对日作用之巨大，离开美支持日难以发挥独立军事作用，因此做美工作是非常关键，甚至是决定性的。但另一方面，日本与美相比是直接相关国，解决问题首先绕不开的是日本，良性的中美关系只是发挥间接促进作用，问题最终还是要靠中日解决。理顺中日关系，在某些情况下可以摆脱美消极因素的牵制。不过，就当前中美日三方博弈的态势看，中日依然对立、美国居中制衡，暂处最有利位置。因此，应重点做美工作，发挥其对日约束作用，同时维护甚至适时扩大我在钓鱼岛周边实际存在，此外，还需做好中日意外摩擦，以及中美就美日同盟协防的危机管控，最终实现以和平手段实现我最大利益的目标。

在南海问题上则有三层矛盾，最核心的是我国与当事国的关系，其次是我国与东盟的关系，再次是我国与美国的关系。其中美及东盟其他国家是间接相关国。一直以来，与我国矛盾最凸显的菲、越背后均有美国因素的作用，因此在这些关系的处理中，一方面要灵活使用对话、实际管理与军事威慑三种手段，另一方面可采取双边、多边、与美协调等多种方式，通过与当事国直接谈判、与东盟构建"行为准则"实现去美国化，通过迫美约束菲，以及对冲美越军事关系等，抵消美不利影响。

二是充分调动各方面对我国有利的因素，综合施策，为中国增加更多博弈砝码。在东海问题上调动俄、欧以及上合组织等因素平衡美日同盟，并强化经济外交以孤立日本；在南海问题上注意发挥东盟其他国家的中立作用，如柬埔寨、缅甸等国，以防东盟形成不利立场；同时主动与俄、欧等力量讨论地区航行自由规则等。

三是应将此类问题的处理与我国的亚太方略、海洋方略放在一个篮子里统筹考虑。一方面可以防止东海、南海问题的联动；另一方面也可通过大国关系、地区政策的巧妙运筹为我国赢得回旋空间，逐步铺展我国的海洋战略。

四、拉俄稳印、抑日扬东(盟)，运筹好四大力量

俄、印与中国无直接利害冲突，也无直接对抗意愿，又日益卷入亚太事务，中国应主动争取，继续发展巩固与俄关系、稳住印度免其倒向美日，使其成为我国亚太安全布局中的积极助力。鼓励俄更多参与亚太事务并发挥积极作用，使之成为建设性的平衡力量。

一方面，可利用中俄关系调节对美关系、对美造成一定战略压力；另一方面，也要防止形成中俄对美及其同盟体系两极对抗格局。对印"向

东看"保持开放态度,使之成为地区稳定性力量。应抑压日想担任亚太主导力量的战略冲动,降低其破坏性作用。支持东盟谋求团结、实现一体化政治意愿,以及其维护地区和平繁荣的努力,利用其大国平衡战略发展新时期的中国与东盟安全合作。

(一)充分发挥俄亚太平衡作用

与俄建立的全面战略协作伙伴关系是我国在亚太重要的战略依托,有利于对冲美亚太战略对我国造成的消极影响,增大我国的战略回旋余地。乌克兰危机以来,美欧加大对俄制裁力度,俄"东向"政策更加明显;特朗普上台后,美俄均曾幻想改变昔日对抗关系、加强合作,但却触发美国内政治的痛点,"通俄门""泄密门"发酵使特朗普迅速在对俄政策上回摆到传统对立。这为中俄双方加强在经贸、能源以及军事领域的战略合作提供了可能性。在经贸领域,一是应加强金融合作,包括提高中俄贸易本币结算尤其是人民币结算比重,减少对美元和欧元的依赖;推动人民币和卢布国际化,共同维护金融安全。二是应进一步深化能源合作。2014年5月,中俄签署了为期30年、总额高达4000亿美元的天然气供应协议。在此基础上,可考虑适时启动经中哈石油管道对华输油问题,并加强中俄在北极油气合作开发。三是抓住契机参与远东开发,并加大对俄投资。同时,应加大战略安全合作,包括增强在金砖国家、上合组织等多边机制协调与合作;强化战略安全协调,共同塑造亚太行为准则,在亚太地区反导问题上加强合作等。

同时,也应看到,中俄关系不是单行道,在大国博弈加剧背景下,应始终把中俄战略合作的深化与平衡中美关系联系起来。一是树立中美俄三边关系意识。大国关系是相互联动的,这一点在中美俄三边关系方面十分明显。应从大国关系互动的角度考虑中俄与中美关系,既要防止消极对抗,也要善于利用矛盾服务大局。二是对俄要有理性期待。在南海、东海问题上俄公开支持我国立场的可能性不大,中俄在中亚方面亦有竞争关系,同时俄加快"倒向中国"是当前俄与美欧交恶的结果,但这种状态不可能长久持续下去,而且美俄争斗均留有余地,我国对在中美俄三方关系中暂处有利态势应抱有平常心。三是要认清中美关系始终大于中俄关系的事实。中美关系是对我国大国崛起具有决定性作用的"最重要双边关系",处理好中美关系对我国长远国家利益最为关键。目前看,中俄关系的亮点主要在战略协作层面,其指向含义是掣肘中美关系中的不利方面。这需要我们掌握好中俄战略合作的尺度。一方面,运用好中俄合作服务于对美关系的调节,对美造成适度的战略压力。特别是在美不断强化盟友体系,构筑新的伙伴关系体系,在东海、南海问题上制造麻烦,尤其是利用"萨德"问题加强对中俄的战略威慑,我国有必要更加倚重俄罗斯在亚太的平衡作用,强化中俄在亚太相关领域的战略合作。如增加中俄在东海、南海军演,加强反导合作,在网络、太空领域加强规则合作等,以牵制美对我国掣肘。但另一方面,也要防止中俄与美及其同盟体系形成冷战式对抗的军事集团。我国对美反制的目的不是要形成反美同盟或者发动新冷战,而是增加塑造美政策的战略砝码,使其回到与中国构筑新型大国关系的轨道上来。

(二)稳住印度,使其成为地区稳定力量

印度与中国同为发展中大国,在谋求稳定的国际环境和国内经济发展等方面有巨大的共同利益。作为同属一个实力等级,而又毗邻而居的强国,两国既存在结构性矛盾,又存在涉及现实利益的具体矛盾。在这种情况下,印度不可避免地采取了具有明显的两面性和摇摆性的对华政策,既有愿意与中国开展合作的一面,也有防范甚至敌视中国的一面。正是出于这个特点,美试图将印度纳入美战略圈,通过深化防务合作、战略对话、经贸关系以及美日印战略协调等方式将其打造为制约中国的有效倚重力量。2014年印总理莫迪上台以来,美急于拉近美印关系,奥巴马与内阁要员均曾访印,称莫迪"将把美印战略伙伴关系变成历史性伙伴关系"。美除敦促印放宽贸易和投资补贴限制、共同应对气候变化外,也积极推动与印防御合作,加强在军演、军售、联合生产研发等领域的关系。特朗普上台后,对印表态积极;2017年10月,美国国务卿蒂勒森发表对印讲话并随后访印,称将印打造为"印太"支点,两国战略关系进一步提升。随着战略利益日益成为美国优先政策的一部分,可以预计,特朗普政府将对印度继续推动自克林顿时代以来就开始的防务伙伴关系。

不过,美印关系发展亦有其局限性。一是印度的"大国情结"与独立外交使其与美结盟的可能性很小。由于印有"大国情结",其必定与美保持"安全距离",并不会走得太近:虽然印度有可能和美国保持一定强度的合作,但只要中印不爆发正面冲突,印度作为一个"大国"成为美全面盟友的概率就不高,而成为美对华战略"马前卒"的可能性更小。二是进入 21 世纪以后,印度越来越重视经济实力对其国际地位的影响,而经济又是中国的比较优势。中国可通过对印进行经济帮扶,协助其提升"大国地位",有针对性地缓解两国不信任,淡化结构性矛盾。三是莫迪领导下的印度更可能奉行大国平衡外交,除美外,也重视与中、日、东盟平衡发展关系。面对特朗普政府的不确定性及对印度"剥夺美国工作机会"的批评,印对美担忧加大,其"战略独立性"会有所突显。这些将为我更好经营中印关系提供机遇。

具体看,经济上,中国可充分发挥基础设施优势,更多参与印铁路、电力、通讯等关键领域的建设。对于印方贸易逆差大的问题,中方可进一步向印开放市场和提供保护,放宽印 IT 及相关服务、制药和软件企业开拓中国市场的限制。此外,中国还可投其所好,利用 20 国集团和金砖国家等可彰显印度"大国身份"的多边框架,与印开展诸如推动国际货币体系改革、建立金砖国家开发银行、加大货币互换和信贷的合作。事实上,中国要主动与印增进关系潜力非常大,应把习主席"命运共同体"的思维贯彻到贸易、战略、边界纠纷、领土争议等具体细节上去,真正做到"中印用一个声音说话"与"中印携手合作"。应充分利用印"东向政策",说服其加入我"一带一路"计划,给予其一定话语权,打消其战略顾虑。加快建设孟中印缅经济走廊,以将中国的云南省与缅甸、孟加拉国和印度连起来,构筑起南方丝绸之路。2014 年,中国提议打造"跨喜马拉雅经济增长区域",以促进中印等周边国家的相互联系和共同繁荣,构建起地区内部连通网络。可考虑将孟中印缅经济走廊项目扩大范围,覆盖到所有东南亚次区域经济合作国家,以及尼泊尔和不丹,作为"跨喜马拉雅经济增长区域"的一部分。通过大湄公河次区域的三条经济走廊和中亚地区的六条走廊作补充,可造就一个从中亚一直延伸到东亚和南亚的无缝对接亚洲经济体。可将亚洲开放银行、金砖国家开发银行及亚洲基础设施投资银行作为主要的融资渠道。此外还应提倡中国、印度和尼泊尔三国相接壤的沿边省区之间开展边境贸易,有利于缓解边界紧张局势。

诚然,一方面,中印综合国力的差距、中印边界问题以及中国在其他南亚国家中的影响力都使印度在安全方面感到压力重重,而且这些因素在短期内不会发生变化,深化中印经贸合作并不能使印放弃强化与美的安全互动。但另一方面,我国应对印外交的独立性与平衡性,以及美印战略合作的局限性有所认识,对美印加强战略协调保持冷静态度,防止过度炒作,同时以我方为主打好中印合作基础,适时开展中美印三边对话。

(三) 合理运用中俄印三边对话

需继续推动中俄印三方战略对话,以增进相互信任,协调在当前国际和地区问题上的共同立场,促进互利务实合作。中俄印三方机制既有历史基础,也有现实需求。俄时任总理普里马科夫(Primakov)1998 年提出建立中印俄三边合作倡议,当时俄为应对北约东扩现实,力图在东方寻求抵消来自西方战略压力的安全支点,但因为时机不够成熟而未能付诸实施。2002 年,俄总统普京重提中印俄三边合作。同年在联合国大会期间,三国外长举行了非正式工作午餐,由此开启了三国构筑合作机制的进程,并于 2006 年 7 月在八国峰会期间举行了三国领导人的历史性会谈。

中俄印合作机制建立十余年来,已成为三国增进互信、协调立场、谋求共识、寻求合作、扩大交流的重要平台。三国总人口超过全球的 40%,国土总面积占世界的 22.5%,国内生产总值超过世界的 1/5,在维护世界和平、推动全球经济发展、促进国际关系民主化和世界文明多样性方面拥有广泛的共同利益。三国政治往来日益密切,务实合作逐步推进。在外长会晤机制指导下,三国政府部门、工商界、智库等建立了不同形式的三方对话与合作机制,在智库、工商业、农业、减灾救灾和医疗卫生五大领域开展了交流与合作,并着手向高科技、环保、能源、互联互通、网络安全等新领域拓展三方合作。

随着当前形势演变,进一步提升三方合作面临新动力。在美重视亚太与俄美矛盾不断发酵情况下,中俄相互战略借重上升;印莫迪政府在与美加强关系同时,也对巩固中俄关系非常关注。三方在国际金融与经济、全球与地区问题乃至包括反恐在内的非传统安全等务实领域合作的空间依然巨大。未来应进一步推动三边合作机制化,如将三国外长机制提升为首脑会晤机制；在叙利亚、阿富汗、伊朗、乌克兰、朝鲜等地区热点问题上形成协调机制；共同推动亚太行为准则，就南海问题形成统一主张，以与美同盟体系抗衡；加强在印太的海洋合作；渐次开展一些有关非传统安全的共同军演及军事防务合作等。

不过，推动中美印三边机制需要把握好中美亚太共处为度。尽管中俄印在重整国际经济秩序、维护全球与地区和平方面有共同利益，但三方与美均不愿形成对抗关系。虽目前美俄矛盾加剧，但中美构建新型大国关系、美印加强战略协调，特别是三方在地缘政治、安全和经济领域的内在差异，导致三国结盟是不可能的。特别是中俄、中印之间的政治互信还有待加强。未来三国协调应是在维护中美关系稳定基础上的大国协调，虽对美对华政策的消极面有一定制衡作用，但更应重在挖掘三国内部潜力，而非打造反美联盟。

（四）抑制日对我挤压，同时保持低水平接触

安倍二次执政以来，中日关系围绕钓鱼岛争端、日美修正《防卫合作指针》扩大日自卫队军事活动范围等结构性问题不断交恶，双边关系始终处于低谷。2015年，美日时隔18年再度修订《防卫合作指针》，大幅提升日军事作用和美日军事介入能力，其具体内容如下。(1)建立两军"无缝链接机制"，确保双方共享情报，实现政策和军事行动一致；强化指挥系统合作及共同制订作战计划，确保美日能在危机时迅速应对。(2)明确在平时、日受武力攻击、发生影响日安全的重大事态、他国受攻击、大规模灾害等事态下的美日责任分工，旨在实现同盟应对各种事态。日解禁行使集体自卫权是推动同盟调整重要因素。此后自卫队可向美提供后勤、情报、警戒甚至武力保护（如反潜、导弹拦截）等支援，全方位补充美军战力。(3)海洋、网络及太空领域成为合作重点。海上，美日重点强化情报、后勤支援等军事合作，旨在"共同维护海上秩序"、保持海上军事优势。双方还明确把东海、南海作为"共同关切事项"。网络及太空方面，美日将优先确保网络及卫星系统抗打击能力，以免指挥作战系统陷入瘫痪。美日还将强化情报共享，实施网空联合军演，以提升其卫星系统抗毁能力及应对网袭能力。(4)致力于同盟和安全合作的多边化、全球化。在"与日关系密切的国家遭到袭击"时，日有权出动自卫队协助防

御,从而强化了美主导下的多边作战体系;为打造以美日同盟为轴心的地区安全架构,增强对地区安全事务的主导力,美日将积极推动美日韩、美日印、美日澳等三边或多边安全合作;双方将共同协助相关国家强化军事能力,为东盟国家进行人员培训,为美友好国提供后勤供给、维修保养、运输、工程、医疗服务等①。

美日同盟一体化加剧对我国造成多重消极影响。一是增大对我国的军事威慑力。日反导、反潜、扫雷能力不逊于驻日美军,其卫星通信、定位、侦察能力亦不可小视。同盟整合后,美不必增加军事投入,可借日缩短反应时间、增加兵力投入,提高对中、俄的制衡能力。二是日借同盟逐步加深对南海介入。日与菲、越军事合作日趋紧密,2014年10月派驱逐舰编入美航母编队,首次在南海联合执行任务。美已确定在菲基地实现军舰与战机轮岗驻守,日或将在菲驻守少量军舰与侦察机,实现象征性军事存在,并应美要求适时"联合巡航"南海。2016年以来,日对南海介入力度尤其增大。日防卫相稻田朋美9月访美期间宣称,日将更多介入南海事务,包括为南海沿岸国家培训军事能力。此间舆论还爆出两国防长会晤宣布日美将联合巡航南海。日的战略意图从短期来看是旨在转移在东海与中国的矛盾,形成"两海联动"的局面,旨在挑动南海一些国家展开"蜂群攻击",从而掣肘中国,减轻日在东海方向的压力。同时,在表面策应美国亚太战略,借助美力量"狐假虎威",暗地则是推进"南进策略",旨在实现其主导东亚的野心。从长期来看,日本的"大国情结"与军国主义交织在一起,共同构成了其外交政策的"动力基础",从而决定了日本极端右倾化行为的"上层建筑",也决定了中日邦交正常化难以在短期内实现。三是钓鱼岛争端更加长期化。美进一步明确对钓岛"防卫义务",同时加强对日管控,以免被拖进冲突。日目前主动挑衅的风险远大于收益。但美日加强捆绑必然使钓岛危机更加严峻复杂、成为中美日关系联动的敏感点,必然加大我国军事与战略成本,稍有不慎,将面临大国战略紧张之虞。四是加大对我国周边军事压力。美日新《防

---

① Ministry of Foreign Affairs of Japan, "The Guildlines for Japan-U.S. Defense Cooperation", www.mofa.go.jp/region/n-america/os/security/guideline2.html, retrieved October 17, 2017.

卫合作指针》将同盟适用范围从日周边扩至全球，日未来可在全球对美提供后方支援。但日不能随美实施攻击行动，日本舆论对自卫队介入域外纷争也持慎重立场。未来同盟仍将以东亚为战略重点，其中威慑中国是其首要的重中之重。

鉴于此，首先，中日战略矛盾有其深刻的结构性原因，是由中国崛起与日本希望争夺地区主导权之间的根本矛盾所引发的，难以在短期内解决。特别是日加强与美捆绑，使中日矛盾成为中美战略竞争的一部分。其次，在中日战略矛盾难解的背景下，中日很难在钓鱼岛问题上取得共识。而日本越来越积极参与南海的行动会进一步引发中国不满，成为继钓鱼岛问题之后中日之间另一个矛盾焦点。最后，中日经贸关系与人员往来长远会受制于中日政治关系冷却的影响，从而使中日关系全面改善难以实现。但是，中日关系完全破局也不符合我国利益。一是中美在共同约束日本上有共同利益，而中日关系破裂会把日更加推向美国一方，从战略上对我更不利；二是在钓鱼岛问题上打破中日现有的平衡会使我国面临美日同盟与我国开展军事对抗的风险；三是中日关系长期低迷也不利于我国经济发展与周边的长治久安。由此，我国对日关系在短期内应重在管控危机、保持对日一定战略压力与政治紧张，以更多外交、经济等手段塑造日的行为，使之不至于走得过远；长远看则要稳定关系和实现关系转圜。

针对美日同盟一体化，我国可采取的应对方案如下。一是坚持"非对称"思路，强化对美日威慑力。我国国力与美仍有巨大差距，不宜与美日开展军备竞赛。应继续坚持"非对称"建军思路，打造有效"反介入"能力。二是稳推中美新型军事关系建设，以中美关系规制中日关系。对日，则应推动建立危机管控机制，减少意外事件、缓和对抗氛围；提升我军的制敌能力，威慑日挑衅行为。在南海问题上，展示我国维护权益的决心和能力，以及维护航道自由与安全的意愿。三是加强与周边国家的安全对话与合作，阻止同盟多边化发展。四是推进地区安全机制建设，压缩美日同盟施展范围。针对日在南海上的挑衅行为，我方可采取的策略有：（1）在必要时可采取加大对南海岛屿军事部署甚至宣布南海防控识别区等反制措施，但我国相关手段应限制在强制性外交范畴，防止形成军事对立;(2)可加大外交与经济反制措施,如抵制日在多边场合炒作南海问题,对其进行外交孤立,以及相应的经济制裁措施;(3)在对日进行相应"惩罚"的同时,应继续保持海洋事务磋商与经贸交流等接触机制,防止两国关系彻底翻盘,使双边关系有松有紧,通过交替使用施压与合作迫其回到符合我国利益的轨道,或者至少维持目前现状。

长远看,我国的周边稳定与繁荣有赖于构筑健康、稳定、互利的中日关系。应注意到,特朗普上台后,退出日本支持的TPP,改变奥巴马政府的"亚太再平衡"战略,并派代表团出席"一带一路"高峰论坛,促使日本对华政策出现"细微改变":如改变对亚投行与"一带一路"计划的态度,对我方要求的恢复海空联络机制等问题积极呼应,并在朝核问题上协调立场,中日关系暂时有所好转。但是,正如分析人士强调的,日本重新开始与中国接触只是其面向亚洲推行的非零和外交政策的一部分,该政策还包括大力加强与印度的关系[1],中日关系脆弱性、复杂性突出的基本面没有改变,推动中日关系回到正常发展的轨道仍然任重道远。由此,未来我国一是应坚持以经促政,防止经济合作被政治因素所干扰,并为开启政治对话创造良好氛围;二是在政治关系上的适度紧张过后要尽快开启对话,防止误判或双边关系的进一步损毁;三是对对方的过分行为应予以警告与反制,使其明晰红线,实现自我约束。

(五)经济、安全双管齐下,支持东盟发挥地区作用

东盟是我国经营亚太的基础,也有着很好的经验和现成的框架。自1991年双方正式开启对话,20多年来合作不断拓展,有力地促进双方经济社会发展,也已成为本地区乃至世界的和平、稳定与繁荣的基石。2013年习主席倡导携手建立更为紧密的中国-东盟命运共同体,李克强总理进一步提出推进政治、经贸、互联互通、金融、海上、安全、人文七个领域合作的"2+7合作框架",描绘出中国与东盟合作的具体路线图。2016年9月,李克强总理在老挝与东盟国家领导人再次聚焦区域合作发展规划,提出东盟是"一带一路"建设的重点方向、重点地区,中国愿同东

---

[1] 《日本将封锁第一岛链? 中国海军早已自由进出》(2017年6月6日),参考消息网,http://column.cankaoxiaoxi.com/2017/0606/2083762_3.shtml,最后浏览日期:2017年10月12日。

盟国家共同推进"一带一路"建设,对接发展规划,有力有序有效推动互联互通合作,推进中老铁路、中泰铁路、雅万高铁等大项目,探讨制订中国-东盟交通合作战略规划和交通科技合作文件。在峰会的联合声明中,东盟国家表示将通过整合《东盟互联互通总体规划2025》与中方提出的"一带一路"倡议的共同优先领域,探讨加强双方互联互通合作方式,并鼓励相关多边金融机构积极参与。中国与东盟还共同发表《产能合作联合声明》,助力东盟国家深化有关产业合作,提升工业化水平。未来,可从经济、安全、政治三方面进一步深化推动,以点带面,通过做大与东盟关系整合地区格局,塑造有利于我的规则与秩序,连带推动东北亚局势的改善。

经济上,进一步突出"对接"。促进"21世纪海上丝绸之路"规划与《东盟共同体愿景2025》《东盟互联互通总体规划》等战略深度融合,助力东盟共同体建设;进一步确保"落地",根据东盟国家需求重点和优先领域,推动中方基础设施建设、产业规划、产能合作等优势资源精准投放;进一步实现"整合",集中用好亚投行、丝路基金等融资平台,并发挥中国-东盟自贸区升级议定书效益,确保建设成果惠及东南亚人民。未来,中国主要在以下领域进行推动。一是支持东盟发挥核心作用,推动区域全面经济伙伴关系协定(RCEP)尽快完成谈判。二是在"一带一路"框架下加强本地区跨境基础设施合作,加快互联互通建设。充分利用亚投行、丝路基金、亚行、发展援助、商业信贷等多种资金来源,共同建设贯穿东亚地区的公路、铁路、航空和海运干线网络。三是加强东亚区域内的产能合作,开展贸易便利化和物流供应链合作,促进贸易投资。

安全上,强化对东盟安全机制构建、破解经济与政治"二元"格局。东盟作为我国周边外交首当其冲的"桥头堡",战略重要性不言而喻。近年来我国加快对东盟全方位关系构建,积极建设中国-东盟命运共同体,涵盖政治、经贸、互联互通、金融、海上、安全、人文七领域的"2+7"合作框架,为我国与东盟未来合作提供具体路线图。但结合现实考虑,我国对东南亚安全合作仍存几大障碍。一是南海问题悬而未解,我国与相关国家主权与领土争端加剧;二是美积极推行亚太战略使地区形势更加复杂,日、澳、印等地区强国积极介入,菲、越等国加强与美同盟体系勾连，我国面临安全环境更加严峻；三是地区国家经济靠我、安全靠美之势依然突显，希借中美矛盾实现自身利益最大化。在此情况下，我国地区安全机制建设可遵循如下路线。

第一，对双边安全关系"查缺补漏"、有针对性予以加强，防止安全"短腿"。我国与东南亚国家的经济关系是优势，安全关系是弱势。应重新盘点我与各个国家安全关系状况，有针对性地补齐和改善。应本着如下原则发展安全关系。一是加大对周边不稳及热点问题的建设性介入，突显大国地区维稳国际形象。如积极斡旋缅北冲突、防止缅内战殃及我边境及外溢到地区；对类似尼泊尔地震等快速作出反应，力所能及提供帮助。二是安全合作要"师出有名"，突显道义责任。可更多以非传统安全问题为抓手强化双边军事关系，反恐、防扩、非核、救灾等非传统安全议题可作为引领。三是对菲、越等较为对立的国家，安全与经济两手可配合使用，以加强我国博弈地位。特别要利用菲律宾总统杜特尔特急于改善对华关系、有意疏远美菲关系的契机，进一步盘活中菲关系，增强全方位合作，改善南海不利局势。

第二，利用好现有多边机制，使之成为有关各方增信释疑的重要平台，并扩大多边军事安全合作。积极参与东亚峰会，促美日澳印等在地区多发挥"建设性作用"；利用好东盟防长扩大会议、东盟地区论坛等机制，促进有关方在防长会框架下更多开展海上搜救、灾难减轻、军事医疗、打击海盗等多种形式军事演习及合作。加快推动 RCEP 及亚太自贸区建设，防止与美同盟体系形成两个对立的经济集团。

第三，完善新安全机制。推动湄公河流域执法安全合作机制的建立和完善，加大联合打击各种跨国犯罪的力度，促进湄公河流域经济社会发展。可邀请越南和柬埔寨加入其中，扩大对地区安全挑战的应对。巩固传统领域合作，积极拓展反恐、打击非法出入境和网络犯罪等新的合作领域。防务合作上，欢迎东盟防长 2015 年赴华举行首次中国-东盟非正式防长会晤，此后逐步实现防务合作的机制化；加强海上合作，将海洋经济、海上联通、海洋环境、防灾减灾、海上安全、海洋人文等作为重点领域。

政治上，面对当前东盟因南海问题发生"分裂"的情况，应坚定支持东盟的"中心性"与地区领导作用,以克服我国与东盟关系的障碍,充分发挥其平衡大国的战略作用。美提出"亚太再平衡"及南海问题再次凸显后,东盟对地区格局、东盟自身作用及中美关系产生一定消极认识,其主要观点如下。其一,东盟对中美关系过于对抗,或过于亲密均有戒心,希望中美"适度竞争",实现"权力均衡"。中美达成"积极平衡"对地区国家为"最优",一方面愿为中美合作提供条件,另一方面也不乐见中美共同主导东盟。其二,东盟对东盟中心性与战略自主性非常在意,目前中美分歧已造成东盟分裂。一方面,东盟欢迎美加强在亚太存在,另一方面也担心美投入过多影响其对对华政策的平衡,强调东南亚对所有外国开放。其三,担心所谓的"中国威胁"。(1)对中国有"历史侵略"情结,认为"金三角"问题是中国在历史上造成的,中国不应"有选择性地利用历史实现政治目的"。(2)中国决策不透明,有将强硬外交作为凝聚国内政治的工具的倾向,因而对中国接触东南亚是否"真诚"表示怀疑。(3)中国经济输出如高铁项目在当地引发很多不满,但中国单方面报道很难客观反映。其四,希望中国冻结南海行为,不再建新的岛礁;应诉诸海洋法和仲裁等法律手段解决南海问题。认为中国如何解决南海问题是评价其是否强硬的关键[①]。特朗普上台后,相对较为重视朝核问题及重要大国聚集的东北亚,对东南亚兴趣较弱。后以副总统彭斯访问印度尼西亚为标志,美加强对东盟接触,并积极邀请越、菲首脑访美。但东南亚国家普遍认为特朗普在对华及南海政策、地区经济政策方面投入不足,特别是对华制约不够导致中美关系"失衡",并且随意性地认为东南亚可能沦为中国"权势范围"[②]。

如上表明,东盟要求在中美之间发挥平衡作用、主导自身甚至地区事务的需求非常强烈,在我国强势崛起与美国战略走向不明背景下,东盟担心自身的中心性受到侵蚀,对我国的战略疑惧也在增加。为此,一是应

[①] 这些观点来自 2016 年 5 月中国现代国际关系研究院与美国进步中心联合访问东南亚考察团的调研报告。

[②] Joshua Kurlantzick, "Southeast Asia in the Age of Trump-Asian Waves" (June 8, 2017), Aspenia Online, http://www.aspeninstitute.it/aspenia-online/article/southeast-asia-age-trump, retrieved September 19, 2017.

打造中美在东南亚的双赢乃至三赢合作，防止中美形成零和竞争。在中美东三方合作中，应发挥东盟议题主导的作用，照顾其经济、社会与安全需要；二是在地区机制建设上，既要用好目前业已存在的、以东盟为主导的诸多机制框架，也要开拓新的更加包容与开放的亚太架构，其中应确保东盟的主导作用。

五、综合运用五大机制

机制在促进亚太各方沟通与对话、加强亚太安全与发展方面一向发挥着重要的作用，也是未来我国得以推动亚太安全方略的重要抓手与平台。东北亚，应着重推动六方会谈机制的转型，使六方超越朝核问题，在更大的安全与发展范畴构筑其多边合作机制；东南亚，应重点倚重湄公河联合执法机制，从范围与内容两方面进行拓展，打造地区新的合作范本；中亚、南亚，应进一步充实上合组织的合作形式与内容，使其合作上升到战略层面；南海，应将和平谈判机制作为我国整体南海战略的重要支柱，为其长远解决奠定基础；最后，应充实与盘活亚信机制，为欧亚大国之间加强安全合作提供有效的多边平台。

（一）六方会谈向东北亚安全机制的转型

东北亚地区的安全与稳定对我国国家利益至关重要，也是我们构建中美新型大国关系需要经营好的首要地区。首先，东北亚是主要大国利益交织、深度互动的地区。除中、日、韩、朝、蒙外，美国由于与日、韩同盟关系，以及与中国深度利益捆绑，是东北亚安全中不得不考虑的重要域外因素；俄罗斯的远东地区也是东北亚的一部分，其在俄对外战略中的重要性也在上升。因而东北亚从地缘政治与安全环境上讲，可谓集中了世界上最主要的大国。其次，地区热点持续升温。东北亚不仅有朝核问题以及"冷战遗产"，也面临中日、日俄、中韩、韩日岛屿争端。因而东北亚也是主要国家与地区核心利益面临对峙、具有潜在冲突风险的地区。再次，亚太仍是美战略重点。一方面，美国在政治上，延续对亚太长期同盟义务，支持日美同盟再定义以及日"修宪"主张，通过推迟移交战权巩固对韩同盟，以朝核危机为由头深化同盟关系，并向华施压；在军事上，在深化军事同盟同时，通过经营关岛、夏威夷等新战略重心实现新一轮军事转型。但另一方面，美将对华关系视为亚太战略重要支柱，重视发展对华建设性的合作关系，以"结果"为导向、以中美涉朝合作为试金石构筑中美合作，并辅之以制约手段，以使中国向有利于美国利益的方向演变。最后，其他力量各有考虑。日本安倍上台后，奉行积极强硬的对外政策，谋求突破和平宪法约束，在美首肯下重新定义美日安保条约，在钓鱼岛问题上拒不让步；韩国新总统文在寅走马上任，既强调与美同盟关系及已部署"萨德"系统"不变"，又强调改善对华关系、及与朝对话，有关朝核问题出现新变数；朝鲜奉行核武优先政策，试图在大国博弈的夹缝中谋取战略机会。而放眼到整个东北亚，各国的互动关系亦在酝酿新的调整：美继续强化与日韩同盟关系，推进美日韩三边合作，同时谋求稳健的对华关系；日韩关系改善，而中韩关系改善仍面临障碍；朝鲜第五次核试后，在核武化道路上渐行渐远，不排除年内再次核试风险；俄在美欧因乌克兰问题而备受挤压的情况下，更多将目光投向远东，在加深对华战略协作的同时增大对半岛影响力，谋求参与亚太规则制定。尽管中俄接近有应对美日韩同盟之考虑，但远未形成两大集团对抗，有关各方也不愿形成此种对抗。

面对如上情况，东北亚地区由于其大国交互的频繁、安全议题的突显以及主要国家间矛盾与合作交织，却缺乏一个有效的对话机制而造成一定风险，也增加了安全困境与战略疑虑。实际上，在地区开展多边安全机制的探索并非新事物，以朝核问题为契机形成的六方会谈就是东北亚安全机制的一个雏形。但 2009 年 4 月以来，因为朝半岛局势再次紧张、朝宣布退出六方会谈并恢复已去功能化的核设施，此后朝核问题陷入核与导弹危机引发的持续紧张状态之中，六方会谈似乎仅仅成为一个口号，其恢复显得遥遥无期。在此种情况下，东北亚建立多边安全机制的必要性不仅没有下降，相反却更加迫切了。

考虑到东北亚当前的具体情况，继续以六方会谈为基础开展多边安全机制建设似乎并不现实。应注意到，与中美日俄关系相比，朝韩问题是次一级的安全议题，在某种程度上从属于大国关系，因而中美日俄之间的安全合作是最为关键的。应以此为基础，加上韩、蒙，举办东北亚安全对话，逐步构筑起东北亚安全机制。在六方会谈短期内难以复会的情况下,东北亚安全机制的构建不应停留或止步,而应持续推进。未来东北亚安全机制应结合现实与长远采取双轨制,一方面以东北亚安全、地区合作为主题在中美日俄韩蒙之间展开,其中中美日俄大国协调是基础,通过讨论朝核问题、地区能源合作、危机管理、非传统安全合作等议题,逐步培育信任,在危机管理的基础上进一步扩大合作。另一方面,以朝核问题为重点推进多层次的多边会谈。我国在朝鲜问题上的利益包括无核化、地区稳定,以及防止长远上形成对我国不利的战略局面(如美韩共同对我的情况)。为实现这三重目标,首先在无核化方面我方与美国有共同利益,是可以进行推进合作的;而地区稳定方面中美亦有共同利益;在防止对我国不利的战略局面方面,需要与美尽早磋商未来朝鲜半岛的可能安排,包括美长远撤军及半岛无核化前景问题。因而有关朝核问题可不拘泥于恢复六方会谈,而应视情推进多层次的双边与多边合作,包括中美、中美韩、中美韩朝乃至六方会谈。

总之,东北亚多边安全机制的建构需要既照顾到朝核问题的关切,也要突破朝核问题困境,放眼到更大范围的地区和平与稳定上来,朝核问题与东北亚安全问题应相互促进、共同推动。

(二) 上合机制的拓员增效

在中国周边外交的棋盘中,包括俄与中亚地区在内的西北方向应是最稳固的。中俄互信合作发挥了稳定器作用,上合组织在此基础上形成了新型的地区合作安全机制,吸引与凝聚了地区国家的加入。从1996年"上海五国"(2001年升级为上合组织)成立至今,取得不少成功经验。一是解决了历史遗留的边界问题。在上合组织框架内,中国北部边界西段长达3 000多公里的历史遗留问题已全部得到顺利解决。二是合作打击跨国恶势力。苏联解体后,特别是塔利班在阿富汗执政后,分裂主义、极端主义和恐怖主义三股恶势力在中亚挑起动乱。面对这一严峻形势,中国与俄和中亚国家紧密合作,在上合组织框架内采取了一系列应对措施,建立了地区反恐机构,在打击"三股势力"方面取得明显效果。三是上合组织的成功实践对中国的周边外交具有重要的示范意义。(1)该组织首倡以相互信任、裁军与合作安全为内涵的新型睦邻安全模式。在短时间内解决漫长而又复杂的边界问题,就是这一模式取得的显著成就,也为我国与其他邻国解决边界问题提供了成功范例。（2）上合组织构建了由中俄两国始创的以"结伴而不结盟"为核心的新型国家关系模式。中国与东盟、欧盟、非洲联盟以及阿拉伯联盟国家的关系等，也都在向这个方向发展。（3）上合组织创立了以大小国家共同倡导、安全先行、互利协作、文化互补为特征的新型区域合作模式。这一模式不但坚持在经济上互利协作，而且强调文化上要交流互补。它为我国奉行睦邻、安邻、富邻的周边外交政策，加强区域和跨区域合作，建立各种形式的双边或多边自由贸易区提供了成功经验。

未来，应继续巩固和扩大我经营上合组织的既有优势，一方面稳住西北打造战略后方，在与美大国博弈中取得主动；另一方面也应将其纳入中美亚太共处大框架之中，处理好与美、俄三方的互动关系，善于周旋和平衡好关系。具体可以从以下几个方面着力。

第一，拓展组织功能、继续将其打造为欧亚地区维护和平稳定的有效机制。上合组织在反恐军事演习、信息交流、人员培训、情报协调行动等方面合作卓有成效，为震慑"三股势力"、提高军事协同能力、地区维稳发挥了不可或缺作用。2015年乌法峰会通过《打击"三股势力"新合作纲要》，启动反极端主义公约制定程序，签署《成员国边防合作协定》。未来，上合组织在信息安全、打击贩卖毒品、非法移民等领域仍有较大合作空间，在阿富汗问题上也可发挥独特作用。在美从阿富汗撤军背景下，阿未来走势仍不明朗，近年来塔利班武装又趋于活跃，"伊斯兰国（IS）"极端组织在该国活动力度也有所加大。上合组织成员和观察员国中有五个是阿邻国，有条件也有责任在阿和平和解进程中发挥重要作用，但这一过程须秉持"阿人主导、阿人所有"原则。根据美阿双方签署的合作协定，美国和北约将在阿境内保留九座军事基地。其功能包括继续为阿军队和安全部队提供培训、定点打击地区内的恐怖分子基地、在必要时对阿政府进行支持等。在此背景下，上合组织成员要根据自身利益，妥善谋划行动。其一，应尽最大努力，促使在阿的各种政治派别、宗教团体、民族力量实现和解。可利用经济杠杆、与各部族与宗教团体之间的传统联系、在历史上积攒的与阿打交道的宝贵经验，来积极弥合嫌隙。其二，在阿事态向不利方向发展、当地内部政治冲突与武装对抗升级的情况下,上合组织成员和观察员国应加强协调、共同应对。

第二,以上合为基础推进地区能源、经贸与金融建设一体化。中国是中亚所有国家主要的外部投资者,是该地区主要外贸伙伴之一。2008年金融危机后,中国曾借助自身外汇储备,帮助包括哈萨克斯坦和土库曼斯坦在内的中亚国家在财政上站稳脚跟,此后与中亚的能源合作也跃上新台阶。如我国在土库曼斯坦得到在陆地气田开采天然气的机会,取得比俄最大的天然气开采企业"天然气工业"公司更大的成功。2013年9月,习主席在哈萨克斯坦演讲时提到的共同建设欧亚30亿人的"丝绸之路经济带",是涵盖上合组织国家在内、构筑地区互联互通的宏大蓝图。在货币改革方面,上合组织已在推进利用本国货币进行内部结算,被认为是"去美元化"的一个举措。未来,中国应继续推动建立自贸区、落实上合开发银行、建立能源俱乐部等主张,进一步推动成员国在互联互通、贸易、投资、产能、金融、环保等领域合作。规则上,推广"上海精神"、推动国际秩序更加公正合理。促进上合与亚信、金砖等组织对接,将多边主义和开放主义、相互尊重彼此利益、不干涉别国内政等原则推而广之,构筑新的国际治理架构。扩容方面,应坚持稳扎稳打、循序渐进方式,积极消化印、巴新成员加入,同时为伊朗、阿富汗长远加入预作准备。

第三,处理好与区域大国的互动关系。美对上合组织动向一直非常关注,但其分析认为上合组织非军事同盟,在可见的将来也不太可能发展成为同盟;除"地区反恐架构"外,其合作其实并无实质性内容;"尽管不乏中俄试图在中亚排斥美国的意图,但总体对美不构成直接挑战"[①]。由此可见,上合组织迄今的行动并未对中美关系造成实质性的伤害,美对其存在和发展保持密切注意,但也并无过多担心。未来上合的发展需进一步考虑美国因素的影响,特别是在成员国接纳问题上需审慎处之,防止成为一个公开的"反美集团"。长远上可考虑接纳美成为观察员国,或与北约及美亚太盟国体系对话的可能。

---

① Henry Plater-Zyberk and Andrew Monaghan, *Strategic Implications of the Evolving Shanghai Cooperation Organization*, Carlisle, Pennsylvania: United States Army War College Press, 2015, pp. 101-120.

同时，需处理好对俄关系。中俄在上合内部不可否认存在一定主导权问题。一方面，俄对中国推自贸区一直持保留态度，正如学者卢嘉宁所言，俄国担心中国"通过自贸区设想，把欧亚经济共同体和上合组织的一体化连接起来"，这将不可避免地会出现"中国的大欧亚"，使俄在这一空间的地位急剧下降，"其前景在理论上最终可使独立国家联合体瓦解，而某种'中国联合体'将取而代之"①。另一方面，在上合组织的发展框架与机制上，俄提出的诸多建议均被采纳，如进行救灾部长会晤，筹办上合-阿富汗联络小组、阿富汗问题国际大会、上海合作组织大学，在上合组织建立超国家货币等。俄还支持该组织扩容，积极拉拢印度成为正式成员。尽管中俄在共同对美方面有共同利益，但俄对华担心也使双方在推动上合发展方向方面并不一致。未来中国需注意到这一局限性，在以我国为主继续推动上合发展的同时，也要处理好对俄关系，最大限度地推进共同利益。

（三）扩充湄公河执法机制，构建和完善"澜-湄"次区域发展机制

以湄公河四国联合巡逻执法机制为基础，加快建设澜沧江-湄公河国家命运共同体。自 2011 年我国推动建立该联合执法机制以来，如今该机制已日臻成熟，形成机制化、常态化巡航，并将活动范围拓展到澜沧江-湄公河流域。迄今，行动采取多型号执法船艇混合编组、全线巡逻、分段巡查、联合查缉、随机走访等方式，重点整治涉恐、涉暴、贩枪、贩毒、走私、偷渡等跨国违法犯罪活动。四国联合巡逻执法编队还相继开展了多边情报信息交流、文化体育交流、执法人员互访等活动，充分发挥四国执法安全合作机制在打击澜沧江-湄公河流域违法犯罪、维护区域安全稳定、服务沿岸民生方面的作用，进一步强化和巩固了四国执法部门打造澜沧江-湄公河国家命运共同体的共识。

与此同时，随着我国加强推动澜沧江-湄公河次区域合作机制，四国执法合作已被纳入更大的地区合作框架。所谓澜-湄机制，是在执法合作的中、缅、泰、老四方基础上，加上越南与柬埔寨，形成六方合作机制。

---

① 王衍：《上海合作组织：12 年虚实之间》（2013 年 11 月 11 日），《凤凰周刊》官方博客，http://blog.sina.com.cn/s/blog_4b8bd1450102eiqr.html，最后浏览日期：2017 年 10 月 12 日。

作为一个新兴的次区域合作机制，澜-湄合作相关国家已于 2015 年 11 月在云南景洪举行首次外长会议，就合作的目标、原则、重点领域、机制框架等进行对话协商。2016 年 3 月，澜-湄合作首次领导人会议在海南三亚召开，六方决定从包括恐怖主义、自然灾害、气候变化、环境问题等方面的政治安全入手，形成以"领导人引领、全方位覆盖、各部门参与"为架构、以政府引导、多方参与、项目为本的运作常态机制。各方同意澜-湄合作的"3+5"合作框架，并衍生出 26 项具体措施。所谓"3+5"框架，即政治安全、经济和可持续发展、社会人文三大合作支柱，以及互联互通、产能、跨境经济、水资源和农业减贫合作五个优先领域。在20 多项具体合作措施中，电力、电网、汽车、冶金、建材、配套工业等领域合作被放在优先位置。会议还通过《产能合作联合声明》，鼓励成员国企业和金融机构根据市场需求，按照商业原则和国际惯例以双赢为目的推进产能合作项目。此外，中老铁路、中泰铁路、中缅陆水联运等大项目正在加速推进，建立澜-湄边境地区经济区和产业园区、投资区和交通网也在探讨中。澜-湄合作还秉持开放包容精神，与东盟共同体建设优先领域和中国-东盟合作全面对接，与现有次区域机制相互补充、协调发展。

未来，应充分利用现有平台，扩充澜-湄六国的合作范围与内容，将其更好纳入我国"一带一路"与中国-东盟合作框架。除落实和细化业已形成的"3+5"合作框架外，还可从以下几个方面有的放矢地加强合作。

第一，重点推动中南半岛交通基础设施建设。老挝、缅甸、越南、中国云南有大块山地，修公路、造铁路可促进内陆经济发展，建造陆地上的经济走廊。同时，可在交通干线沿线布局工业园区，实现贸易创造、贸易转移。

第二，利用与保护水资源。湄公河流域下游国家落后的水利基础设施不利于水资源的节约、开发和利用，中国可在这些方面与其加强合作。2016 年 3 月至 4 月，中国呼应下游国家请求，景洪水电站对下游进行应急补水工作。此次中国提前告知放水计划，同时公布了一些流量数据，释放出加强流域水资源合作的强烈信号，消除过去不少误解。泰国官方评价中国"在跨境水资源管理方面越来越透明"。越南学者陈越泰表示,澜湄合作机制将大大促进上下游国家的信息分享、水资源的协调和可持续利用①。今后要建立水资源合作与协调的长效机制,共享河流信息资源,共同保护沿河生态,才能彻底解决干旱问题。不少中国专家提出,可效仿多瑙河引入风险管理、公众参与和流域综合管理等先进理念促进全面合作;利用现代技术手段实现信息资源共享;利用协商和司法手段和平解决国际争端等。

第三,加强省州及地方合作。加强中国云南省及相关市县与其他成员国的地方合作,可通过建立省长论坛机制在规划及优先合作领域保持沟通;落实构建互联互通综合交通网络,加快基础设施的联通,提升贸易和交通便利化水平,推进农牧业、渔业、科技、电力、汽车、建材、通讯、装备和可再生能源等领域的产能合作;拓宽各级地方政府、民间组织和工商界多领域交流合作的渠道,形成多双边并重、宽领域覆盖、多层次参与、全方位推进的合作机制与平台。

第四,促进人文交流、特别是青年人的交往,通过大学生友好交流周、文化节等活动培育感情、构筑认同感。

(四)南海对话机制

构筑南海对话机制既是目标,也是手段。一方面,说其是目标,是因为南海争端最终和平解决最符合我国利益;另一方面,对话机制作为一种手段,需要与我们整体战略及进取性政策相互配合实施,才能在维护和平的前提下最大限度赢得我国的合法利益。在我国南海整体战略中,构建合作机制、强化实际管理与加强海防建设缺一不可,其中构建和平机制是非常重要的一环。这不仅有利于我国睦邻政策与东盟友好关系,也有利于提升我国和平发展软实力,对于构建中美新型大国关系也有着建设性作用。只要我国能与相关当事国和平解决争端,则美等域外大国就难有插手之机,也难以利用我国与相关当事国之间的矛盾制造危机、强化存在。只要我国能和平解决争端,则中美在某些问题上摊牌的风险就会

---

① 李怀岩:《中方对湄公河"应急补水"赢得国际赞誉》(2016年3月24),参考消息网,http://ihl.cankaoxiaoxi.com/2016/0324/1108956.shtml,最后浏览日期:2017年9月19日。

化解。

在构建对话机制方面,中国长期以来坚持双边谈判是解决南海问题最切实际的方式。20世纪90年代以来,在通过双边渠道处理南海问题上也取得一定成果。如中越经过长期谈判,于2000年签署《关于在北部湾领海、专属经济区和大陆架的划界协定》和《北部湾渔业合作协定》,成为南海划界的成功实践。一方面,在坚持双边谈判的基础上,中国也没有放弃推动多边合作的努力;另一方面,东盟国家也希望通过将中国吸收进东盟多边合作框架,促使中国在该地区扮演一个负责任的大国角色。自1994年中国成为东盟"协商国"以来,就南海问题展开多轮磋商,以较为合作的态度寻求共同利益。2002年11月,东盟与中国签署《南海各方行为宣言》(以下简称"《宣言》"),称"有关各方承诺根据公认的国际法原则,包括1982年《联合国海洋法公约》,由直接有关的主权国家通过友好磋商和谈判,以和平方式解决它们的领土和管辖权争议,而不诉诸武力或以武力相威胁"[1]。《宣言》的签订对在南海减少战争威胁或军事冲突,建立合作、和平与稳定的环境,在东盟与中国之间促进建立信任上具有重大意义。但应注意的是,《宣言》只是一种旨在抑制各方行为的暂时性规定,不采取强制性的禁止方式,而主要依靠各方的积极配合与相互谅解,目的在于减少当前因南海主权争端所造成的地区紧张局势,要在南海问题上开展实质性合作仍有很长的路要走。此后,在2011年于印度尼西亚巴厘岛举行的中国-东盟落实《宣言》高官会议上,中国与东盟就落实《宣言》后续行动指针达成共识。2013年6月,外交部长王毅在出席第二届世界和平论坛时称,《宣言》明确规定各方将以协商一致方式朝着最终制定"准则"来努力,正确的路径应是全面落实好《宣言》,在此过程中以循序渐进的方式稳步推进"准则"的商谈[2]。

---

[1] 《南海各方行为宣言》(2002年11月4日),中华人民共和国外交部网站,http://www.fmprc.gov.cn/web/wjb_673085/zzjg_673183/yzs_673193/dqzz_673197/nanhai_673325/t848051.shtml,最后浏览日期:2017年10月17日。

[2] 《王毅:以循序渐进方式稳步推进〈南海各方行为准则〉商谈》(2013年6月27日),中国共产党新闻网,http://cpc.people.com.cn/n/2013/0627/c64102-21998921.html,最后浏览日期:2017年10月17日。

从中国角度看，最为关键的问题是如何使签署《宣言》的各国都恪守有关准则，而不让其成为东盟有关国家迫使中国承诺不使用武力改变南海地区和平现状的工具。为此，可尝试通过以下具体措施来使《宣言》最终落实为"准则"。第一，以《宣言》第五条——"各方承诺保持自我克制，不采取使争议复杂化、扩大化和影响和平与稳定的行动"——为依据，对南海问题划出"底线"，明确表示如果有国家严重违反了这一规定，中国有权改变"不诉诸武力"解决南海问题的承诺，从而摆脱单方面被约束的被动局面。第二，注意探讨与东盟个别国家率先就落实《宣言》的有关问题达成一致性意见的可能性，以此带动整个落实进程的前进。如2017年中菲达成的双边磋商机制就是很好的一步。可以此为示范，扩大到越南、马来西亚等其他争议国家。第三，在《宣言》的框架之下，推动相关机制的建设。如果中国和东盟之间能够就南海问题形成某种更具约束力和执行力的区域性机制或者设立一个专门的组织，那么在南海主权争端当中一些岛屿所谓的战略价值和象征意义将大大减小，通过制定行为准则、探索主权联营，共同开发资源的可能性也会大大增加。到那时，南海才能在真正意义上成为中国和东盟之间的"和平之海"和"友谊之海"。

在此过程中，我们应注意两个结合。首先是双边与多边机制相结合。与有共同利益、立场接近的国家优先构筑谈判机制，同时将东盟作为一个整体对待，就南海合作、争端解决、行为约束等建立多边对话机制。2014年7月，王毅外长在内比都提出全面有效落实《南海各方行为宣言》的"双轨思路"，就是打破僵局、灵活运用双边与多边的新思路。其具体指："有关争议由直接当事国通过友好协商谈判寻求和平解决，而南海的和平与稳定则由中国与东盟国家共同维护。"①在与当事国谈判时，亦可不拘泥于一对一，必要情况下也可与争议相关国家——越、马、菲、文——建立五边对话，以实现主权问题上的去东盟化和去美国化。而有关南海和平与稳定、南海行为准则等则适于在中国与东

---

① 张云飞：《王毅：以双轨思路处理南海问题》（2014年8月9日），新华网，http：//news.xinhuanet.com/world/2014-08/09/c_1112007229.htm，最后浏览日期：2017年10月17日。

盟的多边框架下解决。2016年8月中国-东盟特别高官会审议通过了《应对海上紧急事态外交高官热线平台指导方针》和《关于在南海适用〈海上意外相遇规则〉的联合声明》两份成果文件，并就下一步推进南海行为准则磋商达成广泛共识；2017年5月，在中国与东盟落实《宣言》高官会上，与会方就全面有效落实《宣言》以及"南海行为准则"磋商等议题进行深入探讨，通过了《南海行为准则》框架文件，可看为是"双轨思路"的阶段性实现。

其次是功能性与规范性相结合。一方面，南海地区领土主权要求的复杂性与重叠性使得联合开发成为未来唯一现实的选择。在目前局势发生不利于共同开发的情况下，更应在复杂现象中寻找各方共同利益。与能源相关的项目合作不仅吸引了东南亚国家的兴趣，而且会起到建立互信措施的作用，有助于推动正式的共同开发管理模式以及其他较少涉及主权争议的领域内合作关系的建立，并为最终解决岛屿和海域争端创造条件。例如，南海作为世界上最繁忙的海上运输通道之一，其重要航运线路的开放和安全符合各方的利益，但与海上通道安全有关的海盗、海洋污染、跨国界渔业管理等非传统安全问题却一直存在，需要相关国家基于共同利益积极寻求合作途径。此外，围绕"保护南海生物资源""构建南海海洋环境保护与合作机制""打击海上犯罪合作机制"等，各国也有着共同利益与合作诉求。中国与东盟的非传统安全合作甚至可以不排除美国的参与，因为中美在这方面的合作有助于缓解东南亚国家紧张情绪，从而对南海问题解决起到辅助作用。实际上，中国蓝海海军的发展已被用来促进海洋公共产品区域的开放和稳定，如我国在索马里海域打击海盗的护航行动就是正面责任的体现。另一方面，在功能性合作取得成效的基础上，加强诸如《宣言》之类的地区规范性建设势必成为今后解决南海问题的一个方向。长远看，《宣言》应被更大的政治与法律文件所代替，使责任得以强化，权利得以确认，互信得以增强。这一有约束力的合作性机制安排，需合理反映地区力量分布状态，为解决南海争端提供一条切实可行的路径。

（五）做实亚信机制，服务我国与亚洲大陆国家安全合作

亚洲相互协作与信任措施会议（简称"亚信会议"），是由哈萨克斯坦

总统纳扎尔巴耶夫（Nazarbayev）于 1992 年在第 47 届联合国代表大会上倡议所建立的。 从 1993 年 3 月起，它作为亚洲地区的安全合作论坛开始进行活动①。 亚信会议现有成员国 26 个，包括东北亚、东南亚、南亚、中亚、西亚及中东国家，含上合组织全部成员国②。 亚信会议作为亚洲地区论坛，其主要关注点是亚洲的安全问题，主要目标是通过磋商促进亚洲的安全、稳定、和平。 亚信会议在问题表决上采取成员国实行协商一致原则。 目前已通过的基础性文件有：（1）《亚信成员国相互关系原则宣言》③；（2）《亚信对外关系指导原则》④；（3）《阿拉木图文件》⑤；（4）《信任措施文件》⑥。 到目前为止亚信会议已建立起国家元首和政府首脑会议、外长会议、高官委员会会议、特别工作组会议等。 其中国家元首和政府首脑会议与外长会议四年举行一次，但首脑会议与外长会议是交错举行的，间隔时间为两年。 2014 年 5 月亚信会议第四次峰会在上海举行，中国接替土耳其成为亚信会议主席国。 在此次会议上，习主席提出推动亚信成为覆盖全亚洲的安全对话合作平台，并在此基础上探讨建立地区安全合作新架构；适当增加亚信外长会乃至峰会频率；加强亚信能力和机制建设，支持完善亚信秘书处职能等诸多建议，中国正在推动亚信峰

---

① 许涛：《关于召开"亚洲相互促进与信任措施会议"倡议的回顾与前瞻》，《国际资料信息》1998 年第 4 期。

② 具体包括：中国、阿富汗、阿塞拜疆、埃及、印度、伊朗、以色列、哈萨克斯坦、吉尔吉斯斯坦、蒙古、巴基斯坦、巴勒斯坦、俄罗斯、塔吉克斯坦、土耳其、乌兹别克斯坦、泰国（2004 年加入）、韩国（2006 年加入）、约旦（2008 年加入）、阿联酋（2008 年加入）、越南（2010 年加入）、伊拉克（2010 年加入）、巴林（2010 年默认程序加入）、柬埔寨（2011 年默认程序加入）、卡塔尔（2014 年默认程序加入）和孟加拉国（2014 年默认程序加入）。 观察员（国家或国际组织）包括：印度尼西亚、马来西亚、美国、卡塔尔、乌克兰、日本、孟加拉国、菲律宾（2010 年默认程序加入）、斯里兰卡（2013 年默认程序加入）及联合国、欧洲安全与合作组织、阿拉伯国家联盟、突厥语国家议会大会（2012 年默认程序加入）。 数据来源：中华人民共和国外交部网站（www.cica-china.org）。

③ 《亚信成员国相互关系原则宣言》强调，成员国无论是在政治、经济、社会制度上如何不同，在相互关系中始终要坚持主权平等，尊重主权固有的权利原则；在解决矛盾冲突的时候不使用武力或以武力相威胁原则；成员国领土完整原则；和平解决争端原则；不干涉内政原则等。

④ 《亚信对外关系指导原则》指出，亚信应建立与未来的外部关系相适应的组织框架，以及这个框架所包括的行动原则、各类活动和相关程序。

⑤ 《阿拉木图文件》主要规定了亚信会议的结构框架、目标宗旨、行动原则等基本内容。

⑥ 《信任措施文件》主要阐释了亚信会议在应对亚洲地区新威胁和新挑战方面实施的行动计划；亚信会议在各领域的信任措施纲要；亚信会议在信息技术领域的信任措施概念。

会走向正规化①。

必须强调的是,中国对亚信会议的最大贡献在于完善安全理念,中国提出的亚洲安全观已成为亚信会议安全理念的核心内容。习主席全面系统地阐述了亚洲安全观,首次提出"共同安全、综合安全、合作安全、可持续安全"概念,对促进亚洲相互信任与协作,共建安全、稳定的地区环境具有重要意义,具体内容如下。一是安全挑战具有共同性,安全主体具备普遍性、平等性与包容性。安全应该是普遍的,不能一个国家安全而其他国家不安全;安全应该是平等的,各国都有平等参与地区安全事务的权利,也都有维护地区安全的责任;安全应该是包容的,应恪守尊重主权、独立和领土完整、互不干涉内政等国际关系基本准则,尊重各国自主选择的社会制度和发展道路,尊重并照顾各方合理安全关切。二是突出安全挑战解决方式的综合性。对当前亚洲而言,传统与非传统安全同时存在,安全问题的联动性与交叉性不断增加,因而在应对安全挑战时,应通盘考虑地区安全问题产生的历史渊源与现实依托,以及可能的发展轨迹,充分调动官、民、产、学、研各领域的积极性,在政治、经济、社会、文化、宗教等方面多管齐下,统筹谋划,综合治理。三是强调安全合作的重要性。基于安全挑战的共同性与综合性,任何一国都无法独立成功应对某一种安全威胁,合作必不可少,且合作必须以平等、尊重为前提。四是突出发展与安全的关联性,提出"可持续安全"这一概念。发展是最大的安全,也是解决地区各类安全挑战的出发点、关键所在。只有注重发展,改善民生,才能缩小国内与区内贫富差距,减少安全威胁滋生的潜在条件,才能从根本上消除各种安全挑战②。

亚信机制对我国如此重要的原因如下。首先,中国的周边利益和亚洲利益与在亚信会议中的利益密切相关。大多数亚信会议成员国是中国的周边邻国,也是中国陆上和海上利益的集中地区,亚信会议成员国所覆盖地区的安全稳定与中国周边的安全稳定息息相关。从工具性角度看,

---

① 习近平:《积极树立亚洲安全观 共创安全合作新局面》(2014年5月21日),新华网,http://news.xinhuanet.com/world/2014-05/21/c_126528981.htm,最后浏览日期:2017年10月17日。
② 《习近平在亚信第四次峰会作主旨发言》(2014年5月21日),中国新闻网,http://www.chinanews.com/gn/2014/05-21/6195322.shtml,最后浏览日期:2017年9月19日。

亚信会议是中国亚洲外交和周边外交的组成部分。借助亚信会议，中国可以与西方进行国际组织间的对话；通过亚信会议，中国可以加强与亚洲各次区域的战略沟通，尤其是南亚、西亚、北非地区；支持亚信会议，有利于加强中国与哈萨克斯坦之间的双边全面战略伙伴关系。其次，基于亚信会议成员国、观察员国的多样性和差异性的现实，全面考察其发展历程，中国应以"具有引领作用的积极参与者"身份推动亚信会议的进一步发展。发挥中国作为轮值主席国的特殊领导作用，需要从凝练具有亚洲特色的亚洲新安全观入手，构建亚信会议框架下安全合作的思想基础，同时推动亚信会议的机制能力建设，包括提升秘书处的统筹协调功能等，加强主席国与核心成员国（哈萨克斯坦、土耳其等）、主席国与区域内国际组织、主席国与世界主要大国的沟通与合作，使亚信会议更具辐射性和影响力。最后，亚信会议的安全合作理念与中国构建亚洲安全新架构的理念有重要的共通之处。中国反复强调，培育一个符合地区实际、满足各方需求的亚洲安全架构是维护亚洲安全的"必要环节"，"亚洲安全新架构应建立在新安全观基础上，应有利于促进地区经济合作与安全合作的两轮驱动"①。在中俄联合声明中，也多次表明两国对建立地区安全架构的基本设想：以新安全观为指导，在遵循国际法基本原则的基础上，在亚太地区建立开放、透明、平等、包容的安全和合作架构。

然而，现有亚信机制还存在安全合作务实性不足的问题。一是成员国、观察员国的多样性与差异性使各国对安全挑战的认知存在差异，造成共同认知缺乏，这使亚信会议的安全议题较为分散。二是由于成员国对他国安全挑战与本国联动性的认识有限，安全的自我意识促使一些国家不愿意提供公共产品、承担合作成本，这使安全决策合力略显不足。成员国的多样性使亚信国家不仅对安全有不同利益诉求，也对亚信会议安全合作的领域优先次序存在分歧。例如，中东国家视巴以问题为地区和平的核心，中亚诸国关心阿富汗局势对地区安全稳定的外溢效应，而东亚国家更关注海洋权益争端引起的安全问题。即使在亚信国家共同关心的非传

---

① 刘振民：《亚洲的安全与中国的责任》（2013年12月3日），中华人民共和国外交部网站，http://www.mfa.gov.cn/web/wjbxw_673019/t1105032.shtml，最后浏览日期：2017年10月17日。

统安全问题上，各国也各有侧重。例如，中东国家更关注恐怖主义、宗教极端主义，中亚国家则更关注毒品走私、跨国犯罪以及水资源利用等问题，东南亚诸国更关注防灾减灾、气候变化等问题。安全议题的分散性极易导致亚信会议目标务虚多于务实，信任措施缺少具体内容，进而导致多边信任措施的执行力度大打折扣，务实合作推进缓慢。三是成员国、观察员国的多样性与差异性使亚信会议在安全合作方面缺乏明确核心价值观，进一步制约其机制建设能力的提升。现有机制安排不能完全保障安全合作目标的务实推进，导致其功效甚至其存在的必要性都受到质疑。四是在亚信会议发展过程中，哈萨克斯坦以及纳扎尔巴耶夫总统作出了巨大贡献，土耳其在担任轮值主席国期间作出相当努力，然而这种"小马拉大车"效应正逐渐递减，如何发挥核心国家的作用，推动其能力建设成为亚信会议面临的主要任务之一。

未来亚信会议框架下的安全合作应在倡导亚洲新安全观的基础上，积极落实各项信任措施，加强机制能力建设，进一步发挥其在维护亚洲安全稳定中的特殊作用，为构建亚洲安全新架构作出贡献。在机制方面加强亚信会议需从以下几个方面入手。一是要落实亚信会议安全领域业已制定的信任措施和行动计划，形成更多具体成果。二是在成员国共同关心的议题基础上，集中议题、尽快确定优先合作领域。三是发挥亚信会议轮值主席国的特殊领导作用和核心成员国的协同作用。亚信会议框架下的地区合作需要有大国的引导，但也要保持与其他地区机制尤其是上海合作组织、集体安全条约组织、东盟地区论坛等的互动，还要加强与域外主要力量如美国、欧盟等的沟通，这样既可获得更多认同，也可避免亚信会议成为一个排他性机制。此外，亚信会议是一个以安全为主要议程的多边论坛，但又不仅限于讨论安全，加强经贸合作、降低安全问题敏感性、寻求各方利益汇合点是亚洲安全架构建设的重要方面。可将我国的"一带一路"倡议与亚信机制相联系。丝绸之路经济带建设应首先着眼于中亚，开展能源合作、强化基础设施互联互通，为地区提供更多公共产品，为我国西部安全提供战略保障。四是可设立相应的智库论坛机制，促进亚信成员的双边与多边交流，同时抓住中国担任亚信会议轮值主席国的机遇，争取将智库论坛机制固定下来，使之成为研究地区发展蓝图、探讨地区安全架构的平台。

第五章
美国亚太经济战略与中国的应对

亚太经济战略是美国亚太战略的重要组成部分，也是长期以来美国亚太战略的相对优势所在。冷战后的美国历任总统均十分重视美国与亚太地区的经济关系，并积极谋求在其中的主导地位。步入21世纪以来，尤其是金融危机爆发以来，亚太经济关系出现了新的态势，经济格局也发生了新的变化。美国政府相应制定了新的亚太经济战略，试图通过新的经济战略，不仅继续确保美国在亚太地区经济体系中的中心地位，而且能够与其安全战略互动，进而巩固美国在亚太地区的整体优势，实现美国的经济利益。

第一节 奥巴马政府的亚太经济战略

奥巴马政府的亚太经济战略是在亚太经济格局发生重大变化、美国与亚太地区的经济关系面临严重挑战的背景下出台的。

一、亚太经济崛起，对美国具有重要的地缘经济和政治意义

从地缘经济层面上，亚太地区在世界经济中的地位愈发重要。1995—2015年，亚洲新兴经济体GDP年均增速为6.2%，大大超出全球同期2.66%的增速；从经济规模来看，2015年APEC成员占世界GDP总量的59.47%，接近世界的2/3；从进出口贸易来看，2016年APEC成员占世界贸易总进口额的49.6%，占世界总出口额的50.01%，是世界上进出

口贸易最活跃的区域;从对外直接投资来看,亚洲新兴经济体吸引的外商直接投资(foreign direct investment,FDI)流量,从20世纪70年代仅占全球FDI流量的6.5%,逐渐上升到2008—2015年的26.9%,成为全球重要的投资目的地。与此同时,随着自身经济力量的壮大,亚太地区对外投资规模也迅猛提升,从1980年仅为世界对外直接投资(outard foreign direct investment,OFDI)流量的2.27%上升到2015年的22.25%[1],打破了以往发达国家主要资本输出国的垄断地位。亚太地区不断上升的经济影响力带来的一个直接后果是亚太地区成为美国重要的经贸合作伙伴。商品贸易方面,2002—2016年,美国对APEC地区的出口总额达到111 373亿美元,占同期全部出口商品总额181 142亿美元的61.5%;从APEC地区进口总额为184 128亿美元,占同期全部进口商品总额284 956亿美元的64.62%[2]。直接投资方面,虽然总体而言,美国在亚太地区投资规模并不是最多,但也呈现逐渐上升趋势,对APEC地区的直接投资规模占比从1982年的13.61%,逐渐上升到2015年的15.44%;从APEC地区吸收的直接投资量也呈同样上升趋势,从1987年的15.99%上升到2015年的18.01%[3]。值得注意的是,在与亚太地区经贸联系逐渐密切的过程中,美国国内逐渐形成与亚太经济命运相连的利益集团,其中最主要的就是美国大型跨国公司。这部分群体不仅拥有庞大的经济资源,而且在美国三权分立的政治体制中,通过游说国会成员,对国会决策有不容忽视的影响力。

在地缘政治领域,与亚太地区的经济关系对美同样具有战略意义。在美国看来,中国作为美国地区战略竞争对手,其主要实力源泉是经济实力,对美国主导的地区秩序将从经济秩序开始,中美地区领导权之争也首先出现

---

[1] 数据来源:根据联合国贸易和发展会议(United Nations Conference on Trade and Development,UNCTAD)数据库(http://unctadstat.unctad.org/wds/ReportFolders/reportFolders.aspx?sCS_ChosenLang=en)数据统计而得。

[2] 数据来源:根据美国国际贸易署(International Trade Administration)的TradeStats Express (National Trade Data)数据库(http://tse.export.gov/tse/TSEOptions.aspx)数据统计而得。

[3] 数据来源:根据美国商务部经济分析局(Bureau of Economic Analysis,U.S. Department of Commerce)的数据库(https://www.bea.gov/iTable/iTable.cfm?ReqID=2&step=1#reqid=2&step=10&isuri=1&202=12&203=8&204=10&205=1,2&200=1&201=2&207=40,41,42,43,48,49&208=47&209=1)数据统计而得。

在经济领域。如果美国在经济领域难以成功抑制中国,中国逐渐上升的经济影响力将会外溢至安全层面,进而损害美国在该地区的安全利益。事实上,美国与日本、韩国、澳大利亚、新加坡和菲律宾等亚太地区同盟和伙伴的关系已经受到了中国在经济领域产生的影响。因此,维系与亚太地区重要盟友及战略伙伴之间密切的经济联系,对于巩固美国在亚太地区的政治和安全影响力,强化美国与特定国家的安全同盟关系,具有重要影响。

二、亚太经济基本格局演化,中国经济影响力不断上升

从分工格局看,亚太地区围绕着北美和中国大致初步建立起消费-生产的经济模式。亚太地区的早期生产链,主要是围绕着美国建立起来的,最终生产出来的产品主要销往美国。在这一模式中,美国处于消费中心位置,中国以及其他部分东亚地区成员处于生产中心位置[1]。但这一格局,不仅依赖美国经济自身的繁荣和强大,也需要美国奉行支持自由贸易的立场。美国经济的强盛,能够确保其在地区经济中的主导力,有能力维持大致稳定的地区经济体系。而一个奉行贸易自由主义的美国,则可以帮助避免地区经济体系的贸易和投资摩擦,美国也愿意为地区成员提供开放的国内市场。这种亚太地区经济格局分工大致上是互利的。东亚经济体对美贸易而产生的大量顺差和由此带来的美元,很多并没有留在本地市场,美国强劲的经济发展势头和较高的利润回报率,使得资金又大量回到美国。

从地区经济权力格局看,虽然美国仍然总体上在亚太地区经济体系中处于主导地位,但中国在本地区的经济力量不断上升,中美在地区经济中的两极化格局隐然出现。从中美GDP比较看,中国对美国GDP比重不断上升。如果以购买力平价计算,中国GDP已经超过美国,成为全球第一。继中国2010年超过日本成为亚洲第一大经济体之后,中国对日本的GDP优势持续扩大。到2016年年底,中国GDP已经是日本的2.3倍左右。从贸易来看,如表5-1所示,中国已经是APEC绝大多数成员的最大贸易伙伴。中国与亚太地区成员的经济关系日益密切,对地区经济发展的塑造能力不断提升。中美经济的消长成为逐渐改变亚太地区经济基

---

[1] 张蕴岭:《亚太经济一体化与合作进程解析》,《外交评论》2015年第2期。

本格局乃至世界格局的重大事件。

表 5-1 亚太经济体第一位贸易伙伴情况(2016 年)

	亚太经济体	第一大贸易伙伴
东北亚	中国	欧盟
	日本	中国
	韩国	中国
	蒙古	中国
	朝鲜	中国
	中国香港地区	中国大陆
	中国台湾地区	中国大陆
东南亚	文莱	日本
	柬埔寨	中国
	印度尼西亚	中国
	马来西亚	中国
	菲律宾	中国
	新加坡	中国
	泰国	中国
	越南	中国
	缅甸	中国
	老挝	泰国
大洋洲	澳大利亚	中国
	新西兰	中国
美洲	加拿大	美国
	智利	中国
	墨西哥	美国
	秘鲁	中国
	美国	中国

资料来源：笔者根据联合国贸易和发展会议的数据库数据，制成本表。

三、东亚地区经济一体化进程加快,美国防止被排除在外

东亚经济一体化始于东盟国家,东盟是东亚地区经济一体化的最早推动者。东南亚国家早在1967年就正式成立东盟,开启了东南亚地区经济一体化进程。1997年东亚金融危机发生后,东亚地区各国普遍认识到,经济全球化已经成为当今时代的基本特征,区域内国家相互依存性大大增强,东南亚国家需要更为紧密地与其他东亚地区经济体加大彼此间的经济联系,建立区域国家间的沟通与对话机制,加强经济合作,不但可以有利于应对各种形式的经济和金融危机,还可以抓住发展机遇,推动地区经济共同发展。在此共识之下,东亚经济一体化进程明显加快。2000年,东盟与中国的"10+1"自贸区谈判启动之后,又相继推动了与日本、韩国、澳大利亚、新西兰以及印度的自贸区,形成了以东盟为中心的"10+1"区域一体化合作模式。其他东亚国家也提出了各自版本的地区经济合作机制。例如,2004年,中国提出建立"10+3"合作机制。2006年,日本则提出建立"10+6"合作机制的可行性。2007年,东盟10国签署《东盟宪章》,明确了最终建立东盟共同体的战略目标,东亚经济一体化的合作机制稳步向前发展。

然而,虽然美国和东亚地区经济联系十分紧密,但没有被纳入这些合作机制框架之中。没有美国在内的东亚经济一体化进程,使得美国担心自己逐渐被边缘化,从而给其未来地区经济、政治和安全利益带来不利影响。更为令美国担忧的是,在东亚经济一体化过程中,经济实力不断上升的中国在东亚地区经济影响力日益增大。随着中国与亚太经济体贸易联系的不断深化,中国还大力推进与亚太经济体的双边自由贸易协定谈判,这更增添了美国的担忧和疑虑。美国由此认为必须进行战略调整,维持和强化美国在东亚经济中的影响力,以维护美国在亚太地区的主导地位,防止美国逐渐被排斥在蓬勃发展的东亚经济之外。

在以上背景下,美国开始逐渐将重心向亚太地区转移,相继推出"东盟合作计划""东盟企业倡议",与部分东南亚国家磋商"双边贸易及投资架构协定",与新加坡、韩国、澳大利亚、新西兰等亚太国家签署了双边

自由贸易协议①,积极参与并且试图主导东亚经济一体化进程。就战略努力而言,美国政府加入并且主导跨太平洋伙伴关系(TPP)协定,可谓是 21 世纪以来美国政府亚太经济战略最为重要的政策。

2008 年,美国加入新加坡、新西兰、智利作为创始国的"跨太平洋战略经济伙伴关系协定(Trans-Pacific Strategic Economic Partnership Agreement)",并进一步扩大跨太平洋伙伴关系计划,正式主导 TPP 谈判。奥巴马就任美国总统以来,继续倚重 TPP,逐渐将其作为精心设计的"亚太再平衡"战略的经济支柱,把 TPP 视为美国能否继续其在亚太地区霸主地位的重要"试金石"。在奥巴马政府看来,TPP 无论从经济利益、安全利益以及价值利益层面均有益于美国,与美国国际经济政策战略目标高度一致,可以很好服务于亚太经济战略的实现。

在国内经济层面,TPP 有利于促进美国经济增长,增加就业。TPP 通过削减关税壁垒,加强边境后措施规制,在原产地规则、竞争政策、国有企业中立原则、知识产权、劳工和环境等议题上,都较此前自由贸易协定提出了更高的标准,给美国先进制造业、农业等部门都创造了更大的出口机会,可以进一步加大美国产品的竞争优势,提升美国经济发展和就业水平。根据美国国际贸易委员会预测,到 2032 年,TPP 将给美国增加 128 000 个工作岗位,实际工资率提升 0.19%,实际收入将从当前的 570 亿美元,提升到 1 310 亿美元②。这一数字相对于美国庞大的经济总量来说,虽然看上去不起眼,仅提升 0.2%~0.5%GDP,但如果从获益绝对值来看,美国则是 TPP 最大赢家。

在地缘经济层面,美国获益更为显著。第一,TPP 首先是一个亚太地区内的自由贸易协定,有利于亚太经济体进一步削减关税壁垒,推进美国主导的地区贸易自由化进程,巩固亚太地区经济一体化的主导权,维持区域影响力。如上所述,此前东亚地区经济一体化进程稳步进行,美国被排斥在东亚经济合作框架之外,存在被边缘化危险。亚太地区经济近年来蓬勃发展,是世界经济发展最有潜力的地方。美国通过 TPP,可以

---

① 陈奕平:《美国与东亚经济一体化》,《暨南学报》(哲学社会科学版)2007 年第 3 期。
② Mireya Solis, "The Trans-Pacific Partnership: The Politics of Openness and Leadership in the Asia-Pacific", *Foreign Policy at Brooking*, Asia Working Group Paper 6, October 2016, p.2.

重返并且主导亚太经济一体化进程。尤其 2012 年 RCEP 作为另一个地区间大型自贸区框架提出之后,形成双轨竞争局面。而在美国看来,RCEP 更多体现中国经济的影响力。TPP 的进展,无疑会影响 RCEP 的前景,削弱中国在这一地区的主导能力。奥巴马曾提到,中国正在亚洲力推其贸易体系。如果美国不在亚洲确保公平贸易,就会面临严重挑战。美国前贸易代表迈克尔·弗罗曼(Michael Froman)公开警告,TPP 半途而废将意味着把"贸易全球化城堡的钥匙拱手让给中国"。第二,继续引领新一代贸易投资规则,获得霸权利益。TPP 远非仅是降低关税壁垒的自由贸易协定,它是迄今为止最具综合性、体现经贸规则领域最高标准的大型自贸协定,除传统的贸易、投资等议题之外,将更具执行性的知识产权、竞争政策、国有企业中立原则、劳工、环境等标准,向外进行规则输出。普遍认为,美国借由 TPP 所力推的国有企业中立原则、劳工、环境等高标准,具有强烈的针对中国之意味。例如国有企业运作必须基于商业考虑,不允许政府提供非商业性帮助,特别是部分规则具有外溢效应,即便中国不是成员国,也会通过对成员方经市场行为的影响,来削弱中国产品的竞争力。从规则战略角度来说,美国因其核心利益在 WTO 规则体系中无法实现,于是另起炉灶,将其新一代高标准的经贸规则通过区域贸易协定加以推行。据以往实践经验,此类规则将很有可能逐渐形成国际经贸领域新的习惯法规则,从而将美式标准在世界范围内加以普及,巩固其经济霸权地位,体现霸权利益。

在地缘政治层面,TPP 有助于美国维护亚太地区国家同盟或者伙伴关系,遏制中国崛起。一国在国际经济中的影响力,很大程度上取决于其能够对外提供多大的市场。TPP 对其他成员方具有很大的吸引力,正源于此。通过严格的原产地规则,对外实施歧视性待遇,最大限度将利润留在成员方范围内,促进和巩固美国与亚太地区伙伴国家的经贸联系,实质上也是让其他成员方对美国产生更大的依赖性。无论是从经济上削弱中国产品的竞争力来放慢其发展速度,防止中国进一步缩小与美国差距,还是从军事安全角度巩固与同盟国之间的关系,最终都是为了维护其全球霸权,防止因中国实力的上升最终改变世界经济和政治格局。

在拓展美式价值观方面,TPP 也有所表现。美国向来对其政治制度和意识形态有根深蒂固的优越感,希望将它那一套发展模式和理念推广到更广泛的地区。TPP 的相关规则是美式价值观在经济领域的体现。奥巴马政府认为,美国可以借助 TPP 的相关规则继续传播美国自由贸易和民主人权等价值理念,从而巩固美国在亚太地区的价值观外交。

第二节　特朗普政府对亚太地区贸易战略的调整及其对中国的影响

奥巴马政府在 8 年任内积极推进以 TPP 为关键抓手的亚太地区经济战略。在其持续努力之下,12 个成员国于 2016 年 2 月份在新西兰正式签署了 TPP 协议。奥巴马政府亚太经济战略似乎成功在即。然而,美国国内政治的变化摧毁了奥巴马政府这一亚太经济战略核心。2016 年 11 月的美国大选中,反建制派出身的特朗普当选美国第 45 任总统。竞选时期,特朗普的政策主张就带有较浓厚的孤立主义和经济民族主义色彩,多次强调"美国优先",宣称自己是"美国人民的总统而非世界的总统"。特朗普将国内经济发展和人民生活水平提高放在优先地位,尤其注重传统制造业的发展和中低收入白人群体的生活改善。基于这种逻辑,他上任之后确实提出了诸多与奥巴马不同、甚至截然相反的亚太经济政策。

一、特朗普政府调整亚太地区经济战略的举措

特朗普就任美国总统后,推行所谓"公平贸易"和"互惠贸易",在多边、双边和单边层面提出了带有其自身特色的亚太经济战略。

第一,弱化多边贸易机制。一是退出 TPP。TPP 是奥巴马时期精心设计的"亚太再平衡"战略的经济支柱,被视为美国能否维持其在亚太地区霸主地位的重要举措。对于向来重视国际规则战略的美国来说,TPP 是美国构建新一代经贸规则的重要尝试。然而,特朗普执政不久即兑现竞选承诺,签署了退出 TPP 的行政令。在其看来,TPP 各成员方经济发展水平迥异,其规则并未体现美国的核心利益,而是如此前的北美自由贸易协定(North American Free Trade Agreement,NAFTA)一样,是由美国开放市场提供公共产品,让其他国家"搭便车"的平台,损害了美国工人

和企业的利益。二是将重启 NAFTA 谈判。NAFTA 是美、墨、加三国签署的地区自由贸易协定。NAFTA 的实施,大大削减了三国间的贸易壁垒,从而极大地带动了彼此间贸易总额。但特朗普认为,NAFTA 是极不公平的贸易协定,导致美国汽车、纺织品、计算机和电器等制造业严重外流,大量就业岗位流失。特朗普多次誓言将立即与 NAFTA 成员方重新谈判,达成更公平的贸易协议①。特朗普政府贸易谈判代表罗伯特·莱特希泽(Robert Lighthizer)曾发表讲话称,北美自由贸易协定(NAFTA)导致美国失去 70 万个就业岗位。1993 年以后,美国持续对墨西哥贸易逆差,2016 年逆差高达 570 亿美元。其中,在汽车行业,美国对墨逆差 680 亿美元。此外,过去 10 年,美国对加拿大货物贸易逆差超过 3 650 亿美元。因此,美国希望在以下几个方面做出改变:一是减少贸易逆差;二是提高原产地规则,尤其是汽车和零部件原产地规则标准;三是增加劳动者权益条款;四是防止汇率操纵行为;五是争端解决机制应尊重美国国家主权和民主;六是增加防范其他国家市场扭曲行为条款,包括第三方倾销和国企行为;七是确保政府采购和农业领域实现公平准入且互惠②。

第二,关注双边贸易机制。特朗普将重点调整与几个国家间的贸易关系,这些国家基本上是美国最主要的贸易逆差来源国。一是中国。中国目前是美国最大的贸易逆差来源,也是美国制造业最大的竞争对手。美国关注中国宏观政策和产业政策,在汇率、知识产权、贸易赤字、产能过剩、国有企业以及市场准入等问题上持续向中国施压,以达到使中国更大幅度降低关税、开放市场、限制部分产品对美出口等目标。特朗普总统在 2017 年 4 月习近平主席访美期间,与习近平主席共同启动了全面经济对话机制,特朗普希望通过这一双边贸易机制来更好解决美方关心的对华重要经贸议题。二是日本。日本是仅次于中国的贸易逆差来源国,

---

① The White House, "President Trump Makes Remarks and Signs the Buy American, Hire American Executive Order"(April 18, 2017), Youtube, https://www.youtube.com/watch?v=5lnus09vYo8, retrieved August 30, 2017.

② Robert Lighthizer, "Opening Statement of USTR Robert Lighthizer at the First Round of NAFTA Renegotiations"(August 16, 2017), Office of the United States Trade Representative, https://ustr.gov/about-us/policy-offices/press-office/press-releases/2017/august/opening-statement-ustr-robert-0, retrieved September 20, 2017.

2016 年对美贸易顺差为 689 亿美元。特朗普多次指责美日贸易不公平，日本汽车和农产品市场远远不够开放。特朗普为此也借助和安倍首相见面机会，共同成立了美日经济对话机制，分别由美国副总统彭斯和日本副首相麻生太郎牵头。在首轮美日经济对话中，美国就明确指出要求日本开放其汽车和农产品市场，希望通过这一机制获得在原先 TPP 谈判中未能获得的经济利益。三是加拿大。特朗普总统曾在多个场合激烈抨击加拿大在木材、乳制品等行业的不公平贸易做法，表示将尽快与加方协商解决方案，并已在 2017 年 4 月 24 日率先对加拿大产木材征收平均税率为 20% 的反倾销税①。此外，墨西哥和东盟等对美国有较大贸易顺差的亚太国家和地区，也是美国重点施压对象。

第三，诉诸单边主义手段。历史上美国就不乏运用单边主义措施来调整与他国的经贸关系的先例，特朗普更是如此。特朗普签署了《买美国货，雇美国人》总统行政令，推动美国企业和公共部门采购国货、雇用国人。该法案看似调整本土企业行为，事实上将对他国产品出口造成不小影响，有强大的外溢效应。美国作为 WTO《政府采购协议》的签约国，购买国货须受到相应制约，此举可能会违背 WTO 规则，或将导致他国报复，恶化国家间贸易环境。特朗普还多次签发行政令，对特定产品发起贸易调查。例如，特朗普曾宣布要调查进口钢铁对美国国家安全的影响。若以此为理由对进口钢铁大幅调整关税，将严重损害欧洲和亚洲的钢铁制造商利益。在这种政策导向之下，亚太国家输美钢材产品受到严厉的贸易救济措施。2017 年 3 月，美国对从中国进口的碳钢与合金钢定尺板和不锈钢板带材征收反倾销税和反补贴税。5 月，美国认定从日本进口的螺纹钢存在倾销行为，决定征收高额倾销税。此外，特朗普还决定对中国进行知识产权领域的 301 调查，对华施

---

① The White House, "President Trump Makes Remarks and Signs the Buy American, Hire American Executive Order" (April 18, 2017), Youtube, https://www.youtube.com/watch?v=5lnus09vYo8, retrieved August 30, 2017; "President Trump Leads a Signing Event Regarding the Trade Expansion Act" (April 20, 2017), the White House, https://www.whitehouse.gov/featured-videos/video/2017/04/20/president-trump-leads-signing-event-regarding-trade-expansion-act, retrieved September 20, 2017;《特朗普：我不怕和加拿大打贸易战》(2017 年 4 月 26 日)，华尔街见闻网，https://wallstreetcn.com/articles/3006164，最后浏览日期：2017 年 9 月 20 日。

压,以迫使中国让步。

特朗普以上举措表明,美国不再一如既往开放市场,提供经济公共产品。相反,美国将调整产业政策,对美国传统制造业进行保护,保护本国工人利益。美国也不再容忍庞大的贸易逆差,试图将以庞大实力作为后盾,对存在巨额贸易赤字的国家进行施压,通过双边谈判甚至单边主义措施,改变对外贸易严重失衡局面,为新政府推行其他改革措施争取更大政策空间。

二、特朗普政府调整亚太经济战略的动因

特朗普政府美国亚太地区经济战略的调整,是建立在对国内和国际形势进行评估的基础之上。事实上,这并非意味着美国和亚太地区的经济关系与奥巴马执政时期有本质不同。更确切地说,是特朗普及其团队对导致美国相对衰退的根源和应对策略的认识有所不同①。

第一,国内动因。一是美国制造业衰落迅速,工业在美国国民经济中地位下降明显。随着世界经济相互依存的程度加深,生产要素在世界范围内的流动性加强。全球化时代经济资源从边缘区流向核心区的同时,也会从核心区向边缘区扩散。由于发达国家的生产成本逐渐上涨,使得传统所谓的边缘区出现一些新的增长中心,世界工业权力也可能会随之发生转移。英国美国都是从世界技术变革的发源地成为世界工业的主导国,先后上升为世界霸权国。当前美国正处于工业衰落时期,制造业在 GDP 中的比重逐年下滑。2008 年,美国制造业占 GDP 的比重仅为 11.5%,较 1980 年的 20.9%下降了近一半②。特别是 2010 年,中国制造业产出占全球 19.8%,高于美国的 19.4%,成为制造业产出最高的国家③。最近几年虽然制造业在美国经济中的比重虽小有回升,但与高峰时

---

① 陈继勇、刘卫平:《美国经济政策转向对全球经济的影响》,《人民论坛(学术前沿)》2017 年第 6 期。

② United States Census Bureau, *Statistical Abstract of the United States: 2010* (129th edition), Section 21, "Manufactures"; United States Census Bureau, *Statistical Abstract of the United States: 1990* (110th edition), Section 27, "Manufactures".

③ 杨铮:《2010 年中国制造业产出占全球 19.8% 超美成老大》(2011 年 5 月 29 日),搜狐网,http://news.sohu.com/20110529/n308820931.shtml,最后浏览日期:2017 年 9 月 20 日。

期相距甚远。全球经济格局实力消长局面尤其中国以制造业为代表的实体经济迅猛发展，意味着美国工业权力的下降。在美国国内的经济民族主义者看来，一国工业化水平不仅仅象征着财富，还是一国军事力量和国家安全的基础。美国在制造业领域的退步，其影响不仅关乎美国经济，而且涉及美国国家安全。特朗普因此甚至发布总统备忘录，要求美国商务部就外国输美钢铁和铝情况发起232调查，以确认这些外来钢铁和铝是否损害了美国国家安全。二是美国经济不平等现象加剧，民众生活水平下降，导致国内逆全球化政治情绪上涨。根据皮尤研究中心(Pew Research Center)的分析报告，美国中产阶级占国家总收入的比例从1970年的62%下降到2014年的43%，与此同时，美国高收入阶层与国家总收入的比例则从1970年的29%上升到2014年的49%。中产阶级的数量逐渐萎缩，甚至已不再是美国社会的最大主体[①]。此外，中产阶级的收入也始终未能恢复到1999年约5.79万美元的峰值水平[②]。这其中就有部分民众由于未能妥善应对全球化带来的技术变革和产业转移，导致收入下降甚至失业。这一变化改变了长久以来美国以中产阶级为主体的扁平橄榄形的国内社会结构，使得国内民粹势力上升，逆全球化情绪抬头。然而，这些群体在2016年的美国总统大选中是支持特朗普的重要力量。特朗普执政以后需要兑现保护主义倾向的竞选承诺，势必会在对外经济政策，尤其是对亚太经济体的经济政策中表现强硬。

第二，国际动因。特朗普及其团队更多看到的是国际经贸关系中利益零和对立的一面，他们认为在相互依存的世界经济中，发展的不均衡带来各国相对收益的不同乃至逐渐改变现有的国际格局，而美国在当前世界市场中不仅没有获取最大的相对利益，而且带来利益受损。这是造成美国国际地位相对衰落的根本原因。进入21世纪以来，美国货物出口占世界货物贸易总额的比重由12%下降至9%，货物贸易逆差则由4 800亿美

---

① "The American Middle Class Is Losing Ground"(December 9, 2015), Pew Research Center, http://www.pewsocialtrends.org/2015/12/09/the-american-middle-class-is-losing-ground/, retrieved September 20, 2017.

② "U.S. Household Income Grew 5.2 Percent in 2015, Breaking Pattern of Stagnation"(September 13, 2016), *New York Times*, https://www.nytimes.com/2016/09/14/business/economy/us-census-household-income-poverty-wealth-2015.html, retrieved August 30, 2017.

元上升至 7 500 亿美元①。 特别重要的，特朗普认为这是因为某些国家通过不公平的贸易手段，攫取不正当的竞争优势，这才恶化了美国的国际经济地位。 而当前国际经济体制是由美国大量提供经济公共产品，其他国家"搭便车"的不公平交易平台。 例如，在地区层面上，NAFTA 造成美国制造业下滑，大量工人失业，多个州的民众生活水平受到严重影响；全球层面上，WTO 更是造成美国国际收支不平衡的重要原因，导致中美间贸易赤字急剧上升。 与美国国际经济地位急剧衰落相比，中国崛起之势尤其明显。 史蒂夫·班农(Steve Bannon)和彼得·纳瓦罗(Peter Navarro)等特朗普团队早期核心成员从国家竞争的角度认为，需要坚决抑制中国在原有国际经济格局中的有利地位。 2017 年 4 月特朗普在签署《雇佣美国人，购买美国货》行政令时，甚至将美国失去了 70 000 个工厂也归咎于中国加入 WTO②。 此外，特朗普认为与日本、加拿大、澳大利亚等国之间的双边贸易关系存在严重的不对等，亟需加以改变。

　　美国实力衰落显然是多重因素的结果，并不能仅仅归咎于自由贸易和全球化，特朗普并非不明白这一点。 竞选以来，特朗普之所以特别强调不公平贸易，是因为调整贸易战略被新政府视为重振美国经济的关键所在。 为刺激国内经济发展，阻止美国实力进一步衰退，特朗普计划对国内多个领域进行大规模改革。 减税、基础设施建设等措施固然会刺激国内经济，但同时也会带来沉重的财政负担。 根据特朗普提出的减税方案，目前的企业税将从 35% 被下调至 15%。 但据分析，仅这一项将使美国联邦政府收入在 10 年内减少约 2 万亿美元③。 美国已经负债累累，即便美元是世界货币，如果没有更有效的开源节流方法，美国的国际收支平衡也难以维持。 因此，特朗普一方面计划废除奥巴马医保，大幅削减对

---

① 欧阳俊:《公平贸易: 特朗普的理性选择》(2017 年 4 月 17 日)，FT 中文网，http://www.ftchinese.com/story/001072203?page=2, 最后浏览日期: 2017 年 9 月 20 日。

② The White House, "President Trump Makes Remarks and Signs the Buy American, Hire American Executive Order" (April 18, 2017), Youtube, https://www.youtube.com/watch?v=5lnus09vYo8, retrieved August 30, 2017.

③ "Trump's Tax Plan: Low Rate for Corporations, and for Companies Like His" (April 25, 2017), *New York Times*, https://www.nytimes.com/2017/04/25/us/politics/tax-plan-trump.html, retrieved August 30, 2017.

外援助，减少对世行、非洲发展银行等多边开发银行的拨款，以减少联邦政府开支；另一方面，则意图靠调整对外经济战略，尤其是对亚太主要经济体的贸易战略，来改善国际收支状况。相对于对外投资可能使得本国资本外流、工厂关闭、工人失业，尤其造成制造业衰退，工业权力转移，特朗普认为保护本国产业，扩大产品出口，削减贸易赤字，更能够提升民众生活水平，复兴美国经济[1]。

三、特朗普政府亚太经济政策调整的对华影响及其限度

客观地说，尽管动机在于实现自身经济和安全目标，二战后美国建立并维持了总体上是自由开放的国际经济体系，承担了领导西方世界的责任。美国开放其规模巨大的市场，为国际社会提供了大量的公共产品，不少国家也因此拥有了有利的发展环境。特朗普政府看到美国实力相对下降，国内保护主义力量上升，不愿继续提供过多公共产品，担负过多国际义务，希望通过"保护型调整"的方式来改变对己不利竞争局面。特朗普的"公平贸易"，通俗点说，就是重新调整美国与亚太地区经济体已经形成的经济关系，通过施压迫使其他国家付出更多成本，进而让美国获得更多经济优势。

作为当今世界经济、军事、科技实力最强大的国家，美国对外经济战略的改变、去全球化抬头，将对经济全球化和自由市场形成巨大冲击，影响他国内政和外交决策，甚至会影响国际经济发展和世界经济格局。中国作为世界第二大经济体和美国最大逆差来源国，是美国亚太贸易战略调整中的重要目标国之一。特朗普的政策无疑将对中国产生重大影响。

第一，经济层面上，未来中美经贸关系发展不确定性增强。美方特朗普政府坚持认为，中国加入WTO后，利用不公平贸易手段，获取较美国更大的相对利益，导致美国巨额贸易逆差，经济实力相对下降。美国在市场开放度、贸易赤字、汇率、知识产权、国有企业公平竞争等议题上与中国有较大分歧，因此会持续就此对中国施压，两国贸易低烈度摩擦加

---

[1] 张蕴岭：《美国亚太区域经济战略解析》，《美国研究》2017年第1期。

剧可能性增大。 此外，考虑到特朗普"商人"出身，善于谈判，他在制定对华政策时，会策略性地把经济问题和其他问题挂钩，利用经济关系来实现和其他问题解决的联动。 这可能会导致中美在其他问题上的不确定性增大。 例如，朝鲜半岛局势突然升温，固然有朝鲜推动"核导一体"的因素在内，也和特朗普试图用朝核问题来施压中国有关。 中美双方能否在解决朝核问题上密切合作，会对双方经贸关系有很大影响。 反过来，中美经贸关系能否顺利开展，也和中美在朝核问题上合作相关。

第二，地缘层面上，中国在亚太经济体系内的影响力会相对上升。美国单方面退出TPP，等于宣判TPP破产，其他TPP成员方定然会寻求美国缺位的地区经济一体化方案。 此外，特朗普推动的地区贸易保护主义政策，也会产生客观上的推动作用，促使亚太区域非TPP国家加快推动区域经济一体化进程。 与特朗普采取鲜明的贸易保护主义措施不同，中国表现出了积极支持贸易自由主义的姿态。 2017年1月份习近平在达沃斯论坛上向世界传递了中国支持全球化的态度不会改变的信号，对于稳定世界经济具有重要作用。 在亚太地区，中国还采取了与美国不同的策略，高举贸易自由主义大旗，积极引导RCEP谈判，推进"一带一路"倡议，这反而可能会造成美国在亚太地区，尤其是东亚地区的孤立。 在美国之退和中国之进这一态势转变中，中国在地区经济治理和地区经济一体化进程当中的作用将会提升。 未来亚太经济一体化格局可能加速形成。

特朗普政府调整亚太经济战略的举措，表明当前处于实力相对衰落时期的美国，将进一步朝着扩大美国在其他国家的市场份额、限制其他国家对美出口的方向发展。 这种带有显著色彩的经济民族主义做法，是对WTO不歧视和无条件最惠国待遇原则的严重背离，更使得全球经济进一步走向区域化和碎片化，短期内将造成多边主义后退。 但美国长期以来国际收支不平衡的局面，并非仅因贸易产生，更应归因于美国宏观经济因素而非所谓中国等贸易伙伴的欺骗①。 例如过高的制造成本、始终低下的储蓄率以及服务业在GDP中占比过大等因素是美国贸易逆差的重要原

---

① ［美］罗伯特·吉尔平：《全球政治经济学：解读国际经济秩序》，杨宇光等译，上海人民出版社2013年版，第183页。

因。不少美国学者认为,美国制造业失业率的高涨主要是因为技术变革带来的产业调整导致。美国作为当今世界实力最强大的国家,其亚太经济战略的调整将给亚太地区国家的经济决策带来重要影响。美国过多采用保护主义的贸易措施,将会削弱当前的全球化,也会给全球多边贸易体制带来更多的不确定。中美经贸关系在特朗普时期很可能要经历一段摩擦不断的剧烈博弈期。

不过,特朗普政府亚太经济战略因受多重因素制约,影响或将有限。

第一,采取对他国产品征收更高关税等贸易保护主义做法,美国国内生产商只能从不被征收高额关税的国家进口同样产品或者购买本国产品,这将导致本国生产成本上涨,反而会进一步降低出口竞争优势。

第二,美国政府单边贸易保护主义行为可能导致他国报复,有陷入不同程度贸易战的风险,恶化国际贸易环境,不利于全球资源的最优配置,不利于包括美国在内的世界经济的复苏。

第三,特朗普借贸易战略,试图给国内大幅度税改等刺激本国工业和经济发展政策留下更多空间,但有分析指出,仅削减的企业税,就需要美国能够达到5%的增长率才能够抵消损失的联邦收入[1]。如果医保改革等方案无法通过,特朗普整个国内经济改革措施将会陷入严重困境。

第四,如果美国民众无法改变提前消费的习惯,整个社会储蓄率依旧低下,特朗普重贸易、轻对外投资的战略,依然很难改善国际收支平衡。

第五,传统工业部门失业率上升更多是技术变革导致,而非调整贸易战略可以解决。美国国内教育和再培训体系如不进行相应调整,提升工人行业间的流动能力,美国制造业困境难以根本解决。具体到对华经贸政策上,尽管中美经贸关系发展不确定性加强,摩擦也会有所增加,但两国走向全面贸易战的可能性较小。首先,就中美元首海湖庄园会的首次会晤情况来看,双方建立并启动全面经济对话机制,说明两国有意愿共同管控分歧。其次,美国国内相关利益集团对其采取极端贸易保护主义的做法也会有所制约,例如美国农产品、波音公司对华出口数额很大,不会

---

[1] Alan Cole, "Could Trump's Corporate Rate Cut to 15 Percent be Self-Financing?" (April 25, 2017), Tax Foundation, https://taxfoundation.org/trump-corporate-rate-15-percent/, retrieved September 20, 2017.

坐视两国爆发贸易战。最后，如果特朗普执意采取单边主义保护措施，中国政府会采取贸易报复，打消特朗普政府的对华经贸保护政策，力争通过谈判解决双边经贸摩擦。

第三节　中国的应对

从奥巴马到特朗普，美国亚太经济战略既有延续性，也有变化性。从延续性来看，以美国利益为优先这一基调始终没有改变，越来越重视亚太地区的影响力这一判断也没有发生重大改变。从变化性来看，奥巴马侧重多边途径，但特朗普对构建亚太多边经济体制兴趣不大，其主要精力用于打造和升级与重要亚太经济体的双边经济合作。从手段上看，奥巴马更为重视规则的作用，而特朗普更加重视实力的作用。无论美国政府策略如何变化，中国的应对方略要着眼于变化了的亚太经济格局以及中国不断上升的地区经济影响力，以我为主，沉着应对，在维护我地区利益的基础上，争取实现利益共赢，推动地区经济一体化进程更加深入。

一、积极稳妥推进中美经贸关系良性发展

在中国应对美国的亚洲经济战略中，美国是最为重要的因素。特别是随着特朗普就任美国总统，特朗普奉行"公平""保护"和"互惠"的对华经济政策，不仅和中国所主张的开放、自由的亚洲地区经济体系大相径庭，还直接对中国的经济利益带来损害。因此，中国应对美国亚太经济战略的关键是通过稳定中美经贸关系，进而维护亚洲地区总体开放、自由的经济体系。

第一，阐明中美经贸关系的重要性，主张合作解决争端。中美经贸关系是中美关系的重要组成部分。2016年，中美双边货物贸易额达到5 785.9亿美元，双边服务贸易额超过1 100亿美元。近10年，美国对中国出口年均增长11%，中国对美国出口年均增速则为6.6%[①]（如表5-2所示）。美国对华商品出口为美国创造至少67.8万个就业岗位，2014年对华

[①] 数据来源：根据美国商务部经济分析局的数据库（https://www.bea.gov/itable/）数据整理而得。

服务业出口为美国创造了 27.3 万个就业岗位①，同年，美国跨国公司在华雇佣人数达到 201 万人②。伴随着中国经济的快速发展，中国资本进一步走向国外，对美国投资也呈逐年上升趋势。2015 年中国在美投资总额逾 150 亿美元，投资遍及全美 42 个州，横跨 362 个国会选区，为美国带来 1.3 万个就业岗位，迄今中国在美投资已为美国带来累计逾 9 万个就业岗位③。2016 年，中美双向投资累计达到 1 700 亿美元，双方在相互直接投资领域仍有巨大发展潜力。此外中国还持有美国大量国债，占比超过 20%④。

表 5-2 中美货物贸易相关情况（2010—2016 年）

（单位：亿美元）

指标	2010 年	2011 年	2012 年	2013 年	2014 年	2015 年	2016 年
中美货物贸易总额	4 568.6	5 034.9	5 361.3	5 621.8	5 921	5 993.1	5 785.9
中对美出口	3 649.5	3 993.7	4 256.2	4 404.3	4 684.8	4 832.4	4 628.1
中从美进口	919.1	1 041.2	1 105.1	1 217.5	1 236.2	1 160.7	1 157.8
中对美顺差	2 730.4	2 952.5	3 151.1	3 186.8	3 448.6	3 671.7	3 470.3
对美贸易额占中贸易总额比	15.37%	13.82%	13.87%	13.51%	13.76%	15.14%	15.70%
对美出口占中出口总额比	23.13%	21.03%	20.77%	19.93%	20.00%	21.23%	22.07%
从美进口占中进口总额比	6.59%	5.97%	6.08%	6.24%	6.31%	6.90%	7.29%

注：本表中"对美出口"为美方统计的从华进口，"从美进口"为美方统计的对华出口。

数据来源：根据美国统计署（https://www.census.gov/）相关统计数据计算。

---

① 沈建光：《如何应对中美贸易战？》（2017 年 1 月 11 日），华尔街见闻网，https://wallstreetcn.com/articles/284286，最后浏览日期：2017 年 9 月 20 日。

② 数据来源：根据美国商务部经济分析局的数据库（https://www.bea.gov/itable/）数据整理而得。

③ Thilo Hanemann, Daniel H. Rosen, and Cassie Gao：《双行道：中美双边直接投资 25 年全景图》，中美境外直接投资项目报告，2016 年 11 月，第 59~73 页。

④ 数据来源：Table named "MAJOR FOREIGN HOLDERS OF TREASURY SECURITIES" (October 17, 2017)，U.S. Department of the Treasury, http://ticdata.treasury.gov/Publish/mfh.txt, retrieved October 18, 2017.

特朗普政府更多地看到中美经贸关系的摩擦一面，认为中国目前是美国最大的单一贸易逆差来源，也是美国制造业最大的竞争对手，更是美国近年来经济实力相对下降的重要原因。美国关注中国宏观政策和产业政策，与此同时继续限制高科技产品对华出口，最终目的在于阻止中美经济实力继续朝不利于美国的方向消长，确保美国全球经济和地区经济的领导地位不受威胁。中国要制定明智的应对方略，首先就必须考虑美国。在现阶段，推进中美经贸关系稳定发展始终是绕不过去的政策选项。斗而不破，稳中有进，是中国对美政策的重要原则。中方应充分向美方说明，双方经贸关系利益交融，中美两国合则两利，斗则俱伤①。对于中美间贸易不平衡问题，双方应共同努力，加强沟通与合作，增进共识，解决纠纷，推进中美经贸关系稳定发展。

第二，加强双方在各层面的经贸合作。（1）在地方层面，中美应继续并不断深化地方经济合作，借助中美省州长论坛等各种有效渠道，让两国地方中小企业实现更多对接，为两国创造更多的就业机会和产值②。（2）在双边层面，除事关国家安全等根本利益，应进一步开放市场，推进贸易和投资的自由化和便利化，减少经贸问题的政治化，稳步扩大双边贸易和投资。特别在中美双边投资协定（Bilateral Investment Treaty，BIT）谈判中，尽管分歧不小，谈判空间有限，仍应力争谈判取得突破。（3）在地区层面，中美双方作为亚太地区最大的经济体，在亚太区域经济一体化进程中，应本着地区共同利益，加强合作，发挥建设性作用。中国的"一带一路"倡议，是开放、包容和互惠、非封闭性的合作倡议，在两国元首海湖庄园会晤之际，习近平主席表示欢迎美国参与"一带一路"建设，王毅外长也曾提出中美双方在"一带一路"框架中，可结合中国的先进装备、充足的融资和美国的一些技术和关键部件，开展三方合作③。"一带一路"可以为中美经贸合作提供新的机遇和空间，不仅有利于地区的和平和

---

① 《关于中美关系，习近平有哪些重要论述？》（2015年9月17日），中国共产党新闻网，http://cpc.people.com.cn/xuexi/n/2015/0917/c385474-27596546.html，最后浏览日期：2017年9月20日。
② 甄炳禧：《中美经贸合作竞争新态势及前景》，《国际问题研究》2016年第1期。
③ 《中美在"一带一路"框架下的合作大有可为》（2017年5月3日），新浪网，http://news.sina.com.cn/o/2017-05-03/doc-ifyeycte8493503.shtml，最后浏览日期：2017年9月20日。

发展，也符合中美双方利益。要以美国政府派代表出席2017年5月份的"一带一路"国际合作高峰论坛为契机，深化中美在"一带一路"进程中的合作，丰富中美经贸关系内涵。而此前美国拒绝加入的亚投行，业务范围侧重于基础设施建设，并未与美国主导的国际金融机制存在"对抗性"，可打造成为中美扩展合作的又一平台。（4）在全球层面，加强全球经济治理合作。例如此前在金融危机中发挥重大作用的G20峰会、IMF等国际机制中，中美应继续就全球宏观经济政策协调、改善长效治理机制方面加强合作，促进全球金融稳定和经济安全。

第三，建立有效的经贸协调机制。随着中美经贸关系的不断扩展，尤其双方近年来在国际经济格局中地位有所消长，贸易摩擦逐渐增多。特朗普执政后，其经济民族主义政策，更使双方经贸关系不确定性有所加强。

贸易战不是中美解决经贸关系争端的选项，中美经贸问题只能通过谈判加以解决。为更为充分地处理双边经贸议题，习近平主席和特朗普总统海湖庄园会后同意通过"全面经济对话"机制来解决中美经济争端，并且制定经贸领域的"百日计划"来尽快开展经贸合作。双方应就彼此的核心关切事项，尤其就彼此重要分歧，例如宏观经济政策、贸易和投资机制安排、金融市场的稳定和改革、国际机制与全球治理等议题，展开沟通与协调，确保及时解决纠纷，缓解彼此矛盾，避免贸易战的爆发。

大致上，以首次"习特会"以及全面经济对话为新起点，以"百日计划"为基础，在更为长远的中美"一年计划"中，两国经贸在特朗普时代将围绕以下几个重点方面开展合作。

第一，厘清中美利益分配。利益是经贸关系开展的根本动力，美国对中美经贸关系现状多有不满，主要是认为利益分配失衡，中国得到更多，而美国获得较少。但中国主张，中美经贸利益分配是共赢且公平的，美国也获得了大量利益。那么，中美利益分配到底如何？这需要在尽可能短的时间内拿出双方大致可以接受的研究成果。只有基于对利益分配现状的客观研究，才能消除两国在经贸关系中的不满情绪，并有针对性地制定中美经贸相关措施。

第二，识别双边政策扭曲。在准确把握经贸利益分配的基础上，中美双方要讨论利益来源。大多数经贸利益的分配是正当且正常的，主要反映了全球化的分工格局以及两国要素禀赋的差异。对于这些利益，即使在中美之间分配极不平衡，两国也只能接受。关键是看那些通过政策扭曲而导致的利益分配失衡，美国对中国的不满主要聚焦于此。比如，美国对中国所谓人民币汇率操控、政府补贴以及国有企业政策多有指责，认为这些政策导致中美贸易失衡。中国则强调美国对华不公平的高科技产品出口限制政策以及对华过于严格的直接投资审查机制，是造成中美经贸问题的重要因素。

第三，调整各自国内结构。中美经贸关系本质上是两国国内经济发展结构的延伸，经贸关系中的问题也不可能只通过双边关系进行调整。为根本缓解中美经贸矛盾，两国都需要从国内经济发展的角度来寻找两国经贸关系的病根，同时用两国经贸关系持续发展的压力来推动国内经济结构的调整。需要强调，忽略本国国内自身经济弊端，而主要依靠双边经贸关系调整以及对方国内经济结构调整来寻求解决之道，不是解决问题的有效方式。

第四，推进两国合作措施。不管怎样，中美两国主流民意和商业机构都不愿看到中美发生经贸对抗，双方甚至国际社会都希望看到切实可行的解决路径，这对增进两国在经贸领域的战略互信以及强化未来中美合作的大方向非常重要。中美各自工作团队既要务虚更要务实，要顾小利更要顾大局，通过密切合作，提出双方都满意的项目方案和政策调整。

二、落实和拓展"一带一路"建设空间

中国的"一带一路"倡议是中国目前最为重要的国际经济合作倡议，其地理范围覆盖亚太地区，而且东亚地区将是重中之重。中国"一带一路"倡议的地区背景首先是为了因应奥巴马总统提出的TPP倡议。面临旨在排除中国在外的TPP，中国政府制定了以亚欧大陆经济整合为目标的泛经济一体化战略。此外，中国经济发展势头也给亚洲周边国家带来一定的战略压力，周边国家对"以经促政"的经济外交手段开始酝酿应对策略，有意识地减轻对中国不对称依赖，影响了中国地区经济战略效果的发挥[1]。中国

---

[1] 高程：《从中国经济外交转型的视角看"一带一路"的战略性》，《国际观察》2015年第4期。

政府要借助"一带一路"倡议,更好融合中国和周边国家的经济关系,提供更多经济公共产品,破解大国崛起与发展困境所作出的重大战略调整,因此具有重要的地缘政治和经济意义①。

"一带一路"贯穿欧亚大陆,覆盖了活跃的东亚经济圈和发达的欧洲经济圈,中间广大腹地国家经济发展潜力巨大。由中国向西经中亚、俄罗斯至欧洲(波罗的海),经中亚、西亚至波斯湾、地中海;向南经东南亚、南亚至印度洋,从中国沿海港口过南海到南太平洋②。重点是中国周边国家,构建中国周边国家经济带和依托带,互联互通,创新国际机制,可以显著增加中国的国际安全度③。它不是一个封闭的自由贸易网络,相反,它是开放的、包容的、多元的,不刻意追求一致性,没有预设特定的合作方式和内容,并不局限于沿线国家,旨在通过沿线国家之间的和平合作,基于市场运作方式,实现互利共赢。

自"一带一路"倡议提出以来,2016 年,中国与"一带一路"沿线国家贸易额为 6.3 万亿元人民币,增长 0.6%。其中出口 3.8 万亿元,增长 0.7%;进口 2.4 万亿元,增长 0.5%;中国对沿线国家直接投资 145 亿美元,占中国对外投资总额的 8.5%。与沿线国家新签对外承包工程合同额为 1 260 亿美元,增长 36%。同时,"一带一路"沿线国家对华投资新设立企业 2 905 家,同比增长 34.1%,实际投入外资金额 71 亿美元④。在全球贸易以及中国贸易进出口额、全球 FDI 流量都较 2015 年下降的背景下,有力推动了中国和世界经济的稳定和发展,成为沿线国家加强国际合作、提供更多公共产品的重要途径,为新兴经济体和发展中国家参与全球化提供了很好的平台,有利于缓解全球范围内发展的不平衡性,增强国际

---

① 李晓、李俊久:《"一带一路"与中国地缘政治经济战略的重构》,《世界经济与政治》2015 年第 10 期。
② 《〈推动共建丝绸之路经济带和 21 世纪海上丝绸之路的愿景与行动〉发布》(2015 年 3 月 30 日),中华人民共和国商务部综合司网站,http://zhs.mofcom.gov.cn/article/xxfb/201503/20150300926644.shtml,最后浏览日期:2017 年 9 月 20 日。
③ 张蕴岭:《"一带一路"的创新型思维:大国倡议与大国作为》,《商业文化》2015 年第 13 期。
④ 孙博洋:《2016 年中国与"一带一路"沿线国家进出口总额达到 6.3 万亿元人民币》(2017 年 2 月 21 日),人民网,http://finance.people.com.cn/n1/2017/0221/c1004-29096880.html,最后浏览日期:2017 年 10 月 16 日。

治理。

"一带一路"的地理核心是亚洲地区。这表现为两方面。其一，作为"一带一路"倡议的核心支撑，中国提出了中蒙俄、新亚欧大陆桥、中国-中亚-西亚、中国-中南半岛、中巴、孟中印缅六大经济走廊建设。这六大经济走廊已经成为"一带一路"的战略支柱，是"一带一路"倡议的重要内容。其二，中国"一带一路"倡议的诸多机制安排位于亚洲区域。宽泛的区域包括"东盟+中日韩"合作机制、区域全面经济伙伴关系机制以及亚太自贸区机制。次区域合作机制包括中国与东盟、南盟、海湾合作委员会的经济合作机制；小区域包括中国参与或力推的大图们江区域、澜沧江-湄公河区域、环阿尔泰山区域和一些跨境区域合作等。

在亚洲地区，中国的"一带一路"倡议重点体现在政策沟通、设施联通、贸易畅通、资金融通以及民心相通五大方面。

第一，在亚洲国家之间的政策沟通。中国主张，各国首先就经济发展战略和对策进行充分交流，协商制定推进区域合作的规划和措施，为周边和区域经济合作发展奠定法律和政策基础。之所以把政策沟通放在第一位，主要是因为政策沟通是开展各方面务实合作的前提，是共建"一带一路"的重要保障。确实，外界对于中国的"一带一路"一直有着误解。比如，有人就认为"一带一路"是中国在亚洲地区的"马歇尔计划"，或者认为"一带一路"是中国在亚洲地区新殖民主义的表现。这些误解不利于中国"一带一路"的推进，需要通过有效的政策沟通加以消除。

第二，亚洲地区的设施联通。在中国政府提出"一带一路"战略构想初期，中国政府提出的道路联通，而不是设施联通。但在后来中国官方有关"一带一路"的政府文件中，"道路联通"这一表述被调整为"设施联通"。与道路联通相比，设施联通的外延更大，不仅包括道路基础设施，还包括信息基础设施和电力基础设施等。亚洲各国加强基础设施建设，推动跨国、跨区域互联互通是中国"一带一路"倡议的优先合作方向。中国政府鼓励实力强、信誉好的中国企业在"一带一路"沿线国家开展铁路、公路、港口、电力、信息通信等基础设施建设，促进地区互联互通，造福广大民众。跨境交通基础设施的建设完善，有利于逐步形成连接东亚、西亚、南亚的交通运输网络，为各国经济发展和人员往来提供便利。

第三，亚洲内的贸易畅通。亚洲各国在贸易和投资领域合作潜力巨大。中国政府认为，亚洲国家应该就贸易和投资便利化问题作出适当安排，消除贸易壁垒，降低贸易和投资成本，提高区域经济循环速度和质量，实现互利共赢，进而发挥各国各领域经济增长潜力。贸易畅通建设包括口岸操作、国际通关、换装、多式联运的搭桥联通，以及简化通关、检验检疫等手续，降低关税和非关税壁垒，消除生产要素跨境流动的障碍。以上举措有利于实现双边或多边贸易和投资便利化，提高沿线当地群众生活福利水准。在去全球化和贸易保护主义有所抬头的背景下，贸易畅通有助于增强亚洲开放型地区经济体系的形成，促进亚洲国家的整体经济福利。

第四，亚洲的资金融通。亚洲总体上缺乏充分的资金进行基础设施互联互通。因此，中国强调亚洲的资金供给问题。中国政府采取各种措施，多筹并举，充分运用我国政府官方发展援助、开发性金融、政策性金融、商业金融等国内资金资源，共同推动"一带一路"融资机制建设①。

第五，亚洲国家之间的民心相通。"一带一路"倡议离不开亚洲各国人民的理解和支持。亚洲各国人民之间的友好往来、相互了解和传统友谊，是"一带一路"的民意基础和社会基础。民心相通涵盖甚广，包括教育、文化、体育、旅游、社会保障等多方面的交流与合作，旨在通过加深彼此了解，建立良好的情感关系，为区域合作提供良好的心理支撑。此外，亚洲国家之间人员互动增加不仅可以加深彼此理解和友谊，还可以促进区域内的贸易和投资②。

总体上，中国"一带一路"倡议越来越成为中国亚洲地区经济战略的核心部分。"一带一路"如果推进顺利，将有利于亚洲加快区域一体化建设，加速实现习近平主席所提出的亚洲利益共同体、责任共同体和亚洲命运共同体，在相互依存中实现互利共赢，有利于塑造中国和平发展的稳定

---

① 周强武：《资金融通：协同打造"一带一路"投融资保障体系》，《求是》2017年第11期。
② 胡滨、郑联盛：《亚洲互联互通：中国的战略、政策与行动》，《人民论坛（学术前沿）》2015年第23期。

的周边战略环境。"一带一路"经过数年发展,将能够成为中国应对美国亚太经济发展的重要地缘机制依托。

三、扩大和升级亚太双边自贸协定网络

中国亚洲经济战略的基础是打造有利于地区经济一体化的区域贸易网络体系。这需要中国扩大和升级中国参与的亚洲双边和多边自贸协定网络。2007年,中国首次明确提出"实施自由贸易区战略,加强双边多边贸易合作"①。中国共产党的十八届三中全会、五中全会进一步要求以周边为基础加快实施自由贸易区战略,形成面向全球的高标准自由贸易区网络。2015年,习近平主席在出席APEC第二十三次领导人非正式会议时指出,要加快亚太自由贸易区建设,推进区域经济一体化②。

截至目前,中国已经与22个国家和地区签订了14个自贸协定,绝大多数自贸伙伴位于亚太地区,涵盖巴基斯坦、东盟10国、韩国、中国香港、中国澳门和中国台湾地区等15个亚洲经济体。

对中国而言,亚洲地区是世界上最具活力的市场,通过自贸区建设,能够加强各国间的沟通,促进全球价值链发展,将对地区的商业环境和机遇产生有利影响③。当前阶段中国亚太自贸区战略是将双边自贸协定的扩大和升级作为重点推进方向,构建适应中国和该地区广大发展中国家的贸易规则体系,与此同时争取RCEP谈判能早日收官。

第一,扩大亚洲双边自贸协定网络。一方面,WTO体制近年来遭遇多重挑战,地区间各种特惠贸易协定层出不穷,削弱了WTO的非歧视性原则,严重影响到区域外国家的利益。为避免各种歧视和边缘化,中国将区域和双边自贸协定作为多边协定的补充,深入参与亚洲区域一体化进

---

① 《胡锦涛在党的十七大上的报告》(2007年10月24日),人民网,http://politics.people.com.cn/GB/1024/6429094.html,最后浏览日期:2017年9月20日。
② 《为打造开放型亚太经济贡献中国智慧——专家解读习近平主席关于加快亚太自由贸易区建设的建议》(2015年11月20日),新华网,http://news.xinhuanet.com/world/2015-11/20/c_1117214136.htm,最后浏览日期:2017年9月20日。
③ Dilip K. Das, "The Role of China in Asia's Evolution to Global Economic Prominence" (October 11, 2013), Wiley Online Library, http://onlinelibrary.wiley.com/doi/10.1002/app5.10/full, retrieved September 20, 2017.

程。另一方面,亚洲地区政治差别大,安全对立分割情况严重,加上地缘分散性的特征,就区域整体而言,欠缺像欧洲那样的区域主义基础①。各成员间经济发展水平各异,文化差异较大,且存在领土争议等历史因素,因此区域自贸协定的谈判难度较大。相比之下,双边谈判方式灵活,可操控性强,且能充分考虑各自国情特征,达成协定相对容易。多个亚洲区域内双边协定的达成,也可促进共识,减小分歧,深化区域经济一体化的合作水平。再以此为基础,促进区域性协定的谈判进程。

在选择自贸伙伴时,中国基于各自经济结构特点、市场规模、对经济改革推进作用等经济因素,结合政治、安全和外交等因素,有重点有层次地扩大网络。一方面,随着中国生产要素成本不断上涨,劳动密集型和低端制造业等产业已不再具备优势,应逐渐向"一带一路"等劳动力成本较低的亚洲国家进行转移。另一方面,中国当前正在深化经济体制改革,加快推进产业升级换代,实施供给侧结构性改革,中国自贸协定的网络也必须侧重向亚洲发达经济体扩展。和亚洲发展中国家订立自贸协定的重点国家有格鲁吉亚、马尔代夫以及海合会国家。与亚洲发达经济体订立自贸协定的重点是中日韩自贸协定。中国与韩国已经达成较高水平的自贸协定,但与日本之间尚有较大分歧。日本在亚太地区有很大影响力,在电子、汽车等高科技领域有较大领先优势。2016年中日韩三国GDP占世界GDP总量的22.8%,若能在自贸协定上有所突破,将大大提升东亚地区区域一体化水平②。且三国互为重要贸易伙伴,经济结构兼具互补与竞争性,对进一步扩大本国产品出口、提升本地市场竞争水平、加强国际竞争力、提高全球价值链地位都有重大促进作用。

第二,升级现有亚洲地区自贸协定规则。二战后美国广泛运用规则主导权来构建有益于其收益分配的国际制度体系,并根据其自身发展水平,不断提升贸易和投资标准,以垄断和扩大其国家利益。而中国尚未能引导国际经贸体系规则,在国有企业竞争中立原则的推行、劳工、环境、知识产权、服务贸易等领域与欧美国家差距较大,使得在包括中美双

---

① 张蕴岭:《亚太经济一体化与合作进程解析》,《外交评论》2015年第2期。
② 数据来源:根据联合国贸易和发展会议数据库(http://unctadstat.unctad.org/wds/ReportFolders/reportFolders.aspx?sCS_ChosenLang=en)数据统计而得。

边投资协定谈判（BIT）在内的国际经贸合作领域进展较为困难。 美国等发达经济体常借此对中国施加压力，并意图通过其主导的非中性国际规则，尽可能削弱中国竞争优势。 因此，除了扩大亚太自贸协定的数量，中国也要逐步提升现有协定的标准，进一步扩大中国市场的开放度，创建更为开放和便利的营商环境。 这不仅仅是欧美国家倒逼的结果，也是中国国内顺应深化改革大势的主动之举，与改革整体与长远目标并不相悖。

第三，力争 RCEP 谈判早日取得突破。 中国当前亚洲地区自贸协定谈判的重点早日达成 RCEP。 RCEP 谈判目前已取得重要阶段性进展，传统领域有实质性推进，电子商务等新议题也进展迅速，经济技术合作章节谈判和中小企业章节谈判已结束。 各方在关税减让模式、原产地规则、海关程序与贸易便利化等方面，达成了初步共识，均提交了货物贸易和服务贸易初始出价以及投资负面清单，但在投资、知识产权及通信、金融等服务贸易方面仍存在分歧。 更为重要的是，RCEP 谈判是否完成还取决于政治层面。 各主要经济体之间的政治互信建立不起来，谈判就难以取得预期的进展和成果。 当前 RCEP 各成员正在加快谈判，力争早日达成协议。 中国应与其他各方一起，平等参与，充分协商，本着共同受益的态度，坚持开放性和包容性，展示灵活性，加快推进 RCEP 谈判，力争早日取得突破性进展，共同打造开放、包容、均衡、普惠的区域合作架构。

四、 加速推进人民币区域化进程

加速推进人民币区域化，也是中国亚洲地区经济战略的重要组成部分。 更为具体地说，它是中国亚洲地区经济战略的金融核心。 人民币不发挥地区影响、成长为亚洲地区关键的地区货币之一，中国在亚洲地区的经济影响力就始终存在短板，也就难以在亚太经济体系中和美国进行充分竞争。 目前来说，人民币虽然在亚洲区域化进程中取得了显著进展，在部分功能上发挥了国际货币的作用，但它还不能在亚洲地区被自由使用，与美元地位存在较大差距。 中国要抓住有利时机，继续推进人民币在亚洲的区域化进程，提升人民币的地区影响力。

第一，拓展亚太地区人民币合作网络。 截至 2015 年年底，中国已与

33家境外央行或货币当局签署双边货币互换协议（currency swap）①。在签署双边货币互换协议的经济体中，有超过一半位于亚洲。其中，韩国是首个与中国订立双边货币互换的国家。双边货币互换协定为人民币的区域化乃至进一步的国际化打下重要基础，提升了人民币在亚洲地区的影响。中国应以此为基础，进一步扩大人民币在亚太地区的合作网络。除了双边货币互换这一形式外，中国还在中国香港地区、新加坡和韩国等亚洲地区和国家建立人民币离岸交易中心，拓展人民币在亚洲地区的适用范围。

人民币地区合作网络不仅是双边的人民币互换或者离岸交易中心之建立，还包括亚洲地区多边的货币合作。在其中，最为重要的是清迈协议的扩容。清迈协议是东盟10国和中日韩三国为维护地区金融稳定所设立的新型区域金融合作机制，其最初互换协议总额为1 200亿美元。随着2007年美国金融危机的爆发，为加强东亚地区对抗金融危机的能力，亚洲各国决定将清迈协议进一步升级为清迈倡议多边化协议。2014年7月，正式实施的清迈多边协议总额度扩大到2 400亿美元。在新的清迈协议中，中国（包括香港地区）提升出资比例至32%，和日本并列处于最大出资国地位，此举扩大了中国在亚太地区金融稳定中的作用。

第二，充分抓住人民币加入国际货币基金组织特别提款权（special drawing right，SDR）篮子货币机遇，扩大人民币亚太地区影响。如果一国货币能够得到国际货币基金组织这一国际金融机制的"背书"，无疑为该确立了该货币的国际合法性，有利于提升该货币的国际地位。2015年11月30日，人民币加入国际货币基金组织特别提款权（SDR）篮子货币，成为新的篮子货币。人民币在新货币篮子确定的权重为10.92%，仅次于美元和欧元②。这一事件，是人民币地区化和国际化进程中的历史性事件，不仅有助于巩固人民币计价结算地位，促进人民币在亚洲的使用，而且也会提升人民币的吸引力，增强亚太区域国家对人民币国际化前景的信心，从而将其纳入本国外汇储备，助力人民币地区化和国际化进程。

---

① 中国人民银行：《2016年人民币国际化报告》，中国金融出版社2016年版，第1页。
② 同上书，第2页。

第三，加强与人民币亚太地区使用相关的区域性制度建设。一是发挥亚洲基础设施投资银行在支持人民币崛起中的作用。亚投行创始成员中有不少成员是亚太地区成员，要在亚投行基础设施建设中，争取用人民币为亚太国家基础设施建设搭建融资平台。二是强化金砖机制的货币合作，包括在多边框架下推进本币结算，成立金砖国家新开发银行和建立金砖外汇应急储备机制，并将其拓展至更多的亚太发展中国家和新兴经济体。三是提升上合组织框架下各成员之间货币合作的广度和深度，推动上合组织开发银行成立。四是提高东亚货币合作的制度化水平。东北亚和东南亚地区经济增速高，彼此之间经贸联系十分紧密，贸易一体化进程总体不断深入。尤其是东北亚中日韩三国货币合作的深化，不仅可以降低彼此间交易成本，有助于地区金融稳定和安全，更可为人民币国际化提供非常重要的地缘空间。

第四，配合"一带一路"建设拓宽人民币区域化路径。除倡导成立亚投行之外，中国还设立了丝路基金这一单边金融机构，它在为基础设施建设搭建投融资平台的同时，也是人民币走出去的重要载体。"一带一路"倡议提出以来，已经得到众多沿线沿路国家的积极响应，合作地域空间仍在不断扩展之中。随着更多国家基础设施的互联互通，各国经贸合作的内容也会进一步深化。应借"一带一路"这一平台，与更多区域中国家建立货币合作关系，推广人民币的跨境贸易结算和使用，巩固人民币在相应区域中的中心货币地位，加速人民币的区域化进程。

五、继续大力推动全球化发展

自实行改革开放以来，中国经济实现了快速的结构性转变，创造了惊人的发展奇迹。中国和邻近的亚太经济体彼此影响，促进经济转型，使得该地区成为世界上经济最有活力的区域。在此过程中，中国上升为该区域乃至全球仅次于美国的第二大经济体，成为改变世界经济格局的重大事件。中国的发展奇迹，除了自身特殊的以国家为主导的宏观政治经济体制之外，还得益于以开放的姿态拥抱世界经济和不断发展的全球化时代背景。中国要从全球化的受益者成为全球化的支持者，在全球化的进程中提升中国在亚太地区的经济影响力。

第一，要立足亚太地区，促进中国和亚太地区的双向开放和深化合作，把亚太地区自由贸易拓展作为全球化的新动力。一方面，从经济联系来看，亚太能够为中国继续提供巨大的开放空间，中国前几位贸易伙伴，除欧盟外，美国、东盟、中国香港、日本、韩国、中国台湾、澳大利亚全部位于亚太区域①。中国继续推动全球化发展，须以亚太经济一体化为基础。另一方面，中国需在全球化发展中，进一步促进亚太经济一体化进程。随着交通和物流，尤其网络信息技术的发展，全球化成本大大降低，各国经济的融合度和依存度也增强。自20世纪90年代起，中国逐渐重视区域经济一体化，通过进出口贸易、投资和加工贸易，成为区域生产链的一环，参与全球经济和国际分工，在实现自身经济快速增长的同时，也促进了亚太区域经济的整合。区域经济一体化有助于各国产业更加专业化，提升生产率，并通过扩大规模经济，实现收益递增。开放的市场带来更为激烈的竞争，一定程度上打破民族保护主义的疆界，从长远来看，有助于提高整体生产力发展水平。区域经济一体化程度的加深，势必能够刺激该地区经济的增长。由于亚太地区国家的经济发展水平和规模差距较大，政治、社会、文化有所不同，还有历史因素的影响，目前区域经济一体化水平还更多停留在贸易自由化的层面，与欧盟和北美自由贸易区相比仍有较大差距。但也同时说明，在服务、投资、电子商务、竞争政策等新的贸易和投资议题方面，还可以释放更多潜力。我国应和本区域国家一起，促进更高水平的区域一体化，共同打造开放、包容、均衡、普惠的亚太合作新架构，实现自身与地区乃至全球双向互惠的良好发展局面。

第二，要反对任何形式的贸易保护主义。自2008年美国金融危机爆发以来，全球经济陷入持续低速增长期。截至目前，世界经济深层次结构性矛盾尚未得到解决，发达国家经济增速放缓，收入分配不平等问题依旧严重，严重抑制了居民消费能力。新兴国家也正不同程度地经历经济结构调整的阵痛期，需求增长有限。经济的低迷、就业形势的严峻、居民生活水平的下降导致一些国家"逆全球化"情绪泛滥、经济民族主义势

---

① 张蕴岭：《中国的周边区域观回归与新秩序构建》，《世界经济与政治》2015年第1期。

力抬头、贸易保护主义上升、全球市场份额争夺进一步加剧。据WTO统计，2015年10月至2016年5月，G20集团成员实施了145项新的贸易限制措施，月均新贸易措施数量达到2009年以来的最高水平①。2017年的G20财长和央行行长会议公报和IMF春季会议公报也均未能重申"抵制各种形式的保护主义"，说明全球对此共识有所削弱。美国等一些主要发达经济体对贸易自由化的态度有所转变，不愿意更多提供公共产品，确实对全球化形成不小负面影响。对此，中国明确表态支持全球化的立场不会改变②，这是正确而重要的政策宣示。全球化使得资本可以在全球范围内进行更有效的配置，为世界各国提供了更多参与全球经济和国际分工并从中获益的机会，为本国产品提供了更为广阔的消费市场，有助于提升社会总福利水平。中国抓住了本轮全球化机遇，成为最大的受益者之一，但其他国家也从全球化中获得巨大收益。中国的经济发展并未损及他国利益，事实正相反，近年来中国对世界经济的贡献率一直位居第一。必须要对全球化和随之而来的发展不均衡问题进行理性分析，不能采取以邻为壑、转嫁本国失业等问题的重商主义政策。

六、促进国内经济结构调整

以上五点方略是外向型的应对方略。但是，仅仅依靠对外方略是不够的。要真正提升中国亚太经济竞争力，增强对美国亚太经济战略应对能力，还必须练好内功，防范不利于经济增长的风险，积极采取措施促进国内产业结构升级。只有这样，才能在美国采取针对中国或对中国不利的经济战略时，我们能够自如应对。

---

① 《商务部有关单位发布〈中国对外贸易形势报告(2016年秋季)〉》(2016年11月2日)，中华人民共和国商务部网站，http://www.mofcom.gov.cn/article/ae/ai/201611/20161101565571.shtml，最后浏览日期：2017年9月20日。

② 《习近平在亚太经合组织工商领导人峰会上的演讲》(2016年11月20日)，新华网，http://news.xinhuanet.com/2016-11/20/c_129370744.htm，最后浏览日期：2017年9月20日；《习近平主席在世界经济论坛2017年年会开幕式上的主旨演讲》(2017年1月18日)，中国共产党新闻网，http://cpc.people.com.cn/n1/2017/0118/c64094-29031339.html，最后浏览日期：2017年9月20日；《在十二届全国人大五次会议记者会上李克强总理答中外记者问》(2017年3月16日)，中华人民共和国中央人民政府网站，www.gov.cn/guowuyuan/2017-03/16/content_5177813.htm，最后浏览日期：2017年9月20日。

改革开放 30 多年来,新中国经济经历了前所未有的高速增长期。1980—2010 年,我国经济的年均增速超过 10%,远远超出西方发达国家。内部的人口红利带来了丰富的廉价劳动力,提升了中国民间储蓄率和潜在经济增速。然而,据测算中国的人口红利正在迅速减退。中国劳动力人口在 2011 年达到峰值的 9.25 亿人之后逐步下降,2030 年后会出现大幅下降,2050 年会由 2030 年的 8.3 亿人降至约 7 亿人[①]。劳动生产率的增速低于工人工资的增速,中国劳动力已经不再具备成本优势。

从经济结构来看,此前拉动中国经济的主要是出口、投资和消费。政府很大程度上充当资源配置的主体,尤其在 2008 年金融危机后,提供四万亿政府投资来刺激需求,维持宏观经济的稳定。供给端依靠生产要素的不断投入,需求端依靠政府刺激性的管理,不够注重生产率的提高。

问题在于,虽然改革开放以来中国经济经历了前所未有的高速增长期,但随着人口红利减少和经济结构失衡,中国经济增长也面临多重挑战。"十二五"以来,中国经济增速逐步回落,从高速向中高速换挡,成为中国经济的"新常态"。本质上,中美经贸博弈取决于中美国内经济长期走势。而中国经济长期健康可持续发展,必须破解国内经济发展的瓶颈,不能长期依靠政府刺激性的需求管理,也不可能无限加大生产要素的投入。中国政府要以解决国内经济发展的深层次问题为突破口,从可持续性良性发展的长远目标出发,促进国内经济结构调整,优化和提升产业结构,缓解国内经济结构失衡。

第一,要以创新为驱动推进实体经济的发展,避免过多依靠低端产品外贸出口的经济模式。以制造业为主体的实体经济是国民经济的基础,是经济发展、在国际经济竞争中赢得主动的根基[②]。但需看到,亚洲经济体中新一轮产业竞争十分激烈,与越南、柬埔寨等发展中国家相比,中国

[①] 《中国人社部:2050 年劳动年龄人口将降至 7 亿》(2016 年 7 月 23 日),联合早报网,http://www.zaobao.com/finance/china/story20160723-644796,最后浏览日期:2016 年 12 月 31 日。

[②] 《习近平做出中国经济发展的战略选择》(2017 年 5 月 1 日),凤凰网,http://news.ifeng.com/a/20170501/51030824_0.shtml,最后浏览日期:2017 年 9 月 20 日。

成本优势下降明显。而与美国、日本等发达国家相比，中国的先进制造业水平还有待提升。2016年，中国出口增速不仅低于越南、印度、印度尼西亚等新兴经济体，也低于美国、日本等发达国家①。中国需坚持以供给侧结构性改革为主线，以创新为驱动，加快工业转型升级，抢占新一轮产业技术革命的制高点，提升在国际生产分工中的地位，推动制造业从原先的数量扩张逐渐转向质量提升，打造中国产品的国际竞争力，应对奥巴马政府和特朗普政府均力推的美国制造业回流。

第二，推进中国服务业继续转型升级。近年来随着产业结构调整加快，服务业进一步扩大开放，其在GDP中的比重逐年提升，由2011年的43.2%上升到2016年的51.6%②。2017年第一季度，服务业增加值占中国GDP比重更是快速上升至56.6%，对国民经济增长贡献率达到61.7%，说明服务业发展水平正不断提高。但从国际竞争力来说，中国的运输、旅行、保险、电信、知识产权、文娱等服务业仍缺乏竞争力。提升服务业发展质量、加快服务业转型升级，可以有效释放城镇居民的消费需求、缓解优质服务业供需不平衡状况，为服务业进一步开放提供扎实基础，提升国民经济发展的速度和质量。服务业质量提升，将有助于降低对制造业出口的依赖，减少与美国产生贸易摩擦的概率。

第三，释放内需潜力，逐步增加产品进口。一方面，在坚持供给侧改革，转换新旧动能提升生产效益的同时，还应适度扩大社会总需求，特别是消费需求的增长。合理扩大有效投资，完善消费政策，创造良好消费环境，进一步提升消费潜力。通过宏观政策的引导，将生产要素更多投入短缺、创新、关乎民生的领域，例如医疗保健、养老服务、教育文娱等领域，优化消费结构，释放消费潜力。另一方面，由于当前劳动力供给下降，劳动力成本优势减小，需将劳动密集型产业向外转移，再加上国际社会贸易再平衡加剧等因素，未来期间不应再过分看重出口增长和贸易

---

① 《商务部有关单位发布〈中国对外贸易形势报告（2016年秋季）〉》（2016年11月2日），中华人民共和国商务部网站，http://www.mofcom.gov.cn/article/ae/ai/201611/20161101565571.shtml，最后浏览日期：2017年9月20日。

② 《2016年统计公报：GDP增6.7% 第三产业增加值占51.6%》（2017年2月28日），新华网，http://news.xinhuanet.com/fortune/2017-02/28/c_129497975.htm，最后浏览日期：2017年9月20日。

顺差。配合产业结构调整要求,中国要有序逐步扩大产品进口,调整与他国的贸易收支平衡,在缓解本国资源短缺的基础上优化资源配置,改善贸易环境和贸易关系,减少贸易摩擦,推动全球产业链和价值链分工和升级。当中国成为亚太地区主要的市场提供者时,美国届时难以通过中国对其市场的需求来对我施加压力,中国在亚太地区的经济影响力和主导力也自然会显著增强。

参考文献

英文部分

1. Acharya, Amitav, "Ideas, Identity, and Institution-Building: From the 'ASEAN Way' to the 'Asia-Pacific Way'?", *The Pacific Review*, 1997, Vol.10, No.3.

2. Acharya, Amitav, *The End of American World Order*, Cambridge and Malden: Polity Press, 2014.

3. Alagappa, Muthiah, ed., *Asian Security Practice: Material and Ideational Influences*, Stanford, California: Stanford University Press, 1998.

4. Bader, Jeffery A., *Obama and China's Rise: An Insider's Account of America's Asia Strategy*, Washington DC: The Brookings Institution, 2012.

5. Carter, Ash, "The Rebalance and Asia-Pacific Security", *Foreign Affairs*, Nov/Dec 2016, Vol.95, Issue 6.

6. Clinton, Hillary, "America's Pacific Century", *Foreign Policy*, November 2011.

7. Cronin, Patrick M., Giarra, Paul S., Hosford, Zachary M. and Katz, Daniel, *The China Challenge: Military, Economic and Energy Choices Facing the U.S.-Japan Alliance*, Center for a New American Security, April 2012.

8. Foot, Rosemary, "Pacific Asia: The Development of Regional Dialogue", in Fawcett, Louse and Hurrel, Andrew eds., *Regionalism in*

World Politics: Regional Organization and International Order, London: Oxford University Press, 1995.

9. Goh, Evelyn, "Great Powers and Hierarchical Order in Southeast Asia", *International Security*, Winter 2007/2008, Vol.32, No.3.

10. Gompert, David C., Cevallos, Astrid Stuth and Garafola, Cristina L., *War with China: Think through the Unthinkable*, California: RAND Corporation, 2016.

11. Green, Michael J. and Goodman, Mathew P., "After TPP: the Geopolitics of Asia and the Pacific", *The Washington Quarterly*, Winter 2016, 38(4).

12. Haddick, Robert, *Fire on the Water: China, America, and the Future of the Pacific*, Annapolis, Maryland: Naval Institute Press, 2014.

13. Ikenberry, G. John and Mastanduno, Michael, eds., *International Relations Theory and the Asia-Pacific*, New York: Columbia University Press, 2003.

14. Lee Kuan Yew, "Asian Values did not Cause the Meltdown", *New Perspectives Quarterly*, 1998, Vol.15, No.12.

15. Liff, Adam P. and Ikenberry, G. John, "Racing toward Tragedy? China's Rise, Military Competition in the Asia Pacific, and the Security Dilemma", *International Security*, Fall 2014, Vol.39, No.2.

16. Mendis, Patrick, *Peaceful War: How the Chinese Dream and the American Destiny Create a New Pacific World Order*, Lanham, Maryland: University Press of America, 2013.

17. Ross, Robert, "The Geography of the Peace: East Asia in the Twenty-First Century", *International Security*, 1999, Vol.23, No.4.

18. Shambaugh, David, ed., *Power Shift: China and Asia's New Dynamics*, Berkeley and Los Angeles, California: University of California Press, 2005.

19. Solis, Mireya, "The Trans-Pacific Partnership: The Politics of Openness and Leadership in the Asia-Pacific", *Foreign Policy at Brooking*, Asia

Working Group Paper 6, October 2016.

20. Steinberg, James and O'Hanlon, Michael E., *Strategic Reassurance and Resolve: U.S.-China Relations in the Twenty-First Century*, Princeton, New Jersey: Princeton University Press, 2014.

21. Till, Geoffrey, "The South China Sea Dispute: An International History", Bateman, Sam and Emmers, Ralf, eds., *Security and International Politics in the South China Sea: Towards a Cooperative Management Regime*, London: Routledge, 2009.

22. U.S. Department of Defense, *the National Defense Strategy of the United States of America*, March 2005.

23. U.S. Department of Defense, *Quadrennial Defense Review Report*, February 2010.

24. U.S. Department of Defense, *Quadrennial Defense Review*, March 2014.

25. U.S. Department of Defense, *Sustaining U.S. Global Leadership: Priorities for 21st Century Defense*, January 2012.

26. United Nations, *United Nations Framework Convention on Climate Change* (FCCC/INFORMAL/84), 1992.

27. The White House, *National Security Strategy*, May 2010.

28. White, Hugh, *The China Choice: Why We Should Share Power*, Oxford: Oxford University Press, 2013.

29. Yahuda, Michael, *The International Politics of the Asia-Pacific*, 3rd and revised edition, London and New York: Routledge, 2011.

30. Zakaria, Fareed, "Culture is Destiny: A Conversation with Lee Kuan Yew", *Foreign Affairs*, 1994, Vol.73, No.2.

中文部分

1. 毕晶：《国际格局演变与越南加入TPP的外部因素分析》，《国际经济合作》2015年第2期。

2. 蔡亮：《挑战与动因：日本参加TPP谈判的战略意图探析》，《日本问题研究》2012年第4期。

3. 曹云华：《探究亚太新秩序》，世界知识出版社 2002 年版。
4. 陈寒溪：《"东盟方式"与东盟地区一体化》，《当代亚太》2002 年第 12 期。
5. 陈继勇、刘卫平：《美国经济政策转向对全球经济的影响》，《人民论坛（学术前沿）》2017 年第 6 期。
6. 陈奕平：《美国与东亚经济一体化》，《暨南学报》（哲学社会科学版）2007 年第 3 期。
7. 崔天凯：《推动构建中美新型大国关系》，《求是》2014 年第 10 期。
8. 邓小平：《邓小平文选》第三卷，人民出版社 1993 年版。
9. 董淮平：《东亚社会的现实选择：析李光耀的"亚洲价值观"》，《社会科学》1998 年第 6 期。
10. 杜兰：《美国调整对缅甸政策及其制约因素》，《国际问题研究》2012 年第 2 期。
11. 方晓志：《美对俄中实施"第三次抵消战略"，虚实几何》，《世界知识》2016 年第 12 期。
12. 高程：《从中国经济外交转型的视角看"一带一路"的战略性》，《国际观察》2015 年第 4 期。
13. 耿协峰：《新地区主义与亚太地区结构变动》，北京大学出版社 2003 年版。
14. 贺平：《日本参加 TPP 谈判的战略意图与政策论争》，《日本学刊》2012 年第 4 期。
15. ［美］亨利·基辛格：《论中国》，胡利平等译，中信出版社 2012 年版。
16. ［美］亨利·基辛格：《世界秩序》，胡利平等译，中信出版社 2015 年版。
17. 胡滨、郑联盛：《亚洲互联互通：中国的战略、政策与行动》，《人民论坛（学术前沿）》2015 年第 23 期。
18. 胡波：《中美在西太平洋的军事竞争与战略平衡》，《世界经济与政治》2014 年第 5 期。
19. 胡正豪：《中国与东盟关系：国际贸易的视角》，《国际观察》2001 年第 2 期。
20. 李飞：《浅析越南加入 TPP 的利益考量》，《东南亚南亚研究》2016 年第 2 期。
21. 李晓、李俊久：《"一带一路"与中国地缘政治经济战略的重构》，《世界经济与政治》2015 年第 10 期。
22. 李义虎：《国际格局论》，北京出版社 2004 年版。
23. 林利民：《未来 5—10 年亚太地缘政治变局与中国》，《现代国际关系》2012 年 4 期。
24. 刘丰：《安全预期、经济收益与东亚安全秩序》，《当代亚太》2011 年第 3 期。
25. 刘丰、陈志瑞：《东亚国家应对中国崛起的战略选择：一种新古典现实主义的解释》，《当代亚太》2015 年第 4 期。
26. 刘平：《美国与印尼关系提升至"战略伙伴"》，《中国青年报》，2015 年 10 月 28 日，第 7 版。
27. 刘卿：《美越关系新发展及前景》，《国际问题研究》2012 年第 2 期。
28. 刘雪明：《搁置争议 共同开发——邓小平处理边界领土争端的独特视角》，《中共云南省委党校学报》2001 年第 2 期。
29. 刘云、慕阳子：《大国战略：安倍的经济与安全政策》，《日本学刊》2013 年第 2 期。
30. 楼春豪：《美印防务合作新态势评估》，《国际问题研究》2017 年第 1 期。
31. 陆建人：《亚太经合组织与中国》，经济管理出版社 1997 年版。
32. [美] 罗伯特·吉尔平：《全球政治经济学：解读国际经济秩序》，杨宇光等译，上海人民出版社 2013 年版。
33. 马嫒：《从中国-东南亚关系的发展看中国睦邻友好政策的演进》，《太平洋学报》2011 年第 10 期。
34. 马嫒：《邓小平的睦邻友好政策和中国与东盟关系的发展》，《社会科学》1997 年第 12 期。
35. 门洪华：《中国：与国际体系互动中的战略调整》，《开放导报》2007 年第 5 期。

36. 莫金莲:《亚太区域合作研究》,湖南人民出版社 2007 年版。
37. 彭文平:《从〈东盟宪章〉看"东盟方式"的维护与转型》,《东南亚纵横》2009 年第 12 期。
38. 任远喆:《亚太地区安全结构转型与东盟的角色》,《国际安全研究》2016 年第 2 期。
39. 盛邦和:《"亚洲价值观"与儒家文化的现代评析》,《中州学刊》2013 年第 1 期。
40. 宋国友:《美国霸权衰退的经济逻辑》,《美国研究》2015 年第 1 期。
41. 苏浩:《从哑铃到橄榄:亚太合作安全模式》,世界知识出版社 2003 年版。
42. 唐彦林:《东亚秩序变迁中的中国角色转换》,北京师范大学出版社 2011 年版。
43. 唐志明:《冲突管理的东盟方式》,《东南亚研究》2007 年第 2 期。
44. 汪仲启:《世界经济将在颠簸和纠结中前行》,《社会科学报》,2017 年 3 月 9 日,第 1 版。
45. 王辉耀、苗绿、方挺:《FTAAP: 后 TPP 时代的最佳选择?》,《社会科学报》,2017 年 1 月 26 日,第 2 版。
46. 王巧荣:《论 20 世纪 90 年代中国的伙伴关系外交》,《思想理论教育导刊》2006 年第 2 期。
47. 王森:《冷战后东盟推动下的东亚区域合作:进程、动因及限度》,《战略决策研究》2016 年第 1 期。
48. 王逸舟主编:《中国对外关系转型 30 年》,社会科学文献出版社 2008 年版。
49. 魏玲:《小行为体与国际制度》,《世界经济与政治》2014 年第 5 期。
50. 吴怀中:《战后日本安全政策的演变》,《国际政治研究》2015 年第 1 期。
51. 吴心伯:《太平洋上不太平:后冷战时代的美国亚太安全战略》,复旦大学出版社 2006 年版。
52. 吴心伯:《美国与东亚一体化》,《国际问题研究》2007 年第 5 期。
53. 吴心伯:《世事如棋局局新——二十一世纪初中美关系的新格局》,复旦大学出版社 2011 年版。

54. 吴心伯：《论奥巴马政府的亚太战略》，《国际问题研究》2012 年第 2 期。

55. 吴心伯：《中国亚太战略急需新思维》，《东方早报》，2012 年 11 月 21 日，第 A16 版。

56. 吴心伯：《奥巴马政府与亚太地区秩序》，《世界经济与政治》2013 年第 8 期。

57. 吴心伯：《把握中美关系主动权》，《东方早报》，2013 年 6 月 6 日，第 22 版。

58. 吴心伯等：《转型中的亚太地区秩序》，时事出版社 2013 年版。

59. 吴心伯：《美国亚太再平衡战略与中美新型大国关系的构建》，《美国问题研究》2015 年特辑。

60. 吴心伯：《新常态下中美关系发展的特征与趋势》，《国际问题研究》2016 年第 2 期。

61. 吴心伯：《特朗普执政与中美关系走向》，《国际问题研究》2017 年第 2 期。

62. 谢碧霞、张祖兴：《从〈东盟宪章〉看"东盟方式"的变革与延续》，《外交评论(外交学院学报)》2008 年第 4 期。

63. 徐海燕、何建宇：《美国经济霸主地位的衰退趋势研究——基于 GDP 比重分析的视角》，《复旦学报》(社会科学版) 2013 年第 5 期。

64. 徐进、高程、李巍等：《打造中国周边安全的"战略支点"国家》，《世界知识》2014 年第 15 期。

65. 许涛：《关于召开"亚洲相互促进与信任措施会议"倡议的回顾与前瞻》，《国际资料信息》1998 年第 4 期。

66. 杨伯江主编：《日本蓝皮书：日本研究报告（2016）》，社会科学文献出版社 2016 年版。

67. 岳松堂、童真：《美国第三次"抵消战略"全面解析》，《现代军事》2016 年第 10 期。

68. [美] 詹姆斯·多尔蒂、小罗伯·特普法尔次格拉夫：《争论中的国际关系理论（第五版）》，阎学通、陈寒溪等译，世界知识出版社 2003

年版。

69. 张春：《管理中美权势转移：历史经验与创新思路》，《世界经济与政治》2013年第7期。

70. 张蕴岭：《亚太经济一体化与合作进程解析》，《外交评论》2015年第2期。

71. 张蕴岭：《"一带一路"的创新型思维：大国倡议与大国作为》，《商业文化》2015年第13期。

72. 张蕴岭：《中国的周边区域观回归与新秩序构建》，《世界经济与政治》2015年第1期。

73. 张蕴岭：《美国亚太区域经济战略解析》，《美国研究》2017年第1期。

74. 张振江：《"东盟方式"：现实与神话》，《东南亚研究》2005年第3期。

75. 甄炳禧：《21世纪：美国世纪还是中国世纪——全球视野下的中美实力对比变化分析》，《人民论坛（学术前沿）》2015年第21期。

76. 甄炳禧：《从大衰退到新增长——金融危机后美国经济发展轨迹》，首都经济贸易大学出版社2015年版。

77. 甄炳禧：《中美经贸合作竞争新态势及前景》，《国际问题研究》2016年第1期。

78. 郑先武：《区域间主义与"东盟模式"》，《现代国际关系》2008年第5期。

79. 郑先武：《"亚洲安全观"制度建构与"中国经验"》，《当代亚太》2016年第2期。

80. 中国人民银行：《2016年人民币国际化报告》，中国金融出版社2016年版。

81. 中国现代国际关系研究院美国研究所：《中美亚太共处之道——中国、美国与第三方》，时事出版社2013年版。

82. 中国现代国际关系研究院编：《太平洋足够宽广：亚太格局与跨太秩序》，时事出版社2016年版。

83. 周方银：《中国崛起、东亚格局变迁与东亚秩序的发展方向》，《当代亚太》2012 年第 5 期。

84. 周强武：《资金融通： 协同打造"一带一路"投融资保障体系》，《求是》2017 年第 11 期

85. ［美］兹比格纽·布热津斯基：《大棋局——美国的首要地位及其地缘战略》，中国国际问题研究所译，上海人民出版社 1998 年版。

86. ［美］兹比格纽·布热津斯基：《战略远见——美国与全球权力危机》，洪漫等译，新华出版社 2012 年版。

87. 左希迎：《美国战略收缩与亚太秩序的未来》，《当代亚太》2014 年第 4 期。

图书在版编目(CIP)数据

亚太大棋局:急剧变化的亚太与我国的亚太方略/吴心伯等著.—上海:复旦大学出版社,2017.11
ISBN 978-7-309-13375-2

Ⅰ.亚… Ⅱ.吴… Ⅲ.亚太经济-经济发展-研究 Ⅳ.F114.46

中国版本图书馆 CIP 数据核字(2017)第 273015 号

亚太大棋局:急剧变化的亚太与我国的亚太方略
吴心伯　等著
责任编辑/孙程姣

复旦大学出版社有限公司出版发行
上海市国权路 579 号　邮编:200433
网址:fupnet@fudanpress.com　http://www.fudanpress.com
门市零售:86-21-65642857　团体订购:86-21-65118853
外埠邮购:86-21-65109143　出版部电话:86-21-65642845
常熟市华顺印刷有限公司

开本 787×1092　1/16　印张 15　字数 218 千
2017 年 11 月第 1 版第 1 次印刷

ISBN 978-7-309-13375-2/F·2417
定价:48.00 元

如有印装质量问题,请向复旦大学出版社有限公司出版部调换。
版权所有　侵权必究